点石成金

公文写作点石成金

OFFICIAL 之 DOCUMENTS

要点精析

胡森林 著

人民邮电出版社

北京

图书在版编目（CIP）数据

公文写作点石成金之要点精析 / 胡森林著. -- 北京：
人民邮电出版社，2022.4
ISBN 978-7-115-57818-1

Ⅰ．①公… Ⅱ．①胡… Ⅲ．①公文－写作 Ⅳ．
①C931.46

中国版本图书馆CIP数据核字(2021)第222501号

◆ 著　　　　胡森林
　　责任编辑　刘向荣
　　责任印制　李　东　胡　南
◆ 人民邮电出版社出版发行　　北京市丰台区成寿寺路 11 号
　　邮编　100164　　电子邮件　315@ptpress.com.cn
　　网址　https://www.ptpress.com.cn
　　北京联兴盛业印刷股份有限公司印刷
◆ 开本：720×960　1/16
　　印张：20.5　　　　　　　　2022 年 4 月第 1 版
　　字数：222 千字　　　　　　2022 年 4 月北京第 1 次印刷

定价：79.80 元

读者服务热线：(010)81055256　印装质量热线：(010)81055316
反盗版热线：(010)81055315
广告经营许可证：京东市监广登宁 20170147 号

前　言

本书与传统的公文写作书籍有所不同，更多地着眼于写作中的"默会知识"，作者从实践经验出发，提炼写作中的关键要素和实用方法。

不同于惯性思维下公文写作格式化、模板化、套路化的传授方式，这本书力求突破传统的理论视角，全方位、全流程审视公文写作，拓展公文写作研究的深度与广度，为读者找到提升公文写作能力的有效路径。

从这一主旨出发，本书对一些问题进行新的解读：

写作是什么？

写作是以语言文字为媒介，贯穿在的阅读、思考、交流、表达当中的思维和行为模式。

写作能力是什么？

写作能力是掌握、了解写作通则，在不同场景下，根据具体目的有效运用的能力。

如何学习写作？

通过领悟、总结和转化，把握写作中的深层规律、实用方法和默会知识，进而刻意练习，找到适合自身的切实可行的提升途径。

　　综上而言，本书试图建立一种关于公文写作的新的范式。至于是否做到了，评判权当然属于各位读者。

　　如果读了本书，还要获得更多范文、模板，再读与这本书配套的《公文写作点石成金范例精粹》（上、下册），收获肯定大不一样。

目　录

第一章
公文写作概述

很多人每天都在写公文，但往往习以为常，不会思考公文写作的本质和特性。我们说，要想做好一件事情，前提是对它有比较透彻的理解和认知。要更好地了解公文写作，掌握其方法，我们需要明确公文写作具有哪些属性，有什么特征，具有什么功能和作用。这是我们在本章探讨的内容。

一、公文写作的属性

公文写作具有什么属性？我们可以从以下几个角度来把握。

第一，按对象范围来分，我们可以把写作分为个人化的写作、对象化的写作和公众化的写作。个人化的写作也可以叫作私人写作，是只写给自己看的，或者在非常私密的范围内传阅的，如日记、不愿示人的创作等；对象化的写作，是有特定对象的，如信函、针对特定人的邮件、报告、演讲等；公众化的写作，是面向非特定对象的，如报纸评论、公众演讲、在大众媒体上发布的通稿和文案等。

公文写作除了少部分属于公众化的写作外，绝大多数都是对象化的写作，是面向特定对象的，所以明确特定的、有针对性的行文意图，了解和把握对象需求，是公文写作的关键点。

第二，按写作的范式来分，大部分写作行为可以归于文学写作、学术写作、媒体写作和应用写作这四类中的一类，每一类都有自己的范式特点、语体特征、构成要素和适用范围。公文写作属于典型的应用写作，或者叫作功能写作，它与文学写作讲究文学审美效果不同，与学术写作追求深刻逻辑和突破性的思想学术创见不同，与媒体写作注重还原事实或提供增量信息也有差异。

公文写作是一种用合理、高效、经济的方式来实现某种特定意图的应用文体，虽然它有时也追求思想性、理论性，但最终目的是实用，即能对实际工作产生直接或间接的作用，实效是它的第一追求。如果脱离了实用性，那么公文就不能被称为公文，而成了别的文体。

第三，按写作的风格来分，写作可以分为感性化的写作和理性化的写作两大类。前者偏重感性、情绪，依赖于想象、虚构、故事等元素，更多地运用能使人产生心理感受和情绪波动的积极修辞；后者则更注重逻辑和理性等，依赖于数据、概念、推理、分析等思维方式，更多地运用能让人清晰理会的消极修辞。

公文写作只是偶尔会运用感性元素，大多数时候是理智重于情感的，它更侧重于清晰的条理、鲜明的观点和充分的事实素材，需要的是客观、理智、冷静、有理有据，不太需要华丽的辞藻、花样的修辞、长篇累牍的故事和跌宕起伏的情绪。

结合上述的分类，我们对公文写作的属性有了一定的了解，简单来说，公文就是"为公的文"，它与公事、公务相关，常常与公众、公意相连。其目的和用途在于对某一方面的事项，或者某个具体问题，加以分析和研究，提出解决办法和思路，表达观点和诉求，传递和沟通信息，以形成共识，推动实际工作的开展，解决现实当中的问题，从而对现实产生一定的积极作用。

所以，要提高公文写作水平，需要掌握一定的写作方法和技巧，但不完全依赖于方法技巧，它其实更需要的是对工作本身的认识和理解。当要写作一个具体文本时，除了要掌握相应文体的特征和写法，更需要对相关的工作和受众加深了解，准确把握。

贯穿在公文写作当中的是写作者的思维能力。写作能力的提升，其实也是对工作认知思考的深化与思维能力的提升，或者说，是写作者通过改造自己的主观世界，从而改造客观世界。

二、"三无工作"与"默会知识"

其实公文写作并不是一件多么高深的事情，具备一定文化基础和语言运用能力的人就能胜任，但在很多人看来，公文写作很难，很具挑战性。这是因为公文写作具有"三无"的特征：无明确标准、无固定模式、无方法体系。

第一是无明确标准。对公文的评价是一个主观与客观相结合的产物。从客观上说，公文有一些约定俗成的评价标准，也有从古至今大家公认的好文章的通则，但在实际当中对公文的评价往往受主观判断的影响，而这又主要来自各级领导。

因为每一篇具体的公文都是领导意图的一定体现，其使用者常常是特定的领导（包括领导机关、领导集体和领导个人），所以公文的法定作者是领导而不是起草者。公文是要由领导签发或使用的。

公文当中这种撰者与署者分离的情形，导致了公文好坏的评判权主要在使用者和接受者手中，而不是在起草者手中，使用者的评价是最直接的，也是最初始的。

每个领导的喜好、对文字的评价标准和习惯不同，这就导致了对同样一篇公文，不同人的评价大不相同。也就是说，评价一篇公文好坏的标准不那么明确和一致，很难有一个放之四海皆准的客观标准。

第二是无固定模式。 公文的种类众多，一般而言，我们可以将其分为两大类。法定公文，或者叫规范性公文是一大类，目前遵循使用的《党政机关公文处理工作条例》（2012）规定了十五种法定公文，每一种公文的体例格式、结构特征、写法要求都不一样。

除了法定公文，事务性公文，或者叫实用公文是另一大类，也就是日常工作中写得更多的综合文稿，如总结、经验材料、汇报材料、调研报告等。这些文稿不像法定公文那样有相对固定的格式，而是更灵活一些，即便有相对稳定的结构和大致的写作要领，但具体到每一篇文稿，也都不一样。

因为每篇公文的主题不一样，对象和场合不一样，面对的问题不一样，写作方法不一样，所以很难用一个模子去套，需要具体情况具体分析。

上述这些情况导致公文写作看似有套路、有格式，但其实更多的时候需要因文、因事、因地制宜。

第三是无方法体系。 无方法体系主要是说学习公文写作缺乏有效的方法论，往往只停留在一些抽象的原则上，如观点要鲜明、结构要清晰、内容要充实，但如何才能做到这些呢，具体的方法和窍门是什么呢？很少有人能讲清楚。这其中的原因是多方面的，有公文写作自身特点的原因，有写作能力培养体系不健全的原因，也有传授者与公文写作实践相脱节的原因。

也就是说，在学习者特别是初学者面前，缺少了一道通往公文奥义的方法桥梁，其结果就是，社会普遍存在、日益增长的公文写作需求与落后的公文传授方法之间的矛盾更加突出。

公文写作其实是一项历史悠久的工作，我国古代很早就出现了公文，只要有国家和政权，公文就存在。从古至今有大量的公文文本，也出现了《公牍通论》等一些理论著作，在理论和实践方面都有丰厚的积累。但是由于时代的变迁和语言的演变，古代公文写作的很多经验和方法已经不完全适用于当代。外国的文稿撰写与我国也存在差异，无法完全照搬。

自从白话文出现，我国现代公文发展也有上百年的时间了，但遗憾的是，关于公文写作的理论归纳和提炼仍然不够，或者理论与实践存在脱节，对实际工作的指导性不强，所以我国至今并没有形成一套成熟的、完整的、系统的传授方法体系。

在实践当中，学习公文写作也大多停留在浅层次的模板套用上，拿着所谓的宝典和大全照猫画虎，这样能学到一些好的范例和知识都算是好的了，总之缺乏一套有效的范式供人深入、系统地钻研。

具体表现在，公文写作的教材和师资力量两方面都是欠缺的。学习公文写作无法像学习计算机、学习机械那样，拿着学习指南和操作规程，一步一步跟着做就能学会，也不能像学开车或者健身一样，在教练的指点下就能一步步精进。

无客观标准、无固定模式、无方法体系，这"三无"特征既是公文写作的特点，也是学习公文写作时面对的困局。但这并不是说公文写作是不可学习的，要掌握其内在规律，才能更好地学习。

应该说，公文写作是一项具有创造性的智力劳动，里面有很多默会知识，没有人能向你讲清楚。"默会知识"是哲学家波兰尼提出的一个概念。他发现，在人类关于世界的所有知识中，有很大一部分是只可意会不可言传的知识，他把这一类知识叫作默会知识。其又叫隐性知识，与那些能够直接说清楚和分享的显性知识相对应。

默会知识的特点是，经常使用却不能通过语言文字等符号编码予以清晰表达或直接传递，因为它附着在个体身上，内隐在操作的过程中。默会知识是非常重要的，人类很多物件的创造和重要经验的传承都离不开它。

破解公文"三无"难题特别是无方法体系的有效途径，就是要重视和用好公文写作中的默会知识。既然默会知识很难用语言说清楚，那怎么样才能分享和传播呢？很多传统技艺的传授采取的是"师带徒"模式，在一起工作中，新手通过近距离观察、揣摩熟练者的做法，加上得到适时点拨，逐渐掌握技艺。例如，中医，景泰蓝等工艺品制作，京剧、书画等技艺的传承都采用这一模式。

要学习默会知识，要掌握里面的一些方法和诀窍，靠的是积累，凭的是感觉，不是完全能用语言说清楚的，也不是听了就能做到的，只有在实践过程中才能掌握默会知识，才能将其变成自己的东西。所以，对于学习者来说，很重要的一点是要有悟性。

贯穿在公文写作学习过程中的有三个重要因素。一是领悟力，二是方法论，三是下功夫。所谓领悟力，就是领会、理解、感悟的能力，包括想象力、思考力、洞察力，是一个人感知、判断、推理、分析综合、逻辑思维等能力的体现，是一种善于对事物进行由表及里、由实及虚、由此及彼、融会贯通的思考和认识的能力。方法论和下功夫这两个因素同样非常重要。

领悟力具有偶发性、跳跃性和创造性等特点，往往借助发散思维、跳跃思维、逆向思维等思维能力。它不是一种技能，有时可以用语言表达，有时候就是一种直觉。

俗语说"学必悟"，从字面看，悟是"吾之心"。就是说，领悟力是用心体察，得出对某一事物的体会和认识。所以用心和善悟是提高公文写作水平的关键。

公文起草的领悟力，主要是指写作时善于领会意图、准确把握、触类旁通、举一反三，也指在学习公文写作过程中善于观察思考、总结经验规律、探索临界知识。如果一个人的领悟力强，会更容易发现问题，工作效率会更高，学习成效也会更好。

除了天赋，也可以后天习得领悟力。每个人都有潜在的领悟力，领悟力是可以开启的。"不愤不启，不悱不发"的意思是，不到努力想弄明白而不得的程度不要去开导，不到心里明白却不能完善表达出来的程度不要去启发。这就说明，真正的启发性思维、创造性想法，往往来自深入的思考和持续的积累，当到达临界状态时，如果有契机或者有人点拨，就能产生"思维的弹跳"。

开启领悟力可以从以下几个方面入手。

一是要持续学习。深厚的知识底蕴是增强领悟力的前提。坚持读书，积累知识，能增强洞察力和思辨力。工作中见贤思齐，保持虚心，经常想想人家为什么做得好，找出原因，取长补短，这样自然就能增强领悟力。

二是要思考钻研。善于闹中取静，安静思考，让思想在冷静思考中升华，让灵感在冷静思考中闪现，在独立思考中让领悟力越来越强。

三是要用心观察。用心观察可以让人获得对事物独特的体会及感受。注重在观察上下功夫，能在不经意间明白事理，掌握事物发展的规律，从而具备"草摇叶响知鹿过、松风一起知虎来、一叶易色而知天下秋"的敏锐。能从事物稍纵即逝的、细微的、不明显的征兆上，及时发现和鉴别问题，预测和把握趋势，分析影响和后果。

四是要总结积累。"积之愈厚，发之愈佳"，经验是一点一滴积累起来的。因此要善于总结，通过总结从个别中发现一般，从现象中抓住本质，从感性认识上升到理性认识，在这个过程中领悟力也会随之增强。

具体到起草一篇公文，要悟的内容主要包括上级精神、领导意图、受众心理。

首先，要准确把握和深刻理解上级精神。既要保持和上级精神相一致，又要从中领悟自己的工作思路、发展方向，充分发挥上级精神的引领和启发作用，而不是照搬照抄。

其次，要领悟领导意图。因为公文是供领导使用的，遵循领导意见是基本要求，不能把自己的意图强加到领导身上，也不能机械死板地当传声筒，而是要通过"悟"，把领导的思想和意图理解准、领会透、把握准，这就要求做一些扩展、挖掘、完善的工作。

最后，要悟受众心理。公文都有特定的对象，起草者需要通过"悟"，准确把握受众的心理，包括他们的需求、期待、心理特征、所思所想等，要有意识地从受众角度观察，这样就能更好地选择话题、表述方式和话语风格，从而做到有的放矢，提高针对性。

三、五定特征

公文具有"五定"的特征，即法定作者、既定程序、法定效力、固定格式、特定功能。

第一，法定作者，指公文的使用人或者签发人，也被称为署者，与作为自然作者的起草者不一样。公文属职务作品，归属于单位或使用者，与谁是起草者没太大关系。一般文章的文责由写作者承担，如某个人在自媒体上发了一篇文章，无论是赢得网友称赞还是招致一片骂声，都是这个人承担，但公文写作的文责由最后签发者或使用者来承担。

第二，与法定作者相应的，就是公文有既定程序。谁来起草、修改、审核、定稿签发公文是按照内部分工并由规章制度明确规定的，这样既是为了保证质量，也体现了把个体智慧凝聚为组织智慧的需要，所以不能随意打破既定程序，也不能逾越。

第三，公文有法定效力，这种效力来源于它所属机关或组织的法定权力。公文规定和明确的事项，在它涉及的管辖范围内的所有单位和个人必须贯彻执行。如果有不同意见，只能以规定的方式和程序向上级机关或组织反映，在公文效力未丧失前，必须遵照执行。

违反公文所规定的内容，就意味着不服从管理，理应受到相应的处理或惩罚。发文机关或组织的职权范围越大，公文的权威性就越强，作用的范围也越广。公文的法定效力决定了它的严肃性和规范性。

第四，固定格式，指大部分公文特别是法定公文，有着约定俗成的规范格式。这是在长期实践中形成的独特写作格式和一套制发规范，它是规范化、标准化的，并由国家法规规定，各级各类机关、事业单位和人民团体都要共同遵守，不能各行其是。

要使公文能在最大范围内最大限度实现有效沟通，就要遵循规范性。只有形式上规范了、统一了，才能扫清沟通中的障碍，才可以使公文的写作、阅读、传递、处理更快捷和更有效。

第五，特定功能。公文在国家治理、公共事务中有着特定的作用，具体来说主要体现在以下五个方面。

一是领导和指导。大到国家的有序运转，小到一个企事业单位内部工作的有序开展，都跟公文的组织、指挥、管理作用密切相关，离开了公文的这种作用，工作很可能陷入混乱状态。一般来讲，上级机关的公文对其下级机关的工作发挥直接的领导和指导作用。

二是规范和约束。公文中有相当一部分公文具有强制性，如条例、规定、办法、制度、细则等。这类公文是在一定范围内行动的准则或行为的规范，具有明显的规范和约束作用，一旦发布生效，就必须遵照执行。

三是沟通和联系。党政机关、企事业单位都要通过制发公文联系和商洽工作、传递和反馈信息、介绍和交流经验。正是在各种纵向、横向的联系和沟通中，上情得以下达，下情得以上达，同级单位得以互通信息，思想认识得以统一，各项工作能够正常而有序地开展。有了公文这一信息流通的渠道，上下级机关都有可能做到耳聪目明，不至于闭目塞听。

四是宣传和教育。公文可以让大家统一思想，提高认识，启发思路，形成共识。例如一篇领导讲话稿，其针对一段时期工作中普遍存在的某一问题或认识的偏差，摆事实，讲道理，进行启发引导，使大家明白应该确立什么立场，坚持什么原则，理清未来的工作思路，明确下一步的具体措施，可以有效起到宣传教育作用。

再如一篇工作报告，其往往要分析国际和国内形势，阐明上级的路线、方针、政策和本单位的工作思路，对广大干部群众进行宣传教育，以便统一思想认识，增强贯彻执行的自觉性。

五是依据和凭证。公文是做出决策、处理问题、开展工作的依据和凭证。上级发布的公文，是下级工作的依据；下级上报的公文，是上级决策的依据；本级机关制发的公文，是自己履行职能、开展工作的真实记录。

在日常工作中，我们经常会遇到这样的情况：若对一个具体的事务该如何处理没有把握，就查找相关的公文，看上级或有关职能部门在这方面有哪些规定，然后按照规定行事；若对某次会议的情况不够了解，就查找该次会议的会议纪要，获得清晰可靠的材料，这些都是公文具有依据和凭证作用的具体表现。所以很多重要的公文都需要归档保存很长时间，以便能够便捷、准确地查找利用。

为什么要突出公文的这些特征呢，突出公文的这些特征对我们理解和认识公文有什么帮助？我们可以从以下三个方面来理解。

首先，从以上特征中我们可以看到，公文的撰者与署者（签发人，也就是法定作者）常常是分离的，所以撰者要把握好为他人或为组织代言的角色定位。

其次，公文写作是一项组织行为而不是个人行为，体现的是组织意图而非个人意图，是一个将个人主张上升为集体意志的过程。所以公文撰者应该注重自身在这个过程中发挥的作用，但应该杜绝自己的东西越多就越好的想法，应该服从于组织意图表达的需要。

最后，公文是有特定功能和法定效力的，所以更要注重公文的实用性，坚持非必要不发文的原则，减少公共资源的浪费，使每一份公文都能产生实实在在的功效。

四、四个层次

公文写作能力实质上是一个人思想境界、业务水平、学习能力、文字功夫的综合反映。公文写作水平提高大体上要经过以下四个层次，这是一个由浅入深的过程。

第一个层次是以文叙事。 所谓"叙事"，就是记述事情。刚刚写作公文时，还不太熟悉公文的语体风格和框架结构，也不太会总结提炼观点。这时候，公文写作者应该做的是认真、如实记述客观事实，而不是创造，要老老实实当好书记员，真实、客观、准确地写好会议纪要、信息、通知等简单、基础的文种，把事情清楚明白地记述下来以供了解和查阅。

当然，要真正做到以文叙事并不容易，除了准确记述事件和观点，还要按照基本的文法，理顺思路、锤炼文字、反复修改，使得整篇公文逻辑严密、语句通顺、文辞精练。

在这个阶段不能急躁，要清醒地认识到自己的思想、工作水平尚处于"叙事"层次。要随身携带纸和笔，养成随手记录的习惯，努力把所见、所闻、所知形诸文字，并及时总结复盘。这样坚持下去，就能基本胜任文字工作。

第二个层次是以文辅政。以文辅政就是以文字工作来辅助政务和公务活动的开展，这是对以文叙事层次的超越，是每一个公文写作者都应当达到的层次，也是公文写作者作为参谋助手的基本职责体现。

这个阶段文字工作的主要特点是"代言"，即为领导当好参谋，为政务、公务活动行文，把决策意图和工作思路要求清晰完整地表达出来，所以要求写作者对宏观政策准确把握、对领导意图清晰领会、对基层情况有所了解、对实际工作具有较高指导水平。

如何做到以文辅政？清代许同莘借用唐代刘知几关于修史的观点，认为应当兼修学、识、才，"才以应物，学以树本，识以烛理"，三者不可缺其一，最终才可使公牍"通德达情"。这个见解十分精当。

公文写作者就是要多学习、多思考、多调研，如此才能够把握全局、熟悉业务、通达事理，运用文字把工作要求表达到位，发挥好参谋助手作用。

第三个层次是以文鼎新。当以文叙事、以文辅政已经驾轻就熟时，以文鼎新就成为更高的追求，就是说通过公文对实际工作提出新的理念、新的思路和新的举措，从而开创新的工作局面和新的气象。

每个单位都有一两个人能够用文字精妙地把发展方向指出来，把创新理念和举措提出来，形成令人印象深刻的观点，谋划推动工作创新发展的公文写作者，其堪称单位的"军师"，能够在一定程度上完善或影响领导的决策，这就达到了以文鼎新的层次。

要想在思想上革故鼎新，需要较高的理论素养和丰富的经验积累。这要求公文写作者抓住各种时机学习，看更多的书、翻阅更多的资料，研究掌握政治学、经济学、社会学、管理学、哲学、法学等多方面知识，从工作理念、体制机制、方式方法等方面调查和分析问题、研究问题、解决问题，为提出创新思路打下基础。

第四个层次是以文立言。这是较难达到的层次。这个阶段的公文写作，已经超越了具体的论事层面，立足于重大历史时刻和事件、重要思想观念和社会永恒价值，提出独创的、深刻的、具有深远启迪的观点和论断，不仅对当世的人具有启发，而且能够流传后世，成为人类精神宝库中的储藏物。

一些广为人知、经久流传的经典文章，很多都是公文，由于它们所承载的意义重大，所以具有了历史意义和启迪后人的价值。历史上李斯的《谏逐客书》、贾谊的《治安策》、诸葛亮的《出师表》，近代的《五四宣言》《抗日救国宣言》，以及毛泽东、邓小平等伟人的公文，都达到了以文立言的高度。

就好比书法当中的不同层次，以文叙事属于"描红"层次，以文辅政是"意临"层次，以文鼎新达到了"创作"的层次，而以文立言就是到了独具风格的层次，这是最值得公文写作者追求的层次。

即便没有因为公文而获得青史留名的机会，但公文写作者至少要知道自己的公文写作最高能达到什么水平，知道努力的方向，这样能以更积极和自觉的态度做好自己的工作，更好地推动事业的发展。

第二章
公文写作的哲理思考

公文写作者都希望从"必然王国"迈进"自由王国"。所谓"必然王国",就是对文稿起草及其内在规律还没有形成真正的认识,处于被动的状态。很多人都有过两个方面的苦恼:一方面是面对一张白纸,脑子里空空如也,特别是面对新命题时不知道写什么;另一方面是面对一大堆材料,脑子里一片糨糊,不知道怎么下手。

在这两种情形下,公文写作者手中的笔好像不由自己支配,来回折腾,效率低下,饱受折磨,这是"必然王国"阶段典型的表现。

所谓"自由王国",并不是说写稿子时不费吹灰之力,一挥而就,而是因为把握了其中的"道",即文稿写作的内在规律,所以能够摆脱无所适从的状态,进入有所创造的自觉写作状态,做到游刃有余,甚至挥洒自如。

那么公文写作的"道"在哪里?要把握"道",关键要透过表象看到本质,用哲学眼光发现其中的特点和规律。如果能从哲学层面审视公文写作这件事,或许就与"道"相距不远了。

这里并不是要使用哲学概念来探讨公文写作问题,而是把事物放在哲学的范畴中,从哲学的角度来拓展认识的深度和广度,更好地把握公文写作的本质特征和内在规律。本章着重从六个方面，对公文写作做一些哲学层面的探讨。

一、公文是什么：本体论

哲学上所说的本体论，是关于事物本源和基质的哲学理论。通俗地说，本体论就是世界观的问题，是研究客观事物"本来是什么样"的理论。世界观影响认识论和方法论。

对于公文写作而言，本体论就是要探讨"公文是什么"。从字面理解，公文是因公的文、为公的文。从内涵上说，公文是因为公事而发生、最终作用于公事、公务的文书。从外延上说，公文则包括三大类。

一是 15 种法定公文，即决议、决定、命令（令）、公报、公告、通告、意见、通知、通报、报告、请示、批复、议案、函、纪要。这些也就是俗称的"红头文件"。使用主体都是组织或机关。

二是事务性公文，包括总结材料、经验交流材料、汇报材料、调研报告、工作报告、讲话稿等，其使用主体既可以是组织或机关，也可以是履行职务行文的个人。

三是服务于公务、公事的应用文书，如合同、招标书、提案、宣传稿等，只要是公务和工作履职所需要的，都属于广义的公文。

我们还可以从另一个角度，即"公文不是什么"来认识"公文是什么"。

首先，从写作目的来说，与公务目的无关，只是因个体原因而产生的，与个人事务所关联的，均不属于公文。例如，给同事留的便条，在个人自媒体或者朋友圈写的工作感悟，这些都不在公文之列。

其次，从文种形式上说， 具有文学作品、新闻报道、学术论文等性质的规定性的文本，一般不能作为公文。尽管有一些也与公事相关，但它们是公众性的而不是对象性的，所以第一属性不是公文而是别的文种。

例如，梁鸿的《中国在梁庄》是非纪实文学作品，使用了丰富的文学手法，具有文学的核心特点；魏巍的《谁是最可爱的人》是新闻报道，遵循用事实说话的新闻写作基本方法；费孝通的《乡土中国》，运用社会学调查方法进行学术探讨。这些文本虽然具有公共性，但第一属性都不是公文。

当然，有些好的公文也具有文学性、新闻性和学术性，或者从文学、新闻和学术的角度被加以研究和使用。例如，李斯的《谏逐客书》是一篇奏章，现在成了传世美文。《毛泽东选集》《邓小平文选》中的很多文章，本来都是公文，但由于具有重要历史价值和思想深度，因此具有新闻性、学术性和思想性。

最后，从载体上说， 公文既是为公也要有文，就是说公文有具体的文本载体，是书面化的文字记录，如果只是停留在思想中或者口头上，也不能叫作公文。

近几年，关于职场写作的话题引起了很多的关注，职场写作与公文写作，在涉及的文种、方法等方面有很多相同之处，但二者的定义、范围不完全一样。主要的区别在于，公文写作是从关涉的事是"公"或"非公"的角度来定义的，职场写作则是从写作的场域，即"职场"的空间角度来定义的。大致而言，职场写作的涵盖面更广一些，大部分公文写作都可以归入广义职场写作的范畴。

二、为什么写：目的论

目的论是关于目的的解释，它涉及人的意图、动机。有关公文目的的问题是"为什么写"的问题，也就是我们通常说的行文意图。

公文目的是具体的，也是单一的，写一篇公文通常只有一个核心目的，而不可能有多个核心目的。但对一篇公文的核心目的的认识和把握往往不是一次性的，而是渐进的、持续深入的，就像剥洋葱，需要一层层剥下外壳才能看到内里。

例如，我们要写一篇希望增加人员编制的请示。粗略看会觉得行文目的无非是达成增加编制的诉求，但仔细想一想，增加编制只是直接目的或者中间目的，最终的目的则是通过增加编制而推动工作进展、提升工作成效等。

再如，领导在大会上就某个专项工作进行动员讲话，浅层的目的无非是通过讲话统一思想、提高认识、明确任务要求等，但这不是核心目的。核心目的要落脚到这项工作本身上，即到底怎样做才能将它完成好，做出成效，而动员讲话只是达到这个目的的一个手段。

目的是行文的方向，写公文前应该搞清楚意图和方向是什么，分清楚目的与手段，避免为了行文而行文。在这里我们不妨用"第一性原理"来说明，所谓第一性原理，就是强调探究问题本源，不被经验知识干扰，以基本事实为依据进行分析和推理，然后进行实践验证。

这个原理用到公文写作上，就是回到事物的原点，想一想为什么要写一篇公文，要起到什么作用。如果不把这个弄清楚，就会在材料堆里晕头转向、毫无头绪，或者被浅层的目的牵着走。

做事情要有目标导向，写公文也是如此。不事先想明白、厘清楚目的，就会南辕北辙，下笔千言、离题万里。只有想明白，才能写明白。这个"想"就是站在原点想。想公文用来干什么，接受者是谁，要达到什么目的，传达什么意图。从基本的问题出发，为写作画出一个可以创新创造的区间，画出一条通往目的地的轨道。

三、谁在写：主体论与主体间性

哲学上所说的主体，是指对客体有认识和实践能力的人。公文写作的主体，就是发布公文、使用公文的个人或者组织，领导机关，领导集体，领导个人。

公文的受众可能是公文的接受者、执行者，可能是个人，也可能是单位和群体。而公文写作者，是连接主体与受众的桥梁，是受命将公文主体的意图与公文受众的意向连接和贯穿起来的纽带，而并非真正的主体。

所以，公文写作者需要具有双重视角、双重观照，要具备主体意识和受众意识，或者说，既要有领导者意识，也要有接受者意识。

公文写作者在撰写一则公文时，在某种程度上是代行主体的角色，包括对主体意图的推测和判定，同时在写作、沟通、修改过程中，持续与主体产生联系，从而产生了哲学上的交互主体性，也叫主体间性。

主体间性的凸显，其实消解了一元主体，用对话、交互取代了单一主体，从而丰富了主体的内涵。在公文写作当中，写作者在某种程度上获得了"类主体"的身份，在遵循真正主体意图的前提下，获得了更多的自由空间。

一方面，写作者要牢固树立"领导者"意识。公文写作者要时刻牢记公文写作是代领导者立言，公文以单位、部门名义上报或者下发，体现的是领导者的思路，要杜绝"自己的话越多，越体现水平"的思想，明白公文是对领导者思想的记录和整理。

邓小平同志曾经称赞一位秘书工作者为他起草的公文写得好，因为文章里的很多话都是他想说的话。可见，公文写作者在受领任务的时候，一定要将领导者的指示听清楚、问明白、记准确、录全面，要对以下问题了如指掌：将用于什么场合？上报或印发、宣读对象是谁？领导者想表达什么？

只有这样，才能准确、全面地了解领导者的意图。这是起草公文的重要前提。如果时间允许，在受领任务时，写作者可以将自己的记录当着领导者的面复述一遍，确保没有出入和遗漏。

另一方面，写好文稿必须有"我"的存在，有"我"的价值自觉。从形式上看，写文稿是代人立言；但从本质上看，成功的公文写作离不开写作者的主体思维，因为只有写作者才是联系和贯通领导者与公文受众的桥梁，是整个写作过程中最活跃的隐私。

所以写作者要进入"我"的状态，进行材料的取舍分辨，进行文稿的构思立意和行文表达，这样才不会无所适从。当然，这个"我"，不是完全作为写作者的"我"，而是站在领导者立场上的"我"，是写作者在文稿起草中的自身价值作用的觉醒。

也就是说，写作者与用稿的领导者之间，并不是简单的服务与被服务的关系，更多的是一种互动关系，包括观点上的互动、语言风格上的互动，而好的公文实际上就是这样的互动的成果。

从内在关系来说，不同的公文主体或者受众，对公文的要求是不一样的。而从外部关系来说，公文同样要因事、因地、因时而异。

按层级分，公文可以分为对上级汇报类公文、平级交流类公文、对下级部署类公文。

按关系分，公文可以是对内的公文或者对外的公文。

按文体分，不同公文的格式、写法和用途都不一样。

按场合分，比如同样是领导会议讲话，就可以分为部署会讲话、动员会讲话、总结会讲话、表彰会讲话、交流会讲话、座谈会讲话、汇报会讲话等若干种。

按时点分，比如同样是作报告，年初报告、年中报告和年底报告又不一样。

四、写什么：客体论

公文与其他文体不一样，它是实用的，有明确目的和指向，是"为时而作，为事而作"的。所以从客体论上说，公文写作的客体就是它所观照和涉及的客观事物、实际工作情况。

所以，及物性是公文最大的特点，公文一定要和客观事物相关联，与实际工作相结合，而不能做纯理论的探讨。这里的客观事物，既包括事实、数据、客观情况等事物的本来面貌，也包括从客观事物中抽象和提炼出来的认识与观点。

公文是对客观情况的反映，但反映有真实与虚假之分，有正确与错误之分，反映的内容是否真实、正确决定了公文对客观事实的揭示力和解释力，而这又取决于公文写作者的认识水平和思想深度。所以公文是客观实际与写作者主观思维相融合的产物。

例如，三个人同样去做一项调查研究，考察的是同一件事，但看到的东西是不一样的。甲只看到了表面的事实，乙则进一步看到了事实潜藏的问题，丙除了看到了甲、乙看到的东西之外还看到了事物发展变化的趋向。三个人得出的结果都是对客观事物的反映，但反映的深浅和反作用于客观事物的效力是不一样的。

要提升认识能力，一方面要靠理论素养和思维能力的提升，另一方面，则要依靠第一手资料，如果把公文比作禾苗，那么第一手资料就是最有养分的土壤。只有掌握大量第一手资料，写作的基础才能打得深、打得牢，观点才能立得住、站得稳，语言才能影响人、打动人。正所谓"涉浅水者得鱼虾，涉深水者得蛟龙"。

然而，严格地说，很多时候我们拥有的资料都是第二手的、第三手的，甚至是不知道经过多少次加工处理的。每经过一道加工工序，资料的真实性、可靠性就会衰减，如此公文写作者通过其对真实情况的了解和把握就会打折扣。公文写作者需要了解第一手资料，却没有多少时间进行深入的调查研究，这似乎形成了一个矛盾。

可以从两个方面入手解决这个问题。一方面，凡是写作重要文稿，特别是涉及不熟悉的领域的文稿，尽可能进行一些专题性的调研，有针对性地了解一些情况，由点及面地把握情况。即使时间紧张，也应该做一些短平快的座谈调研，或者电话讨论、访谈交流，听取群众、专家和有关方面的意见。

另一方面，在平常生活中做有心人，多方面、多渠道了解工作开展的实际情况和群众的实际感受。经常跟人聊天也是一种调查研究。对获取的各方面的资料，要注意辨别，提升对资料真伪的识别能力，从一大堆纷繁复杂的资料中抓住最有价值的成分，获取接近事实的内容，从而写出有分量的文稿。

五、写给谁：对象论

哲学上所说的对象，既包括行为所作用的具体事物，也包括这些客观对象的主观思维内容。也就是说，公文写作的对象是精神活动蕴含和指向的"对象"，每一篇公文都有特定的受众，同时这些受众都有一定的情感特征、需求、期待、思维方式、心理习惯、接受特点等。

每类公文有其特定受众，或者说"接受者"，如会议讲话的受众是全体与会者，汇报的受众是上级单位领导，情况介绍的受众是兄弟单位的同仁。所以写作时要牢固树立"接受者"意识，心里一定要时刻装着受众，揣摩受众的心理，根据受众的接受能力和身份来撰写公文。

如果受众是基层群众，公文用语就要尽可能通俗易懂，讲道理时要深入浅出，多举例子、多摆事实，尽量少用枯燥的数字或者深奥的理论。

如果受众是兄弟单位同仁或者上级单位领导，就不适宜讲大道理，或者过于高调地宣扬成绩，同时对于本部门、本单位的特色提法、工作要予以一定解释，否则受众会一头雾水。

如果受众是学者、专家，则要把相关问题的复杂性阐述清楚，不妨使用专业术语，这样有利于受众思考，提出好的建议。

……

总之，在起草公文时，一定要站在受众的角度想问题，确保每句话受众都能接受、都能理解。

准确地把握受众需求，是公文成功发挥作用的重要前提。借用经济学的说法，公文写与用之间存在供给与需求的关系，公文法定作者与写作者为供给者，与受众之间形成互动关系。供给只有适合需求，才能取得好效果，如果不能满足受众的期待，供给的质量就需要提高。

从某种意义上讲，写作公文就像制作产品。产品只有适应用户需求、让用户满意才有价值。供给不能停留在仅仅满足受众需求上，因为受众的需求是分散的、盲目的、潜在的，需要供给方加以整合、激发和引领，这样供需双方才能形成更好的互动。

每篇文稿都有特定场合和特定对象，以领导讲话稿为例，起草时应该先明确听众，界定话题范围，不讲与听众无关的话题，要讲与听众密切相关的话题。

首先，要明确会议的性质和目的，围绕会议的中心议题来写作，弄清楚会议是动员会议、部署会议、总结会议，还是表彰会、庆功会，会议要达到什么目的和效果。

其次，要明确参加会议的是哪些人，这些人有什么共性，会议要求这些人做什么，这些人又能做什么。针对他们的心理和愿望来明确主题、搜罗素材、组织语言。

最后，还要学会情景假设，假设这样讲听众会做何反应，那样讲听众会有何感想。

总之，要有意识地从听众角度反观文稿，给公文起草提供新视角和新思路，更好地将需求管理的理念引入公文写作，从而使写出的内容与对象需求更加合拍。

六、写成什么样：风格论

风格指文章的风韵、格调和特色。在文学艺术领域，作家、艺术家追求风格的独特性，尤其喜欢在作品中体现自己的一些特点。一个人的世界观、价值判断、艺术素养、审美、个人经历、禀赋、气质、学识等都会反映到写作风格中，风格是一个人思想、感情、个性的反映，是艺术魅力的重要元素。法国作家布封有一句名言："风格即人"。

写作者的独特性主要体现在表达形式方面，即使表达同样的内容也有与众不同的语言形式，具有鲜明的个性特点，这就形成了风格，同一人的作品风格统一在一个相对稳定的整体风格中，并具有一定的一致性。例如，杜甫的基本风格是沉郁顿挫，这个特点贯穿了他创作的始终。

风格的稳定性与变化性不是相对立的，稳定性主要指共时性的风格元素构成与呈现形态，变化性主要指历时性的阶段性发展。由于写作者思想的变化、客观现实的变化，其风格也会出现变动性和多样性。同样以杜甫为例，其不同时期作品在风格上也呈现差异。风格的形成是一个长期积淀的过程，成熟者才会逐渐形成自己的风格。

大家会问：公文这样相对程式化的、规范化要求比较高的文体，也能体现写作者的风格吗？答案是肯定的。当然不是所有的公文文体都能体现鲜明的风格，如一个简单的通知，经验丰富者和初学者写的也不会存在太多不同。在更综合、更多元、内容更多的公文写作中，风格是客观存在的。

虽然公文写作会受到一些条条框框的约束，会有内容和形式上的一些表达局限，不像文学创作那样自由，但一个成熟的写作者在种种约束条件下，同样会营造和形成自己的风格。就好比平面设计中，平面构成三大要素是点、线、面，理论上说所有平面设计都有这三要素，但由于创作个体的差异性、独特性，每个人的作品都不一样，通常我们说这是创作者的风格。

公文的风格可以从以下两个方面来理解把握。

一方面是客观标准。从总体上说，公文与其他文种有很大不同，它不像文学作品那样运用各种写作手法，不像政论文那样追求理论深度和气势，不像新闻报道那样讲究形象和真实，它只需要把事情说清楚，把道理讲明白，把工作任务和要求阐述到位。

总体上说，公文的内容务实，形式上的变化相对少，语言规范、庄重、平实、严谨。除此之外，不同的文种风格也不一样。例如，上行文的请示、平行文的函、下行文的通知，在语言风格上会有细微的差异；作为法定公文的通报，与调研报告这样的实用性公文，在写作风格上也会不同。

不同的情形下，公文的风格也有差异。例如，同样是会议上的讲话稿或发言稿，工作部署会要求严肃认真，交流会希望互动融洽，表彰会追求气氛热烈，研讨会营造思想碰撞的效果，动员会讲求鼓动性和说服力等，这使公文的风格也有了相应的要求。

另一方面是主观差异。主观差异又主要包括两种情形。一是不同使用者的风格不一样，特别是讲话稿这一类公文。有的领导喜欢用事例，有的领导喜欢摆数据；有的领导激情澎湃，有的领导平和稳重；有的领导喜欢做理论阐述，有的领导喜欢讲故事，还有的领导喜欢引经据典等。遇到这种情况，首先要把握、摸清领导的风格特点，然后有针对性地起草，写出风格对路的稿件。

二是不同写作者的风格不一样。如前面所说，任何一个相对成熟的写作者都会有风格特点。风格是写作者主观能动性和创造力的表现，好的作品是使用者风格与写作者风格融合的产物，偏向任何一方都是不好的。

不顾公文的语体特点过分追求写作风格是不合适的，但如果写作者完全放弃了自己的风格，或者完全以领导者马首是瞻而没有一点创造性，甚至变得只会写充满空话、套话、大话、假话等陈词滥调的官样文章，那公文写作就毫无风格可言。

关于公文的认识论，除了前面所述，我们还可以在哲学层面从更多的角度加以探讨。例如，选择什么样的形式。这涉及形式论的问题，就是从形式的角度切入，探讨形式的意义、条件、特点及形式与内容的关系等。

在公文领域，形式主要包含文种和结构。每一个文种都有一定的适用范围，有各自的特点，写作者需要根据具体的目的和情况加以选择；结构应该服务和服从于内容表达的需要。

再如，公文所发挥的作用。这涉及效果论的问题，第一章归纳了公文五个方面的特定功能，如果把公文写作视作一种信息传播行为，则其包含传播者、传播渠道、传播内容、受众和传播效果五个要素，其中传播效果是非常重要的一个方面，是公文目的的实现程度。公文的效果应以实用为主，应能真正解决实际问题、有效推动工作。优秀的公文能实现预期目的甚至超出预期，而质量不高的公文效果会不好，甚至偏离目的。

关于公文写作本体论、认识论的哲学探讨就到这里，后文进入方法论的讲述。

第三章
公文写作的学习方法

写作是门槛不高的一种技艺，所有具有识字能力的人都可以写作；写作也是最难的一门技艺，即便是受过高等教育的人，也未必就有较强的写作能力。拥有较强写作能力的人，大多是通过大量阅读和训练，依靠自己的悟性而洞察写作奥秘的人。一旦学会"写作之道"，往往就能驾驭各种文体。

对公文写作来说，其实写作者并不需要太高的天赋，更重要的是掌握正确的方法。不得其法，会事倍功半；掌握了方法，就能循序渐进，不断提升能力，事半功倍。

一、学习公文写作的五个原则

总的来说，学习公文写作有以下几个值得遵循的基本原则。

第一，参照学习。参照就是模仿、借鉴，就是学人所长，为我所用，但绝不是抄袭、剽窃，二者有本质的区别。就像学书法，先从描红开始，再临摹，最后再自我创作。

初学者完全可以从模仿好的范文开始，从借鉴别人好的写法开始，从学习身边写作能力强的人开始，学习优秀写作者的构思、语法和遣词造句等。做一个有心人，善于留心观察，一定会发现身边有很多值得自己学习借鉴的地方。

例如，有的人喜欢在正式写作前拟定清晰的提纲，有的人善于用数字或者故事来代替冗长的内容陈述，有的人习惯用金字塔原理来找出重点等，把别人好的东西吸收消化，逐步内化为自己的东西，如此写作能力就能在无形之中不断提升，经历一个从量变到质变的过程，进入一个完全不同的境界。

第二，循序渐进。做什么事情都需要经历一个由浅入深、由易到难的过程，写作也不例外。先从简单的文体、熟悉的领域开始，熟练掌握之后，再逐步转向复杂的、陌生的内容，这是一个正确的学习方法，不仅能实现经验的积累与能力的提升，也能增强写作的信心。

初学者不要想"一口吃成胖子"，一步一个脚印，会走得更稳。真正的能力进阶，都不是速成的，一夜成功的奇迹是不存在的，有的只是点滴积累与持续精进，有的只是积跬步以至千里。

古话有云"种瓜得瓜，种豆得豆"，这告诉我们，做出什么样的努力，就会收获什么样的结果。写作能力的提升不是一蹴而就的，而是一个由量变产生质变的过程。懂得这一点，并不会打消学习写作的热情，而能树立正确的心态。

第三，正反对照。写作者除了要知道"应该这样写"的道理，还应该知道"不要这样写"的道理。正面指引与"负面清单"相结合，能让人体会更深，能让写作者对写作的注意事项，包括一些细微之处把握得更到位。

鲁迅先生在《不应该那么写》中说道，学习写作最好的方法就是在作家的未定稿、修改稿中学习。对公文起草来讲，这是很有益处的学习方法。但这样的教材和读物少之又少，一个切实可行的办法是，直接看经领导和同事反复修改的草稿，这样收获更大，提高得更快。

例如，学习如何写好讲话稿时，可以认真比对领导修改后的文稿与自己的原稿，设身处地地想领导为什么要这样改。因为领导站得更高，掌握的信息更多，承担的责任更大，考虑得更周全，而且领导很忙，他认为要修改的地方一定是关键之处。通过这样不断地比照学习，写作者不但会更快掌握学习的方法，而且会更快熟悉领导的思维习惯和表述风格。

第四，把握要点。不同的写作形式，有不同的核心和要点，抓住要点就好比抓住了"牛鼻子"，能够提高学习的效率。

例如，文学作品的要点在于人物、情节和意象，学术文章的要点在于假设和论证，自媒体文章的要点在于话题性和标题制作，PPT 的要点在于文字与图片的配合等。

对于公文写作来说，本书提炼了立意、主题、结构、内容、语言、文气等六个方面的核心要素，归纳了公文写作的七个步骤，梳理了若干种使用方法、技巧，这些都是值得重视的要点。

第五，刻意练习。写作是实践出真知的技能，你上再多课，看再多书，学再多理论、方法，自己不写，永远学不会。无论是模仿他人，还是自我揣摩，都需要大量的刻意练习，在练习中把理论沉淀为自己的认识，把方法转化为自己的技能，形成不断精进的正向循环。

在日常工作中，应该抓住每一个机会进行实践，写邮件、写短信、写报告，甚至在微信上发一条长信息，都可以视作一种实践。总之，要养成写作的习惯。

只要是写作，不管写什么，都有相似的技巧。在哪里学到技巧不重要，重要的是能举一反三、活学活用。当能够将同一种技巧延展运用在其他领域，实现技巧的迁移时，可以说就真正学会写作了。

二、学习公文写作的八种方法

公文写作水平的提高并非一朝一夕之功，并没有什么灵丹妙药可以帮助你一夜成才，但是，还是有一些方法可以帮助大家在提高写作水平时少走一些弯路。特别是公文写作的初学者，学习并掌握这些方法，能让自己逐步成长为比较成熟的写作者。

第一种方法，由浅入深。

这是前面所说的循序渐进原则的运用。任何事物都有一个由量变到质变的过程，学习公文写作不可能一蹴而就。正确的态度和策略应该是由易到难，慢慢积累，逐步实现由不会写到会写的转变。

具体来说有以下几种路径。

一是先从内容单一、结构简单、篇幅短小的文体学起。例如，可以先从写通知、公告、大事记等入手，逐步向工作意见、工作规划、工作汇报等相对复杂的文体拓展。

二是可以先从规范性较强、模式化程度较高的文体学起。例如，从办法、规定、条例等文种，逐步向领导讲话稿、调查报告、经验材料等规范化、模式化程度不那么高的文体拓展。前几种便于借鉴，后几种综合性较强，更加难以把握。

三是可以先从自己熟悉的领域写起。公文写作者可以在熟悉了一个领域的公文写作的要求和风格之后，逐步向其他领域拓展，实现经验的迁移和拓展。这样可以发挥自己知识和业务方面的优势，避免陷入"巧妇难为无米之炊"的窘境。要是一开始就涉足陌生领域，即使搜肠刮肚，也会无话可说，不仅于学习无益，而且可能动摇学习写作的信心。

第二种方法，由摹到写。

学习写毛笔字，一般从临摹字帖开始，先把基础打牢，由摹到临再到写。初学公文写作的人，也可以找范文来套写和模仿，在模仿中掌握要点，摸索方法。模仿得多了，就会逐步掌握一些写作的基本规律，然后就可以自己写了。

但是，套写和模仿并非一用就灵，是有适用范围的。一般来说，套写和模仿主要适用于以下三种情况。

一是适用于相对简单和模式化程度较高的文体。如起草一个会议通知，往往就可以找范文来套写，因为写通知时只要把会议时间、地点、期限、内容和参加人员、注意事项交代清楚就可以了，一般没有更多、更复杂、更深层次的内容。

二是适用于相同的文体。例如，写工作总结就模仿工作总结，如果模仿调研报告，就不对。

三是适用于内容相同或相近的文稿。很多工作有它的专业性，不同工作的内在规律和原理差异较大，不能一味地生搬硬套。例如，党建工作的文稿与财务工作的文稿，一个相对务虚，一个相对务实，一个侧重定性，一个侧重定量，就不太适合相互套用。

我们要注意的是，在写作公文时，有些内容是不能创造的，特别是上级的大政方针、主要精神、根本原则、规范性提法，以及一些对形势的判断等。有些是可以模仿套用的，如结构等，有时也借鉴套用其他文中的一些观点、素材。

需要明白一点，套写和模仿只能作为初学者的入门之道或特殊情况下的应急写作方法。一个立志在公文写作上有作为的人，需要练就构思、写作文稿的真本领、硬功夫，不能总是套写和模仿。

套写和模仿绝不是将别人的内容原封不动地拿来用，而是要在这个过程中借鉴、仿写、总结和提升。具体来说，有以下几个方面需要注意。

第一，坚持学习借鉴，模仿创新。可以学习别人的选题立意，借鉴谋篇布局，模仿行文风格，然后创新形成自己的写作内容，绝不能照搬照用、全盘抄袭。

借用鲁迅先生的话，文体可采用张三的形式，结构可融汇李四的骨架，内容可涉及王五的涵盖，语言可借鉴赵六的精彩，然后进行优化组合，进行创新创造，总之：参考要广泛，引用不单一，摹仿看不见。

第二，做到相互结合，有效转化。具体说，就是上级精神地方化、外地经验本土化、过去的东西时尚化。学习借鉴上级的精神要结合本地、本部门实际，学习别人的经验要考虑自身情况，学习之前的材料要与当前的形势、提法、理念相结合，归纳起来就是：上下结合，内外结合，古今结合。

第三，努力拓宽思路，融会贯通。清代学者袁枚说"蚕食桑，而所吐者丝，非桑也；蜂采花，而所酿者蜜，非花也。"写文章也是如此，学人优长、为我所用，通过学习借鉴别人的，创新形成自己的。

很多文章内容不同，但格式相通；很多事情做法不同，但道理相通。广泛学习，触发灵感，启迪思路，就会豁然开朗。融会贯通的关键是"融"，就是结合、综合、糅合、耦合，吸收别人的思想精华，因时、因事、因地而变。能参考更多的文章，然后触类旁通，再创新性地写出一篇文章，那就代表有高水平。

第三种方法，由熟而巧。

俗话说："一回生，两回熟。"就公文写作而言，由生而熟、由熟而巧的桥梁就是多写多练。写作的规律，只有在多写多练中才能充分认识；写作的能力，只有在多写多练中才能逐步提升。正所谓"纸上得来终觉浅，绝知此事要躬行。"不通过多写多练，懂得再多写作理论也无济于事。

但是，多写多练并不只是注重数量的增长，只有把数量和质量统一起来，每写一篇才有相应的收获和长进。为此，要注意以下四点。

一要有计划地练，不要盲目地练。对先练什么文体、后练什么文体、什么时候练什么文体，要有安排、有路数，不能随心所欲。

二要集中地练，不要分散地练。采取各个击破的策略，在一定时期相对集中地练习一两种文体，力求在较短时间内实现突破，然后再集中练习新的文体，这比同时交叉、分散地练习多种文体的效果好一些。

三要思考着练，不要无所用心地练。每篇文章，从立意到结构，从选材到语言，都要认真思考，反复斟酌，力求最佳，不能胡乱挥洒，潦草从事。

四要有目标地练,不要单纯地为练而练。例如,写作信息类、经验类、调研类的公文时,可以把目标定为供内部刊物选用或向新闻媒体投稿,这目标本身就是一种压力和动力。文稿一旦被选用,会进一步激发学习热情。这往往比漫无目的的练习好。

通过反复练习,写作者可以逐步掌握公文写作的基本方法、套路和常用技巧,再通过日积月累,可以进一步熟悉个中门道,积累丰富经验,进而达到闲庭信步的境界。

第四种方法,由改到精。

学习公文写作,修改是必不可少的。正所谓,好文章是改出来的。一稿就通过、一稿就成为精品的文章不是没有,但数量极少,多数文章要经过反复修改才能成为精品。

写完一篇公文初稿,并不代表就完成了公文写作,这只是修改环节的开始。修改的方法大致有以下三种。

一是静思默改法。写好初稿后,平心静气地坐下来,从头至尾地在头脑中梳理整个文稿,细细品味,从中发现毛病。

二是边读边改法。对写好的文稿,从头至尾读一遍甚至几遍,边读边思考,边读边修改。这对发现不妥当的词、不通顺的句子极其有效。

三是冷却修改法。先放一放写好的文稿,然后读一些有关的文章,翻一些相关的资料,开拓一下思路,冷静一下头脑,然后再对文稿进行修改。这样,即使面对比较成熟的文稿,也会发现其毛病。

除了自己改,也可以让别人改,"三人行,必有我师",怕人修改、反对修改、怕丢面子,实质上就是拒绝进步。要形成虚心请教、民主讨论、认真修改的工作氛围。写作者要反复修改，直到自己满意；把关者要认真推敲，在完善后再签字。修改，始终是写出成功文稿的必经之路。

第五种方法，由人推己。

运用正反对照的原则，在学习中比较与参照，知好坏、见优劣，取人之长，补己之短，是学习公文写作的有效方法。

第一步，立意谋篇，方法是"看两篇，写一篇"。例如，要为领导写一篇关于人事工作的讲话稿，写作之前可以先找两篇文章。第一篇是该领导以往的类似讲话稿，这篇文章解决的是"形似"的问题，用于确定文章结构、语言风格。

第二篇是上级领导机关相关主题的讲话稿，这篇文章解决的是"神似"的问题，用于确定文章最基本的内容、方向。找出这"两篇文章"，再学习和模仿，那么写出来的文章，在结构上、内容上不会出现大的偏差。

第二步，内容构思，方法是"换位思考"。这要从使用者和接受者两个角度思考和把握，概括起来有以下五个方面。

一是法定作者关注和强调什么。如领导作为文件签发人或报告人，他代表组织应该表达什么，或者领导讲话时要说些什么。

二是工作职责所在部门希望表达什么。就是有关部门对于这项工作的考虑，希望通过公文传递的工作信号。

三是接受者希望获取什么。接受者对公文的期待是具体的，或是答疑解惑，或是肯定表扬，或是明确思路等，应该将这些需求反映在公文中。

四是使用者本人希望传递什么。例如，工作报告、领导讲话、经验介绍、总结汇报时，由具体的领导代表单位发言，每位领导都有一贯的思路、风格，每位领导都有近期关注的重点、强调的要点等，写作者应该加以考虑。

五是上级希望了解什么。每项工作都应该按照上级领导机关的部署和要求开展，科学传递上级的要求也是公文的应有之义。写作者应通过多角度的思考，对文章的主体内容有较为充分的把握。

第三步，写作成文，方法是"转益多师"。在写作过程中，要想办法进行比较和参照学习。

拿自己的文稿同别人起草的相同主题、相同体裁的文稿进行比较，特别是多看一下大家公认的比较成熟的稿件，看一看别人在什么地方比较高明、为什么高明，自己和别人的差距在哪里，为什么有这样的差距，思考一下怎样学习别人的长处，弥补自己的短处。

找一些不同人起草的主题和体裁相同的文稿进行比较，看一看各有什么特色和长短，找出哪些是可供自己学习借鉴的，哪些是自己应该避免的，以博采众长。

把自己所在单位的文稿同上级单位的同类文稿进行比较，看一看上级单位的文稿在站位上、在角度选择上、在问题的阐述上有什么高明之处，以便从中获益。

第四步，对照学习，方法是"看花脸稿"。提交初稿之后，领导往往会对文稿提出修改要求，有的时候还会提出颠覆性意见，领导的修改要求和意见是写作者提高自己公文写作水平最好的教材。

领导审稿时所做的改动，不仅是修改文字，还有对起草者思维方式和撰写角度的校正。写作者只有认真学习领会，才能更好地把握领导意图，提高写作水平。

前面也提到，我们应该将领导改动的部分和自己起草的内容进行比照，细致揣摩，看一看领导都做了哪些修改，琢磨一下为什么这样修改，修改的高明之处在哪儿，从中学习一些技巧，认识到"应该这么写"的道理和"不应该那么写"的原因。

每对照一次，就相当于和领导进行了一次间接的思想交流。当成稿后，写作者还应该对一稿、二稿、三稿甚至更多的修改稿进行重温，这样会有新的启发，也会逐步找到写公文的窍门。有的人将领导改过的稿件整理起来，形成个人的"错题本"，这就是一个很好的办法。

第六种方法，由内而外。

在学习公文写作的过程中，常常会遇到一些百思不得其解的问题，这时，如果有人帮助解答，你会豁然开朗。所以，苦思苦练是重要的，虚心请教也是不可缺少的。

一是带着问题求解。"独学而无友，则孤陋而寡闻。"若起草文稿时不与他人切磋交流，往往会陷入见识狭窄的困境。向他人学习实际上是最难得的提升自己的机会。在学习写作的过程中，遇到想不明白的事情或解决不了的问题，要主动向高手请教，也可以和身边的同事一起研究讨论。

有的时候，因为高手的几句话，你就会豁然开朗。在同事你一言、我一语的讨论中，你也常会受到深刻的启发。正所谓"听君一席话，胜读十年书"，千万不要把自己封闭起来。

二是带着文章求改。自己写了文章以后，要多请高手帮助修改。

有的时候，高手改动几个关键的句子，可以使文章提升一个档次；提出几条修改意见，可以使你受益匪浅，甚至受益终生。

除此以外，也可以向同事征求修改意见；如果是以基层工作情况为素材的文章，还可以回到基层，听听一线干部和群众的反馈。在这个过程中，要特别注意从大家的议论中抓取有用的信息。

三是向书本求知。书本是知识的载体，是无言的老师。特别是一些有关公文写作的专业性刊物，常常发表充满真知灼见的文章，推介来源于实践的经验和体会。经常读书，会大有好处，有些文章甚至会使你眼前一亮、茅塞顿开。

有的书看似与写公文没有直接关系，如文史哲、法律、经济理论、社会科学等方面的书，但多读、多看能增强一个人的文化底蕴和理论修养，对公文写作也大有裨益。

例如，我读《曾国藩全集》时，特别留意了其中的奏折部分。奏折就是古代的公文，相当于当代的请示、报告和情况反映。曾国藩的奏折不但负载了大量的历史信息，在写法上也有很多值得学习借鉴之处。我从中选取了 30 篇奏折，从公文写作的视角进行赏析品读，撰写了《公文高手的自我修养·案例篇》一书。这就是一个向书本学习并沉淀自己思想的过程。

第七种方法，由众得智。

在党政机关和企事业单位，有时重要文稿并不是只交给一人起草，而是由一个写作班子来集体起草。如果能够参与其中，则获得了学习公文写作的好机会。所以凡有这样的机会，就要积极主动地参与。

一要参与正式起草前的集体讨论。这时的讨论一般侧重于研究写作背景、弄清领导意图、确定文章主题、理顺文章思路、搭建文章框架、选好文章角度。参加这样的讨论，对于开阔眼界、拓宽思路、提升构思文章的能力和提高水平极有好处。

二要参与文章的写作。一般来说，在集体讨论中明确了文章的思路和框架以后，写作班子就要分块来写，然后由一人主笔，把分写的各部分串联在一起，组合成一篇文章。在这一过程中，大家要尽可能全程、深入地参与。

即使不是写作班子的正式成员，不承担正式的写作任务，自己也要选择其中的一部分或几个部分来写一写，并将自己写的和其他人写的相比较，看看人家写的好在哪里，自己写的差在何处，以便有针对性地学习和提升。

三要参与集体修改。初稿写成后，往往还要集体讨论修改，有时一篇文稿要讨论修改若干次。参与集体修改也是一个极好的学习机会，它既有助于提升发现问题的能力，又有助于提升解决问题的能力；既有助于丰富知识，又有助于活跃思维。千万不要轻易放过这一机会。

从事文字工作的同志，相互间要善于碰撞。在与他人，特别是与高手的交流和思想碰撞中，眼界能不断拓宽，能力能更快提升。一个好的文字工作者，往往是十分注重向他人学习、善于同他人交流的。思想的火花、灵感的突发，常常是在不经意的碰撞中产生的。

第八种方法，由繁入简。

任何事物的发展变化都有其自身的规律，公文写作也是如此。只有掌握了这些规律，写公文时才能得心应手。大道至简，有用的规律往往是简单的，但需要思考和总结才能找到它们。

要真正掌握这些规律，就要勤于实践，勤于总结。写作者应该养成习惯：每写完一篇稿子，完成一个任务，都回顾检视一番，做一次复盘；经常把一些相同体裁的文章收集起来进行集中研究和总结。只有不断研究和总结，才能逐步把感性认识上升到理性认识，透过现象看到本质，从繁杂的表象中抽象提炼出本质规律，实现由繁到简的跨越。研究和总结的方法有以下三种。

一是从自己的成功之处总结。每次成功都绝非偶然，一定有其原因，对于写得特别好的文稿，不要放过，要认真复盘，总结经验，自觉找出规律，这样不仅能让你更自信，还能帮你找到成功的方法，有利于写作水平不断提高。

二是从自身的失败之处总结。失败是成功之母，聪明的人不会犯两次同样的错误，因为他们善于总结失败的教训。总结失败教训的目的是引以为戒，下不为例，少走弯路。

三是从别人的成败中总结。总结成败是主要方法，但局限于总结个人成败是不够的，还必须善于总结和借鉴他人的教训与经验，开阔自己的视野，"悟"出真知，不断深化对写作的规律性认识。

我自己的一点体会，就是在工作中形成"事前有计划、事中有检查、事后有总结"的工作方法，每一次总结都是对自己的一次提升，每次完成重大任务后，都要总结经验教训，明确问题与方向。我自己在工作中也通过不断总结，归纳、提炼了公文写作的一些方法技巧，有效地推动了工作的开展。

第四章

好公文的标准

　　了解了学习公文写作的方法之后，开始正式写作。在正式写作中我们会面临用什么样的标准来衡量公文优劣的问题。其包括两个方面：一是在选择学习模仿对象时，应选择什么样的范本；二是自己写出来的公文，又该用什么样的标准来评判。本章从五个角度来加以解析。

一、情感的角度：修辞立诚

　　我国文化特别重视"诚"字。《中庸》说："诚者物之终始，不诚无物。是故君子诚之为贵。"真诚是一杆标尺，可以用于衡量为人处世、著文是否做到了真心诚意，是否达到了真实无妄。

　　公文写作，要牢记一个"诚"字，做到诚以立身，修辞立诚。

　　第一，对自己的工作要有诚意。俗话说："干一行，爱一行。"既然选择了文字工作，就要用一颗诚心对待，真心发现文字中的精彩，努力热爱文字工作。只要你真诚对待工作，工作也会给你好的回馈。

　　但是，如果你内心非常排斥，一提到公文写作就头疼烦躁，还要故作积极给领导看，则会带着应付交差的态度，这儿摘摘，那儿抄抄，草草了事，以这种毫无诚意的态度写出来的稿子，其质量可想而知。

第二，对自己的文字要有诚意。《大学》里讲："所谓诚其意者，毋自欺也。"文字不会欺骗人，只有人会欺骗人。然而，欺骗别人的人首先欺骗的总是自己。《易·乾》中说："修辞立其诚，所以居业也。"其是指写文章应表现出作者的真实意图和真情实感。这向来被视为写文章的一大信条和准则。

所以在起草公文时，要讲心里事、写心里话，把自己对工作真实的认识、理解和建议写进去，把自己在工作中的所见、所思、所感、所悟放入其中。只有充满真情实意的文字，才能引起受众的共鸣，才能直面现实问题，才能指导工作实践。任何虚情假意、矫揉造作的文字组成的只能是空话、假话、套话，所有人都能一眼识破，并心生厌恶。

当然，写心里话并不是不论对错，想怎么写就怎么写，而是要以不断提高自己的理论水平、认识水平、思维水平等为前提。随着个人综合能力的不断提升，心里话的分量才会越来越重。而且完全讲真话、讲心里话的效果也不一定都好，这种时候应该有一条底线，那就是：真话可以不全说，但至少不能说假话。

二、思考的角度：深入浅出

公文既要有一定的思想性和理论性，又要做到明白晓畅、通俗易懂，这样的深入浅出是高水平的体现。写作者不仅要有深厚的思想内涵，还要善于使用平易浅显的语言将它们表达出来。这比深入深出、浅入浅出、浅入深出都要难，应该是写作者追求的境界。

有人以为，有思想内涵、有理论深度的文章难免要艰深一点，如果一味追求平易，就达不到深度上的要求了。其实不是这样的。真正懂得了深奥道理的人，往往会用浅显易懂的方式来讲解。

要想做到深入浅出，前提是对深奥的道理理解得很透彻，能把复杂的事物、艰深的理论用生活化的语言讲明白。好的交流不是让人迷惑，更不是为了显示自己水平多么高，而是要让对方有效地接收想传递的信息，理解其意图和内容。

写作者即便博古通今、思想深刻，如果对方看不懂、看不进去，那也达不到效果。因为公文写作的目的就是让对方明白或者受益，这就要求做到没有官腔、不端架子、明白晓畅、深入浅出，让接受者入耳入心。所以说好家常，不只是一种技术要领，也是一种素质要求。

有一点要特别注意，要把浅显易懂与空话、套话、程式化的表达区别开来。浅显易懂的语言，应该同时是清新的、灵动的，或者说，因为清新、灵动，所以是浅显易懂的。在公文领域，有太多空话、套话，它们并非浅显易懂，而是含糊不明。

那些真正好的、流传下来的公文，都是通俗易懂且深入人心的。《毛泽东选集》中的很多文章就是这样的，现在读起来还有一种鲜活的感觉。毛泽东同志一直提倡写文章、做报告要通俗易懂，反对板起面孔，用一些抽象的公式，把普通的道理讲得艰涩。

《毛泽东选集》中一篇篇文章写得非常生动，这是因为毛泽东同志在革命中长期深入基层、深入群众，与群众打成一片，学会了群众语言。

三、表达的角度：文从字顺

公文语言表述讲究准确、规范、严谨、平实，要求做到文从字顺、庄重严谨、精准简明。

在语言的运用中还要注意做到十个"不写"，即不写正确的废话（不照搬照抄）；不写违背政治原则的话（慎用敏感话题、敏感事例）；不写没有根据的话（不听、不信"参考消息"）；不写极端的话（指过头的话、明显跑偏的话）；不写没有时代感（指陈旧过气）的话；不写装腔作势（大而空，言之无物）的话；不写模棱两可（观点模糊，不知所云）的话；不写断章取义（指寻章摘句，把本来的意思弄丢了）的话；不写脱离材料语境的话（不要把公文写成了散文）；不写没有思想内涵的话（指"以其昏昏，使人昭昭"）。

四、接受的角度：喜闻乐见

公文都是面向特定受众的，从接受的角度来说，公文应该让受众觉得易于接受、喜闻乐见，减少阅读障碍，增强受众的获得感。

这就要求，公文体现的思想情感要符合受众的惯常心理和情绪，内容契合受众的接受程度，表达方式符合受众的接受习惯。对于特定受众，公文写作者还要考虑他们的兴趣、偏好以及特定的信息需求，这样才能形成有效的、有诚意的沟通。

公文往往有特定的接受者，对于特定对象的需求和心理模式，也是要加以把握的。例如，会议讲话的受众是全体与会者，汇报的受众是上级单位领导，情况介绍的受众是兄弟单位的同志。在起草不同的文稿时，写作者心里一定要装着受众，根据他们的接受能力和心理需求来写。

五、效果的角度：务实管用

公文一定要务实管用，我们应该把这作为公文写作必须把握的第一原则。要做到这样，就要从头到尾贯彻实事求是的原则。

2012年印发的《党政机关公文处理工作条例》第十九条中有明确规定，公文起草应当做到"一切从实际出发，分析问题实事求是，所提政策措施和办法切实可行""深入调查研究，充分进行论证，广泛听取意见"。这就要求在公文构思、起草中从头到尾贯彻实事求是的原则，这样才能保证内容实际，有效发挥为实际工作服务的作用。

内容务实，具体来说，至少有以下几层含义。

第一，真实准确不虚假。真实准确不虚假是指公文内容要忠实于客观事物的实际情况，做到真实、内容可靠、数字无误、观点准确，这是公文最根本的原则，也是实施科学决策的基本保证。

公文是与具体工作相联系的，它对内容的要求和文学创作对内容的要求完全不同，跟一般文章对内容的要求也不尽相同。公文要"写实"，坚持忠于事实的原则，一是一、二是二，有则有、无则无，不夸大，也不缩小。

首先，应如实把客观存在的事实写出来，什么事、什么人、什么时间、什么地点、什么样子、什么缘故，都要做到准确清楚，不能做任何加工。素材要准确典型，不能粗枝大叶、道听途说，更不能随意捏造事实和数据。特别是对于第二手材料，要反复验证。

列宁说：如果从事实的全部总和、从事实的联系去掌握事实，那么事实不仅是胜于雄辩的东西，而且是证据确凿的东西。如果不是从全部总和、不是从联系中去掌握事实，而是片段的和随便挑出来的，那么事实就只能是一种儿戏，或者甚至连儿戏也不如。

其次，观点、结论也一定是从对现实材料的分析中自然引出来的，不能想当然，不允许掺杂任何主观臆造的成分。引用的观点要交代，不能漏字错句、篡改原文，也不能断章取义、随意曲解。

最后，在真实的基础上还要做到准确，准确是比真实更高的要求，是对事物全貌的反映，而不是以偏概全或者选择性地使用事实。

第二，充实丰富不空洞。这就要求引用丰富的材料，有充分的论据，以增强公文的说服力。材料包括各种情况、典型事例、论点、论据、数据等，将这些材料进行认真分析和综合研究，选用与公文要阐述的主题有关的、真实的、典型的、有代表性的、能揭示事物本质的材料，根据需要加以组合。

充实与空洞的界定，不仅在于有没有观点和材料，还在于公文有没有针对性，是否达到了观点与材料的统一。如果公文不提出问题，不解决问题，只罗列一些事实，不做科学分析与综合，不演绎规律，不归纳结论，只是泛泛地重复现成的一般原理、结论、口号，那么就是苍白无力的。

第三，切实可行不浮泛。公文是各级机关实施领导和开展工作的重要工具，在阐述如何贯彻党和国家的方针、政策时，要紧密结合本地区、本单位的实际情况，尤其是实践中出现的新情况、新问题，把握好角度，把大政方针落实在具体工作之中，使工作思路、实施方案、政策措施等有较强的可操作性，能够直接用于实践，并接受实践的检验，否则提出的主张和措施就没法落地。切实可行的公文才有生命力。

可行性一般包括四个方面：一是政治可行性，即某项政策、措施能被多数政治团体或大多数群众接受，政治风险不高；二是经济可行性，即实施政策、措施必需的资源是能够充分获得的，是不会产生难以承受的经济负担的；三是技术可行性，即将政策、措施付诸实施在技术上是可行的；四是心理可行性，即政策、措施的实施与受文对象及执行者的心理承受能力是相适应的。如果不具备这几个方面的可行性，公文是行之不远的。

这几个可行性要求，从本质上说，是要求公文制定的政策、措施要符合现实条件的要求，充分估计各种环境因素对政策的影响与制约。也就是说，政策、措施的制定，要以现实可行为前提，坚持"按照实际情况决定工作方针"的原则。既做深入细致的调查研究，又做周到的科学论证；既要坚持政策制定的原则，又要坚持正常的程序；既要讲速度，更要讲质量；既要考虑需要，又要考虑可能，这样布置工作才能说到要害处、抓到点子上，有针对性地提出解决问题、指导工作的意见和措施，反映的情况才能客观、全面，才能为上级提供全面、准确的信息。

第四，朴实简洁不华丽。写短文、写实话，通俗易懂，朴实无华，不求文采，但求管用。这对所有的公文都是适用的，所以制度文件要"管用"，通知、请示、报告讲"要情"，领导讲话稿讲"要领"，汇报交流经验材料讲"要点"，总的来说，就是要坚持朴实简洁的要求。

此外，内容要求实，还应该包括逻辑要严实，按照一定的逻辑组织内容，不能随意。

第五章

公文写作的基本要求

前一章我们从五个角度了解了一篇好公文应该达到的标准，那么如何达到这样的标准，在写作上有哪些要领和注意事项呢？这一章我们探讨一下公文写作的一些基本要求。

一、掌握两大要领

一个要领是规行矩步。认真遵循公文写作的基本规范和要求，特别是法定公文的写作和使用，否则写出的公文就会成为不合格的公文。

首先，正确把握公文格式要求。公文是一种高度程式化的文体，特别是法定公文，每一种公文都有明确规定的格式要求，这是需要了解和把握的。

公文格式，是公文的规格样式，即公文各组成部分在页面上的呈现形式，也叫公文的外部组织形式。格式是公文非常重要的一个要素。公文作为一种应用文，在长期的实践中，形成了独特写作格式和一套制发规范，并用国家法规予以规定，写作者需要严格遵守，不能另搞一套，各行其是。

总体来说，公文格式的规范化是它的本质要求，反映了它的内在规律和客观需要，也是它的生命力源泉。要使公文能在最大限度、最大范围内实现有效沟通，则要讲规范性、坚持规范性。只有形式上规范了、统一了，才能扫清沟通传播中的障碍，才可以使公文的写作、阅读、传递、处理更快捷和更有效。

第一，公文格式规范化是由公文的本质决定的。从本质上说，公文是公共政令流转的一个载体。为了确保这些信息在传递过程中不失真、不出错、不被误解，格式上自然要求准确、清晰、严谨，便于阅读者了解掌握信息。有了这些通用的标准，不熟悉公文的人才能很直观地从相应地方获取相应信息，提高阅览和使用的效率。

第二，公文格式规范化是公文处理工作本身所需要的。公文处理是各级机关最常做的一项日常工作。每天制发的大量公文，如果没有一个统一的、细致的格式规范，处理公文的人势必要在各式各样、五花八门的文件中加以甄别，工作成效必然大打折扣。

为保证公文的完整、准确、庄重、有效、合法，便于规范处理，并为立卷和归档提供方便，整体上提高公文处理制度化、科学化水平，格式的规范化就是重要前提，有了形式上的齐整一致，才能保证公文信息处理的高效、快捷，从而给公文处理工作带来极大方便，提高工作质量和效率。

第三，公文格式规范化是公文权威性和约束力在形式上的具体表现。对于公文来说，形式不是无足轻重的，它对公文的内容起保证作用。规范的公文格式不是从外强加给公文的，而是公文写作结构的规律性表现，它不仅体现公文的法定权威性和约束力，而且有利于保证政令畅通。公文格式不规范，不仅影响公文的质量和美观，更主要的是影响公文的效力，直接影响公文的严肃性和作用。

第四，公文格式规范化是信息化时代的必然要求。我们已经进入信息化时代，计算机和现代化文印设备的普遍使用提高了办公效率，改善了办公条件，对公文制作水平的提高起到积极作用。有了统一的公文格式标准，就可以编制出公文制作模板，通过计算机排版打印，成倍地提高工作效率。所以，公文格式规范化也为办公自动化奠定了基础，做到了运行高效，风格统一，易于识别。

公文格式规范性如此必要，因此，它也应该是公文写作者应掌握的基本功，公文写作者应对一些常见公文的标准格式熟稔于心，并且在实际工作中严格遵守。

公文格式规范，主要包含以下三个方面的内容。

第一，公文的组成要素及其标注标准，即公文书面格式的构成要素，如份号、密级和保密期限等，以及这些要素在页面上的排列顺序和标识规则、位置。

第二，承载公文的介质标准。其包括两个方面：一是纸张要求，即公文用纸的主要技术标准。公文用纸幅面一般采用 A4 型，而且在公文版面、页边与版心尺寸上都有规定。二是排版和印制要求，包括排版的字号规格、印刷装订和图文颜色要求等。

第三，公文数据的表现形式，包括公文中的文字、外文字符、表格、标点符号、计量和数字等的使用规范。

如果用一句话来概括公文格式的规范要求，可以这样说：要素齐全无赘疣，位置得当无偏差，版式正确不混淆，首尾相符不矛盾。

中共中央办公厅于 1950 年 4 月下发了《关于文件纸型与格式的规定》，1951 年 9 月中央人民政府政务院下发了《公文处理暂行办法》，后来我国又陆续修订下发了一系列规范性文件，对公文写作的格式、处理等做出明确规定，与时俱进地对公文格式加以规范。

目前遵循的公文格式规范标准，是中共中央办公厅、国务院办公厅于 2012 年 4 月 16 日联合发布并于 2012 年 7 月 1 日实施的《党政机关公文处理工作条例》［以下简称《条例》（2012）］，2012 年 6 月 29 日国家质量监督检验检疫总局、国家标准化管理委员会联合发布并于 2012 年 7 月 1 日实施的《党政机关公文格式》（GB/T 9704–2012），以及《〈党政机关公文格式〉国家标准应用指南》。

这些文件对党政机关的公文文体、格式要素、文面式样和版面形式做了详细、严格的规定和解释，是国家法令和国家标准，公文写作必须依照这些特定模式进行，任何机关和单位不能各行其是，另搞一套，否则不仅有损发文机关的形象，更重要的是会给工作造成消极影响。公文写作者应该以《条例》（2012）和国家标准为工作的基本原则，将其作为"案头书"。

《条例》（2012）对公文格式做了明确规定，指出：公文一般由份号、密级和保密期限、紧急程度、发文机关标志、发文字号、签发人、标题、主送机关、正文、附件说明、发文机关署名、成文日期、印章、附注、附件、抄送机关、印发机关和印发日期、页码等 18 个要素组成。

这 18 个要素按其所在的位置，又可分成版头（眉首）部分（前 6 个要素）、主体部分（中间 9 个要素）、版记（文尾）部分（最后 3 个要素）。眉首部分位于公文首页上部，一般占整个页面的 1/3。主体部分位于眉首部分以下，版记部分之上。版记部分位于公文最后一页下端。这些都需要认真掌握，学透、用好，严格遵照执行，避免发生错误，闹出笑话。

先说版头，一共有 6 个要素，分别为份号、密级和保密期限、紧急程度、发文机关标志、发文字号和签发人，如图 5-1 所示。

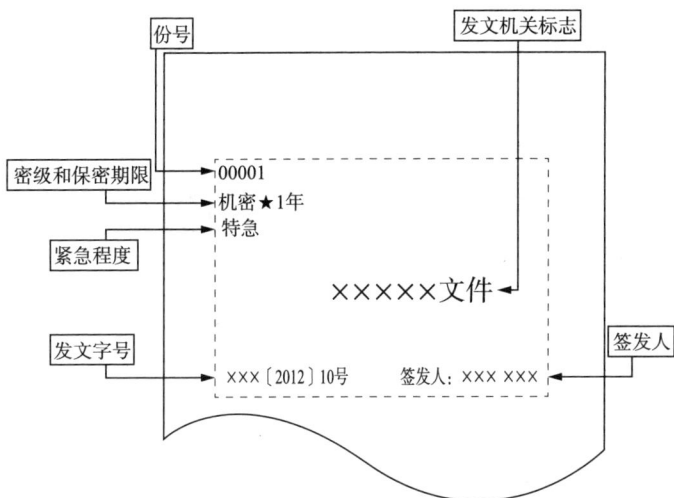

图 5-1 版头部分示意图

在一份红头文件中，发文机关标志、发文字号和签发人一般都是有的，份号、密级和保密期限、紧急程度则根据情况添加。

再看公文主体部分，一共有 9 个要素，分别是标题、主送机关、正文、附件说明、发文机关署名、成文日期、印章、附注、附件，如图 5-2 所示。

标题一般是发文机关全称（或规范化简称）＋关于＋事由＋文种，是以发文机关名称和内容为限定修饰成分的偏正词组。标题要简明准确，既能揭示公文主要内容，又能体现行文主旨与行文关系。要避免几种常见错误，如无文种或错用文种，标题不能反映文件主旨或不精练，以及在标题中增加不必要的标点符号。

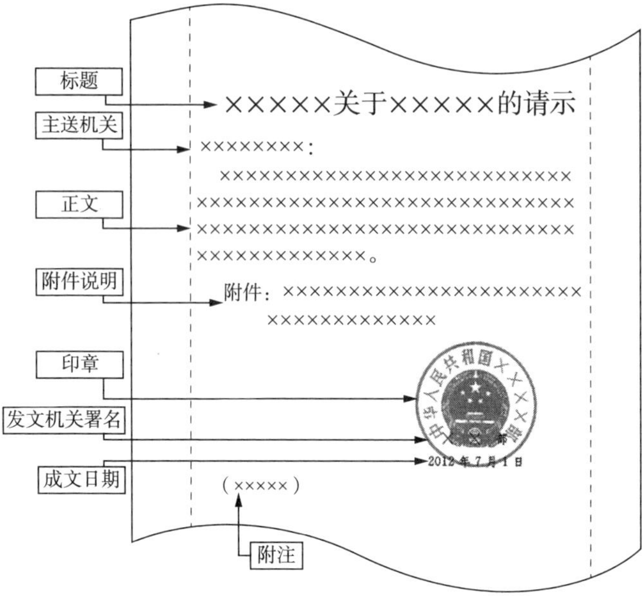

图 5-2　主体部分示意图

主送机关是公文的主要受理机关，应当使用机关全称、规范化简称或者同类型机关统称。要避免的情况是：称呼不规范，主送领导个人或个人并组织，以及党政不分。

正文是公文内容表述的主体，要充分反映行文意图、观点鲜明、条理清楚、简洁通畅。

正文要做到以下几个方面的规范。

一是首次引用其他公文要规范。按照"发文机关＋公文标题＋文号"的方式引用，如"根据财政部《关于×××的通知》（财资发〔2017〕×号）要求"。公文标题中如能体现发文机关，按照"公文标题＋文号"方式引用，如"根据《国务院国有资产监督管理委员会关于×××的通知》（国资发〔2017〕×号）要求"。

二是文中不夹带图表。公文正文中不能夹带图表，能通过简短语言叙述的，用语言叙述，不易用语言叙述或相对复杂的，以附件形式解决。

三是结构层次序号要规范。文中结构层次序号一般是："一、""（一）""1.""（1）"，如果只有两个层次，层次序号可以是："一、""（一）"或"一、""1."，但是同一篇文稿中不能交叉使用。

四是结尾用语及标点要规范。结尾要求简洁、规范，避免语言累赘、过分拔高、要求失当等问题。结尾用语标点用句号，不宜用"？"或一个及多个"！"。

附件说明的正确使用方式是，在正文下空一行左空二字编排"附件"二字，后标全角冒号和附件名称。如有多个附件，使用阿拉伯数字标注附件顺序号（如"附件：1.××××"）；附件名称后不加标点符号。附件名称较长需回行时，应当与上一行附件名称的首字对齐，如图5-3所示。

```
附件：1. 工作小组成员名单
     2. 领导小组工作规则
     3. 关于印发工作……小组……的
        通知
```

图5-3　多个附件说明示例

成文日期一般右空四字编排，用阿拉伯数字将年月日标全。印章端正、居中下压发文机关署名和成文日期，避免出现三要素不全或发文机关署名与印章不一致的情况。

附注居左空二字加圆括号编排在成文日期下一行，是公文印发传达范围等需要说明的事项，不是对正文内容的解释。请示件需注明联系人。

附件应当另面编排，并在版记之前，与公文正文一起装订。"附件"二字及附件顺序号用 3 号黑体字顶格编排在左上角第一行，不加冒号。附件标题居中编排在第三行。附件标题应当与附件说明的表述一致，如图 5-4 所示。

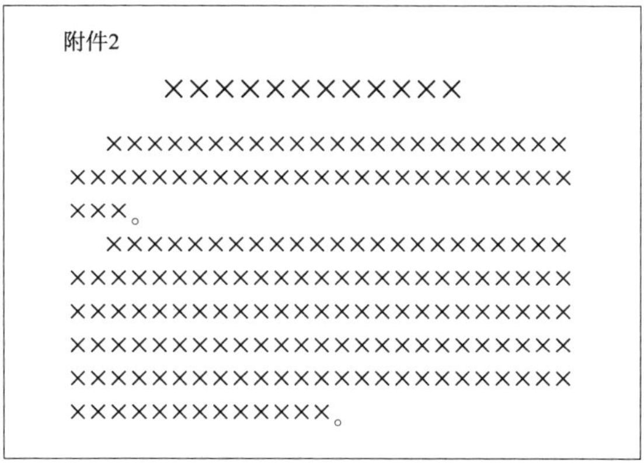

图 5-4　附件页示例

最后看版记，包括抄送机关、印发机关和印发日期、页码，如图 5-5 所示。

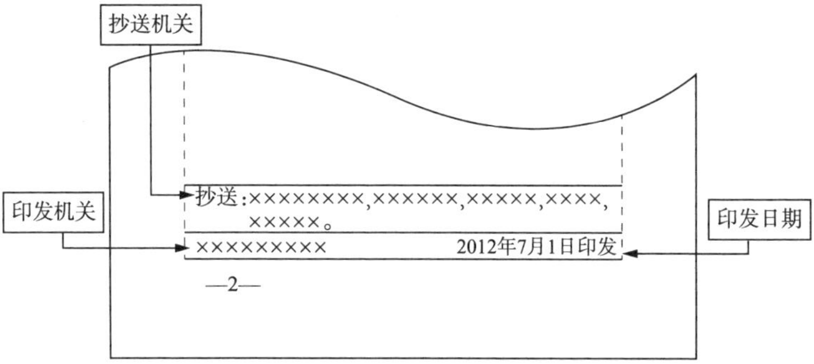

图 5-5　版记页示例

需要注意的是抄送机关，抄送机关是除主送机关外需要执行或知晓公文的其他机关，应使用机关全称、规范化简称或同类型机关统称。抄送机关超过一个时，依次按照上级机关、同级机关、下级机关的顺序排列。向上级机关行文，不抄送下级机关。联合发文时，联合发文单位不作为抄送机关。按照党、政（地方党委政府在前、部门和厅局在后）、军、群的顺序排列。

由此可见，公文格式的每一个要素都有明确的使用规范，不能随意改变，很多都体现在使用和表述的细微之处，写作者只有掌握这方面的知识，才不容易出现差错。

格式要求主要针对的是法定公文，对于事务性公文而言，格式没有那么严格，但也有一些约定俗成的体例和范式要求。例如，调研报告的基本格式要素一般包括开头、现状调查、存在问题、建议几个部分，不能把调研报告写成总结材料。

在每个单位，除了红头文件外，还有一些内部行文，俗称"白头文件"，涉及工作函件、请示件、批阅件、办文要报等形式，各单位因地制宜制定的一些内部的公文格式规范要求，也是写作者需要掌握和遵循的。

其次，合理使用公文文种。《条例》（2012）规定了决议、决定、命令（令）、公报、公告、通告、意见、通知、通报、报告、请示、批复、议案、函、纪要等15个文种的撰写规范。每一个都有特定的适用范围和使用要求，公文写作者需要准确把握，可以结合自己的实际工作，去参照、学习、消化。

南北朝时期的文学评论家刘勰在《文心雕龙》中说，"章以谢恩，奏以按劾，表以陈请，议以执异。"意思是不同的文种，目的和功用是不一样的，不能混淆。

错误使用文种，会造成行文关系的混乱，影响公文效能的发挥。我们假设，有人写公文时不分文种，把本来应该做出指示和形成重要意见的决议写成了通报，或者把写给上级的请示写成了报告，或者把请示和报告混在一起，这些无疑都会成为笑话，影响工作。

行文主旨意图决定了文种的选择使用。例如，要告知公文对象某件事情，用到的就是通知。要向上级提出请求，就需要用到请示。要与相关方进行工作的沟通和商洽，用函就比较合适。从某种程度上说，文种是形式的范畴，使用什么样的文种，主要根据行文的目的和主旨来决定。

不同种类的公文除了作用不同，也体现发文机关与受文机关之间关系的不同。文种的使用要与行文关系相一致。行文关系包括上行文、平行文和下行文，体现为工作位阶和管理层级的差异。不同的行文关系，涉及不同的文种选择、语气口吻等。

例如，有的文种具有指示功能，适用于上级机关向下级机关行文，如决议、决定、指示、批复；有的文种具有陈述呈请的功能，适用于下级机关向上级机关行文，如请示、报告；有的文种具有周知功能，适用于公开发布或在一定范围发布事项，如公报、通报；有的文种具有规范功能，适用于对特定范围的工作或事务制定具有约束力的行为规范，如条例、规定。如果不加以分辨，就容易选择错误。

特别强调一下，请示和报告是公文写作中的易错文种，需要加以注意。请示带有请求事项，需要上级予以答复；报告则只是报告情况，上级看了就可以，不一定予以回复。所以请示和报告适用于不同情况，不能混淆。

在使用请示和报告的时候，如果要求掌握不到位，会出现生造文种、文种重复、无文种等错误情形。

例如，"××公司关于××××事项的申请""关于××××的汇报"都属于生造文种，分别应改成"请示"和"报告"。

"关于××的请示报告"，属于文种重复，要么是请示，要么是报告，不能重用；"××公司关于申请××××的请示"，表述不简洁，"申请"应该去掉。

"关于××××的若干措施""关于××××的工作进展"都属于无文种，需要视情形在后面加上"请示"或"报告"。

"关于××××的调查报告""关于××××的统计报告"都属于文种错误，都要改成"关于××××的报告"，也就是说只有"报告"这一个文种，而没有"调查报告""统计报告"等用法，正确的应该是"关于××××情况调查的报告""关于××××统计情况的报告"。

再次，不能违反行文规则。公文有一定的行文规则，这些规则的形成都是为了保证公文流转的高效和公务的有效开展，在实践中不能违反这些规则。

例如，一般情况下，公文是一文一事，而不能一文多事，尤其是请示、通知、批复等文种。一文一事才能保障公文处理更加及时快捷，所以不要为了省事而变成一文多事，否则会影响效率。

公文尤其是法定公文原则上都要求公对公，不能轻易出现私对公、公对私、私对私的情况，这体现了"公文姓公"的特点。每一个人在签发和接收公文以及办理公文所涉事务时，都是在履行职务所赋予的权责，而不涉及个人行为，以私代公则不符合公文的行文规则。

公文需要逐级行文，而不能越级行文，也不能多头行文。不符合行文规则的做法，既是不专业的表现，也会给公文后续的处理和执行带来很多的障碍。

最后，公文流转符合要求。公文处理是一项制度化、程序化、精细化程度很高的工作，每个环节都有着严格的程序规定，遵守公文流转程序和规范要求，有利于保障公文合规合理，最大限度地缩短行文时间，提高工作整体效能，及时、充分发挥公文效用。

从发文来说，基本程序是：拟稿、核稿、签发、校对、印制、用印、登记、发送、归档。为了保证质量，一定要先核后签，印制前还要认真校对，做到"一字入公文，九牛拔不出。"同时要遵循"密来密去"的保密准则。

收文基本程序一般包括：签收、启封、登记、审核、拟办、批办、分送、承办、催办等环节。审核的重点包括：是否急件、限办件，是否属本单位办理，是否符合行文规则。

收文一般分为办件、阅件两类。需要答复、汇报、落实、反馈结果的为办件，仅需阅知的为阅件。来文需办事项属日常性业务或承办部门有明确分工的，按照职能分工直接分办。

请示、报告中涉及全局性、政策性、指导性或重大问题的，以及按照职能分工不易明确具体承办部门的，提出拟办意见送有关负责人阅批。涉及两个以上承办部门的，应明确主办部门。

机要文件运转由机要文书负责，不得由无关人员转手、交接、传递；拆封时除注明"亲启"外，均由机要文书人员拆启。机要文件要单独登记，其中涉密文件要与非涉密文件分开登记。机要文件传阅中以机要文书人员为"点"，阅件人相互之间不得横传文件。

送领导传批、传阅的公文，原则上按照领导同志的排序，依次呈送。传批件由后向前送批，传阅件由前向后送阅。领导之间一般不横传文件，公文传递应由公文办理人员进行。

来文出现重大纰漏的，如多头主送、请示事项不明、缺页少字等，应做退文处理；若为一般问题，如个别格式不规范等，应先办理并提醒来文单位，以免误事。

需要归档的公文及有关材料，应当根据《中华人民共和国档案法》和企业有关规定，及时收集齐全、整理归档。个人不得保存应当归档的公文。两个以上机关联合办理的公文，原件由主办机关归档，相关机关保存复印件。

另一个要领是量体裁衣。就是根据特定的文种，采用正确的写法，针对具体的情形，把握写作的特点。公文写作不是千篇一律的，而是有针对性的，具体情况具体分析，以符合特定的情境和需求。

在文种使用上，每一个文种都有它的适用范围，也有各自的文种特点、语言特点、结构特点。这些都是要准确把握和运用的。我们结合几种常见的文种来介绍相关内容。

决定，适用于对重要事项或者重大行动做出决策和部署，奖惩有关单位及人员，变更或者撤销下级机关不适当的决定事项。在文种特点上，决定是下行文，具有权威性、重要性和强制性。在语言特点上，用语严谨，要求明确，行文严肃，语气果断，语言简练，多使用陈述句和祈使句。在结构特点上，一般先说缘由（依据），再说决定事项，平行罗列，最后说工作要求。

意见，意见适用于对重要问题提出见解和处理办法。在文种特点上，可以是下行文，也可以是平行文或上行文，具有灵活性、针对性、指导性和原则性，带有指导、宣传、引导、说明、阐释意见等方面的作用。在语言特点上，较多地使用说明的表达方式，说理简明扼要，不展开论述，语气相对缓和，不使用强制口气。在结构特点上，开头概括说明缘由、目的，在主体结构安排上，先写总体要求、指导思想、主要目标，后写具体指导意见、措施要求。结尾简单提出执行要求，但一般不做强制性规定。

通知，适用于发布、传达要求下级机关执行和有关单位周知或者执行的事项，批转、转发公文。在文种特点上，通知是下行文，适用范围广、使用频率高、行文灵活。在语言特点上，要求明确，范围清晰，语句简练，态度坚决，便于准确理解和执行。在结构特点上，开头简要说明通知缘由，正文主体对通知事项进行部署安排，结尾视情况提出工作要求。

报告，适用于向上级机关汇报工作、反映情况，回复上级机关的询问。在文种特点上，报告属于上行文，具有汇报性、陈述性、单向性。在语言特点上，报告语言要体现组织观念，尊重上级，反映情况、陈述意见、提出请求等都要实实在在，语气平和、肯定，不使用请求的口吻和语气。在结构特点上，在正文主体前，先概括说明诸如工作背景、过程、总成绩以及所报告内容的总评价等，然后在正文主体进行分述，即将报告的内容有条理、分层次或分条列项逐一加以具体叙述说明。

请示，适用于向上级机关请求指示、批准。在文种特点上，请示也是上行文，具有请求性、回复性、先行性、单一性。在语言特点上，请示用语要谦恭、恳切，以示对上级的尊敬和对所请示事项、解决问题的急切心情，理由陈述充分，提出的解决方案应具体、切实可行，层次表述清晰，无逻辑错误。其结构主要为请示缘由 + 请示事项 + 结束语，主体主要说明请求事项，具体、明确、条项清楚，只应请求一件事。结束语一般为请予批复。

批复，适用于答复下级机关请示事项。在文种特点上，批复是下行文，具有被动性、针对性、指导性和简要性。在语言特点上，态度明朗，语气肯定，所提要求清晰、明确、简洁，体现上级行文的权威性与约束力。在结构特点上，先说批复根据，包括来文标题、文号等，再说批复内容，针对请示中提出的问题所做的答复，最后是工作要求，包括做好哪些工作、注意事项等。

函，适用于不相隶属机关之间商洽工作、询问和答复问题、请求批准和答复审批事项。在文种特点上，函是平行文，具有往复性和简便性。在语言特点上，开门见山，直叙其事，措辞得体，语气平和、用语礼貌、言辞恳切，简明扼要，一文一事。在结构特点上，开头说明发函的缘由、根据，主体作为函的核心部分，主要说明致函事项，结尾用礼貌性语言向对方提出希望或请对方协助解决某一问题，或请对方及时复函。

纪要，用于记载会议主要情况和议定事项。在文种特点上，纪要可上报，可下发，也可用于互通情况，具有概要性、决议性、备查性。在语言特点上，要求准确、严谨、规范，概括全貌，忠实原意，归纳提炼，明确简洁。在结构特点上，一般由三部分组成，开头写会议概况和基本要素，主体主要是议定的事项，逐项或逐条记录。一般会议纪要不写结尾。

除了把握各文种的要求，在具体的文稿写作上，还要根据具体的情形、特征和要素来确定相应的写作思路和写法，做到为时而作、为事而作，贴近需求，量体裁衣。

很多重要公文是"遵命"写作产物、职务作品，在很大程度上，该类公文不是取决于个人的主观想法，而是取决于具体公文的内在要求和行文意图。公文由于用途和目的不同、对象和场合不同、文体特征不同，写作的要求和技法也不同。

例如，起草领导讲话稿，要适当活脱，文字可以口语化一点；起草决定、决议、通知类文稿，必须严谨，用书面语；工作总结则与经验材料性质类似，但前者要细，后者要精；等等。

而同样是讲话稿，不同的情境和场合，面对不同的受众和话题，写起来也不一样。例如，动员会讲话稿就要有气势一些，以充分调动人的情绪；工作部署会讲话稿应该要求明确，措施具体，任务清楚，安排得当；表彰会讲话稿就要烘托热烈喜庆的氛围，积极昂扬一些；交流会讲话稿则要体现互动性，有思想上的探讨和工作上的交流。

公文使用人的职责身份不同，在写作上也要有所区别。例如，现在党中央在党建方面要求"党政同责、一岗双责"，对于党政分设的国有企业而言，党委书记和总经理都要强调抓党建，但其工作有不同的特点。党委书记讲党建侧重于贯彻落实党中央的指示和要求，部署党建工作要更加全面，政治站位要高，内容要全覆盖。总经理讲党建则侧重于围绕生产经营等中心工作，落实"一岗双责"，发挥党建对企业发展的促进作用。

二、抓住四个要点

要写作一篇好的公文，需要把握好四个要点，那就是：想清楚，说明白，有特色，可操作。

一是想清楚。公文写作，立意和构思是第一位的，技巧是第二位的。在动笔之前，要先想清楚，多问自己几个为什么。

为什么要写这篇公文？写这篇公文是为了解决什么问题？问题出现的原因是什么？重点、难点、焦点在哪里？如何解决问题？有什么办法和措施？这些办法和措施有没有可操作性？……把这些问题都研究清楚了，文章的立意也就准确了，主题也就明确了，重点也就突出了，观点也就清楚了，就不会出现不知道写什么的困惑了。

只有写作者想清楚了，公文的受众才能看明白。毫不夸张地说，动笔前问自己的问题越多，对问题的回答越充分，表明对这篇文章想得越清楚，自然就能写得越好。

写作公文最忌讳的就是一接到写作任务，就立刻奋笔疾书，不加思考，这样写出来的公文，要么缺乏全局考虑，切入的点过于片面，忽视了写作的要点，要么逻辑混乱，不能自圆其说，不具备对工作的指导作用。所以，凡事预则立，不预则废。动笔前不想清楚，或者思维混乱，想不清楚，必定导致写作的失败。

1960 年 4 月 10 日，大庆石油会战一开始，大庆会战领导小组以石油工业部机关党委的名义发布了《关于学习毛泽东同志所著〈实践论〉和〈矛盾论〉的决定》（以下简称《决定》），号召广大职工学习毛泽东同志的《实践论》和《矛盾论》及其他著作，用辩证唯物主义的立场、观点、方法，认识油田规律，分析和解决会战中遇到的各种问题。

在会战开始之后，面对着种种矛盾和重重困难，余秋里等会战领导者认为，面对错综复杂的各种矛盾和困难，从领导思想上不能就事论事，头痛医头，脚痛医脚，必须透过现象看清本质，抓住主要矛盾和矛盾的主要方面。

为此，会战领导小组下发了《决定》，组织全体会战队伍认真学习毛泽东的《实践论》和《矛盾论》。油田广大职工通过学习"两论"，认识大庆油田的具体实际和开发建设的规律，分析和解决了会战中遇到的各种问题，取得了大庆油田会战的巨大成功。以至于有大庆油田是靠"两论"起家的这一说法。

这就是一个典型的例子，写作一个好的文件，前提是对行文意图、任务部署、工作要求和希望起到的作用想得很清楚，这样才能对实践起到真正的指导作用。

二是说明白。对于想清楚的事情，还要把它准确无误、明明白白地表达出来。

这就要求，把形势讲明白，把道理讲明白，把问题的原因讲明白，把措施讲明白，该突出的重点要突出，该强调的意见要强调，将脑子里想清楚的变成纸上写清楚的，变成受众能够看明白的、听明白的。

想要说明白，也要做到逻辑清楚，层次分明，语言简洁明快。要提升文字表达方面的能力，一方面需要多读与多写，另一方面需要掌握一些写作技巧与方法。这些内容将在后续的章节介绍。

三是有特色。公文虽然是一种格式化的文体，但格式化并不等于呆板，更不是人们通常认为的千篇一律的"打官腔"。千万不能把公文写作认识为"天下文章一大抄"，公文写作不是下级抄上级，各级抄中央，靠复制粘贴就能完成的，而是因不同工作、不同场合、不同对象、不同领导者的个性风格不同而千变万化的。特别是讲话稿、调查研究、经验介绍之类的公文，更要体现特色。

公文的特色体现在内容之中，也体现在行文之中。从宏观方面来讲，要体现时代特色；从中观方面来讲，要体现行业特色、所在单位特色；从微观方面来讲，要体现某项工作特色。遣词造句也要凸显特色。好的公文，内容上特点鲜明、亮点纷呈，表达上自然生动、引人入胜。

四是可操作。公文是一种交流和管理工具，以实用为目的，不但要求事实清楚、理由充分、论述有据，而且强调可操作性，要实在可行，避免空泛。否则，就是中看不中用，于事无补，失去公文的本来意义。

例如，部署工作的公文，每一条措施都应切实可行：什么时间完成？由谁负责？具体怎么干？完成什么目标？取得什么效果？这些内容应该一一明确，缺少了这些内容，公文的可操作性会受到影响，工作措施就难以落到实处。

公文需要理论的指导，但一定要把理论与实践有机结合，以具有对现实的指导意义。要坚决摒弃满篇都是正确的废话、空洞的套话、真实的假话的"八股文风"，防止以文件落实文件的"空对空"，增强公文内容的可操作性，发挥公文的实用价值。

可操作还指，不论何种公文，都必须符合法律、法规和政策、制度要求，公文本身也可能成为法律、法规和政策，所以要特别强调开放式写作，走群众路线，征求相关意见，集中大家的智慧，从而写出切实可行的公文，使公文内容尽可能贴近客观实际。

三、把握四个特性

公文应该具有什么特性，具有什么特点的公文才称得上好公文？

毛泽东同志曾概括了公文应当具有的三个特性：准确性、鲜明性、生动性，同时指出了违背这三个特性所表现的一些突出问题，以及如何体现这三个特性的一些方法，这对今天的公文写作依然极具指导意义。

除了准确性、鲜明性、生动性之外，公文还应该具有简洁性。本书将在后文不同的地方分别对这四个特性做进一步的阐述，这里只概述。

一是准确性。 准确性包括观点准确、事实准确、文法准确、逻辑准确。

要做到准确，首先需要熟悉情况，需要扎实严谨的工作态度。用字、用词要准确，不能有错别字；句子要通顺，不能出现病句；标点要适当，不能胡乱用标点符号；语言要规范、严肃，不能出现官方发布的禁用词，特别是在使用一些政治语言时，必须与党和国家正式文件或新华社的表述保持一致。

在事实准确、数据准确、文法准确的基础上，要正确地运用概念、判断和推理等逻辑思维方法，得出准确的结论和观点，把握事物的本质和规律，对客观世界有准确的理性认识，这是准确性的更高要求。

二是鲜明性。 鲜明性就是观点鲜明，主旨突出，论点明确，一目了然。

公文的主要目的是表达观点和主张，以起到统一思想、指导工作、推动实践的效果。写作者在正确认识事物得出结论观点的基础上，还要鲜明表述观点，让人一看就知道公文主张什么、提倡什么，赞成什么、反对什么，讲什么道理，提什么要求。只有这样，才能最大限度地提高公文表达的效率和观点的效果。

所以，公文写作要始终围绕形成观点、表达观点。在构思上突出对观点的思考和提炼，在语言上直陈观点，而不是含含糊糊、模棱两可，在表述方式上提倡直入主题、开门见山，开篇亮出观点，内文段头明旨，用鲜明的观点和态度增强公文的说服力。

三是生动性。生动性就是语言活泼，生动形象，表达独特，深入浅出。

公文写作虽然以理性化思维为主，但并不意味着语言是生硬死板、枯燥乏味的。要想很好地表达观点和逻辑，既需要翔实的素材和论据，也需要生动、形象、清新的表达方式，以及对修辞手法的合理运用、对名言典故的适当使用，也可以使用简单、亲切的语言风格，来增强公文的可读性和亲和力。

四是简洁性。简洁性就是结构紧凑，条理清晰，要言不烦，文字简洁。

简为文章之至境。能在有限的篇幅里，表达更多的信息和有价值的观点，是认识水平和表达能力高度结合的表现。简洁也是公文传播高效率的内在要求，在结构上体现为清晰紧凑，不累赘臃肿；在语言表达上体现为简明精练，不拉拉杂杂、啰啰唆唆。

准确性和鲜明性，更多是对公文内容上的要求，依靠认识和逻辑。生动性和简洁性，更多是对形式方面的要求，依靠词章和文法。所以一篇好的公文，不仅是这几个特性共同作用产生的，也涉及内容与形式两个方面的高度结合。

第六章
公文写作的核心要素

在公文写作中，有六个方面的要素是关键的和需要把握的，我曾经把它们总结为"六宜与六忌"：立意宜高，忌平；主题宜明，忌杂；结构宜紧，忌散；内容宜实，忌空；语言宜活，忌陈；文气宜通，忌断。本章重点对这六个要素的内涵、要求加以阐述。

一、立意：言之有方

立意主要着眼于言之有方，就是明确公文行文的目的与方向。立意的内涵可以从三个方面来理解：行文希望达到的目的与意图；公文所揭示的事物的意义；公文当中蕴藏的含义。

行文首重立意。从字面理解，"立意"就是打定主意，也就是确定想通过所写的文字表达什么观点，表明什么态度，达到什么目的。可见，立意具有目的性和主观性，不但包括全文的思想内容、想法思路，而且包含作者的写作意图及动机、主观看法和倾向以及对事物的理解和判断，是主观与客观的统一。

公文的主题、结构、内容、语言等固然重要，但相较于立意，则次之。"意"是文之中心、文之内核、文之主旨、文之灵魂。立意统率着整篇文章，直接决定着文章质量，是文章的命脉。

从写作者的思维程序上说，立意产生在写作之前，是关于写什么和为什么写的思考，这就是古人说的"意在笔先"，立意也就是确定整个写作的基调。定下基调，写作也就有了思想基础。

从接受者的角度来说，能领悟文章的立意，比只接受文字语言要重要得多。所谓把书读薄，读成一张纸、一句话，就是抓住了中心思想和核心价值，了解了作者的立意。歌德说过："内容人人看得见，而形式对于大多数人是一个秘密，含义只有有心人得之。"

确定立意，要把握好时、事、势三字。

"时"就是当前，就是时代。确定一篇公文的立意，首先要弄清楚写作的时代背景，做到"为时而著"，符合时代要求。公文是为工作服务的，公文所要符合的时代要求就是党和国家的意志，贯彻落实党和国家最新的路线、方针、政策，这是文稿起草中把握时代要求的第一要件。

在此基础上，还要符合本行业、本单位的当前要求和发展规律。像剥洋葱一样一层一层在"时"上用力，思考以下问题：当前的时代背景是什么？发展趋势是什么？党和国家有什么最新指示和要求？当前行业与专业领域有什么新变化、新特点、新趋势？理论研究有什么新成果？当前本单位领导对公文涉及的相关工作有什么要求？这些都是在动笔之前就应该想清楚的。

"事"就是事物，是问题，是公文所要传达的主要信息，是表达观点、体现意图的重要载体。因此，它是当前思考的中心点和着力点，公文要"为事而作"，全方位、多层次、各角度把事吃透，是准确立意的保障。

写作者要系统学习运用哲学的前沿理论成果，为当前事物找到开放性、创造性的思维空间和解决路径。马克思说过："任何真正的哲学都是自己时代精神的精华。"理论来源于实践又能指导实践，没有正确的理论就没有正确的实践，缺乏理论支撑，立意会显得非常苍白，没有高度。公文写作者要善于学习理论，用理论武装头脑，指导写作，从而提升思考的高度和层次、拓展思考的深度和广度。

写作者在逻辑上要严格遵循思维规律和原理，综合运用归纳推理、演绎推理、类比推理等逻辑思维方式，为当前事物找出解决办法。没有逻辑或者逻辑错乱的文章是立不住的，也是没有说服力的。所以公文写作者的思维不能随心所欲，而要严格遵循逻辑规律。

写作者在心理上要运用"靶向思维"，善于换位思考，洞察受众心理，以受众为思考"破题"的中心点。具体思考：受众是谁？这些人有什么共同特点？用什么样的观点才能引起共鸣？例如，起草总结成绩的文稿，就要考虑所讲的事受众能否接受；起草布置工作的文稿，就要考虑这些工作受众能否办到。在换位思考中对"事"把握得更加妥当。

"势"就是趋势，代表事物发展的方向。立意一定要准确把握事物发展的趋势，只有顺应事物发展趋势的立意才有生命力，如此公文才能正确发挥指导工作的作用。如果违背事物发展趋势，则公文毫无价值，甚至在实际工作中产生负面作用。

"因事而谋，应势而动，顺势而为。"因事而谋，是指要以当前事物（问题）为思考中心，不要偏离中心；应势而动，是指思维方式不要墨守成规，要解放思想、创新思维；顺势而为，是指按照事物的发展规律来创新思维，不要随意而为。

在把握好"时、事、势"的同时，具体到某一篇公文的起草过程中，还要养成动笔先立意、立意要"四思"的习惯。

一思高度，就是从理论、政策层面分析问题，在全局中审视事物，在大的趋势中判断事物。做到心系全局、心系大势思考立意，会将事物看得更全面，将问题看得更透彻，如此整篇公文自然具有思想性和指导性。如果仅仅就事论事，不跳出原有层面，则会陷入当局者迷的困境，立意自然平庸。

二思深度，就是对问题的思考深入独到，对事实分析到位，能揭示事物本质及内部规律，包含深刻的思想意义，观点具有哲理性，能启发受众思考，扩展受众思路。假如对事物的思考浮于表面，不能深入，仅仅是泛泛而谈，思想性便大打折扣。

三思角度，就是抓住最能说明事物本质特征或最能反映事物真正价值的角度，使人耳目一新。对同一个问题或事物，从不同的角度去阐述，体现的见解是不一样的，不同的见解体现的是不同的认识水平和思想水平。角度抓得好，一起笔便能引人入胜，能显示不同的见解。

一般而言，选角度要"新"，就是不落俗套。只有从新的角度观察事物，才能发现事物新的特点；只有从新的角度分析事物，才能获得对事物的新认识。当然，在选取恰当角度时，要防止一味求"新"。

四思尺度，就是要尺度恰当，尽可能不偏不倚，做到得体。例如，运用材料的多寡、详写略写的安排、藏锋露锋的处理等都要适度。

材料多了容易搅乱主题，少了又不足以说明问题。详略安排不当显得把握不住重点，眉毛胡子一把抓。藏锋露锋处理失当，就会产生负面效果。例如，在工作总结中指出问题，问题点得轻了，说了等于没说，起不到任何警示作用；问题点得重了，又可能打击某些部门、某些同志的工作积极性。所以，如何做到适可而止，是在立意时应该思考的问题。

从下面这个例子，我们可以看到一篇好的讲话稿是如何把握"时、事、势"，以及如何从高度、深度、角度和尺度方面加以思考的。

积极践行创新发展理念，用创新塑造公司未来

——在首届创新大会上的讲话提纲

一、认真学习习近平总书记关于创新的系列重要论述，进一步认识加快创新的重要性和紧迫性

（一）加快创新是贯彻落实国家创新发展理念的重要举措。

（二）加快创新是公司应对低油价严峻挑战的迫切需要。

（三）加快创新是公司培育核心竞争能力的内在要求。

二、公司创新面临的一些突出问题和障碍

（一）创新认识不到位的问题。

（二）创新体系不健全的问题。

（三）创新体制机制不完善的问题。

三、关于推进公司创新发展的思考

（一）大力解放思想是推进创新的前提。

1. 进一步深化对创新内涵的认识。创新不应仅仅局限在发明或技术创新，一切能够使现有资源转变为新生产力、能够创造财富的过程都应该是创新。这其中，科技创新是关系全局的核心，但管理创新、制度创新、商业模式创新同样非常重要。从创新的细分类别看，有重大的颠覆性创新，也有性能提升、效率提升等维持性的创新；有技术导向型的创新，也有市场导向型的创新。创新往往还是个系统工程，创新链、产业链、资金链、政策链相互交织、相互支撑，单单只在一个环节或几个环节推进创新是不够的。我们要深刻认识创新的丰富内涵，大力提倡全面创新，努力激发全公司创新活力和创造潜能。

2. 创新要勇于打破思维定式。推进创新要怀着更加开放的心态，敢于打破传统思维，敢闯新路。要认真学习国内外一流企业的先进做法。

（二）遵循客观规律是提升创新成效的关键。

1. 创新需要在某一领域长期努力耕耘。

2. 创新要制定科学合理的策略。

3. 创新要坚持市场导向。

（三）完善的组织保障体系是创新成功的有力支撑。

1. 创新要与公司战略和组织体系有效衔接。

2. 创新需要建立良性的产出激励机制。

3. 创新需要营造外部"生态圈"。

（四）良性的文化环境是孕育创新的土壤。

1. 营造尊重人才的文化氛围。

2. 营造开放包容的文化氛围。

3. 营造宽容失败的文化氛围。

四、突出创新发展理念，用创新塑造公司未来

（一）探索具有自身特色的创新之路。

1. 建立一组指标。

2. 构建一套机制。

3. 培育一批人才。

4. 夯实一种文化。

（二）落实创新工作重点任务。

1. 强化创新战略驱动，推动创新融入公司发展全过程。

2. 强化创新目标牵引，推动解决制约发展的瓶颈问题。

3. 强化创新配套制度建设，推动建立有利于创新的体制机制。

4. 强化创新氛围塑造，推动创新文化落地生根。

5. 强化创新人才培养，推动建设一支人才辈出的创新队伍。

在掌握了"三字"和"四思"的立意要旨后，我们可能还会遇到这样一种情况，就是立意时，想法太多，出现很多思路，想到很多观点，发掘很多意图。这时，就要多问几个为什么，深入思考研究，反复比选，优中选优。要在把握领导的意图、吸取过往的经验、学习优秀的范文等基础上，调动自己的知识积累和思维能力进行拓展、延伸和完善，带着问题层层深入，直至找到最好的立意。

二、主题：言之有理

主题主要着眼于言之有理。"理"就是公文想要阐明的道理，"顺理"才能"成章"。

主题的内涵主要体现在几个方面：公文主要阐述和论证的核心命题；公文涵盖的主要话题；通过标题呈现的主要观点。

主题是通过文本载体所表达出来的明确意图、基本意见、主要观点，是公文目的的具体体现。主题也叫中心思想、中心意思、主题思想、主旨，如果是议论性的文章，其主题还可以叫作中心论点或基本论点。

主题是统领全篇文章的总纲。一般意义上的主题，是指作品的中心论点及基本观点。立意与主题的关系是，立意大于主题，包含主题思想，而主题是立意的文本表现。

主题是否明确，提炼得是否精准，内涵和外延是否有足够的深度和广度，直接关系到文稿的质量。

主题决定着材料的取舍。对于文稿涉及的某个事件、某个问题，往往有十分丰富的事实材料和观念材料。这些材料有的深刻，有的肤浅；有的完整，有的散乱；有的清晰，有的模糊；有的典型，有的一般。哪些材料应该选用，哪些应该舍弃？哪些材料应该详写，哪些材料应该略写？这一切，都要根据主题来确定。

主题支配文稿的结构布局。表面看来，主题是内容，结构是形式，但是二者有着紧密的联系和内在统一性。例如，主题作为一个思想认识，它如果呈现纵向深入的形态，文章结构必然要安排成递进式，它如果呈现横向拓展的形态，文章结构必然要安排成横式，否则不可能有效表达主题。

主题制约着文稿的表达方式。公文写作主要用到叙述、议论和说明等表达方式，摆事实用叙述，讲道理用议论，做解说用说明。这些表达方式，实质上都是表现主题的手段。摆事实是用客观存在的事物证明主题；讲道理是用判断、推理的方式来揭示规律；做解说是用知识原理来证明主题的正确性。主题决定了相应的表达方式。

主题影响文章的遣词造句。"言授于意"，意思是语言的运用要由思想内容来决定。思想要以语言的方式存在，语言是思想的直接体现，是思想的外壳，有什么样的思想主题，就有与之相应的语言。

起草公文都要经历提炼主题和深化主题的过程。提炼主题，就是从芜杂的现象中找出最有归纳性、最周延、指向明确的表述；深化主题，就是向纵深层次开掘扩展，由低向高、由浅入深、由粗到精、由残缺到完整，最终确立主旨。

主题提炼的原则主要是：扣紧"关注点"，贴近受众需求，了解受众在思考什么、关心什么问题；抓住"闪光点"，突出自身特色，引起受众的关注；挖掘"不同点"，善于同中求异，找出差异和创新之处。

提炼主题的方法包括：典型提炼法，即从重点内容和典型事物中提炼主题；推理提炼法，从事物的逻辑推理和演绎中寻找主题，按照"大前提—小前提—结论"的推理逻辑得出主题；归纳提炼法，从特殊到一般，从同类事物中归纳共同特征，并将其作为主题。

例如，在确定一家中央企业的工作会议主题报告的主题时，考虑到党和国家对中央企业的发展要求和公司自身面临的发展实际，初步拟定了"高质量发展"的题眼，随后又进一步充实完善，最终确定了"坚持战略引领，强化责任担当，扎实推动公司走上高质量发展道路"

的报告主题。

该主题一旦确定，后续的所有起草工作都应围绕主题展开。在材料取舍上，从各家下属单位报送的材料中着重筛选出与新发展理念、与高质量发展要求紧密契合的内容，对于其他不能凸显高质量发展这一主题的材料，则果断予以舍弃。

在结构布局上，按照此类报告的惯例，第一部分先用少量篇幅对工作做简要总结，这一总结不要求面面俱到，主要侧重于符合高质量发展要求的工作成果，做到重点突出，详略得当。随后用四个部分对高质量发展这一主题展开系统深入的阐述，其简要结构如下。

一、深刻认识新时代公司高质量发展的重大意义和基本内涵

（一）深刻认识高质量发展的重大意义

1. 推动高质量发展既是贯彻落实党中央精神的必然要求，又是公司提升发展层次和发展水平的自身需要。

2. 推动高质量发展既是公司积极应对外部形势挑战的利器，又是新时期把握发展机遇的重要法宝。

3. 推动高质量发展既是对公司过去成功经验的总结和升华，又是指引新时代中国特色国际一流能源公司建设的指导方针。

（二）深入把握高质量发展的基本内涵

1. 要运用矛盾对立统一的观点，全面认识高质量发展的辩证性。

2. 要运用历史的、发展的眼光，深刻认识高质量发展的动态性。

3. 要运用实事求是的思想方法，系统认识高质量发展的差异性。

二、推动高质量发展面临的问题和挑战

1. 战略研究、管理和执行还有所欠缺，战略对于高质量发展的引领和促进作用有待增强。

2. 资产质量有待进一步提升，产业结构优化还有空间，公司高质量发展的物质基础还不够稳固。

3. 基础管理工作还不够扎实，对高质量发展的支持保障还需要加强。

4. 改革创新动力依然不足，对高质量发展的推动作用还没有充分释放。

5. 高素质人才队伍的培养和储备不足，部分干部责任和担当意识不强，队伍建设对高质量发展的支撑作用发挥得还不到位。

三、推动高质量发展的实践要求

1. 突出战略引领，为实现高质量发展指明方向。

2. 持续深化改革创新，为实现高质量发展提供有力支撑。

3. 加快转型升级步伐，为实现高质量发展开辟新路。

4. 践行低碳发展理念，为实现高质量发展注入绿色动力。

5. 更加注重风险防控，为实现高质量发展夯实基础。

四、夯实高质量发展的政治基础与组织保障

1. 提升党的政治建设质量，自觉以习近平新时代中国特色社会主义思想武装头脑。

2. 提升党的领导质量，充分发挥好党组织的把关定向作用。

3. 提升党的基层建设质量，使基层党建真正实起来、强起来。

4. 提升干部和人才队伍建设质量，为公司迈向国际一流企业提供人才保障。

5. 提升党风廉政建设质量，营造风清气正的良好氛围。

6. 提升群团和统战工作质量，汇聚推动高质量发展的强大合力。

　　上述范例分别从理论指导、问题导向、实践要求和保障措施四个角度展开，都紧紧围绕高质量发展这一主题，各有分工，又相互合作，形成了一个系统完整、逻辑严密的结构体系，这不但为这份主题报告撑起了牢固的框架，更为推动实现高质量发展提供了科学的蓝图。

　　在表达方式和遣词造句上，应注意采用议论＋说明的方式，既从理论角度抛出观点，防止就事论事，也结合企业发展的实际举出大量实例，避免过于理论化，缺乏说服力和可操作性。

　　例如，在谈到高质量发展的动态性这一问题时，案例如下。

　　我们应该充分认识到高质量发展的内涵是动态演变的，要善于从以往的发展规律和发展成果中汲取经验，同时结合外部形势变化不断赋予高质量发展新的内涵。例如，在发展定位上，过去我们把自己定位为一家油气产品供应商，现在则需要在提供产品的基础上创造性地提供增值服务，逐步向"产品＋服务"的综合能源供应商转型。在管理方式上，过去我们更多关注资产使用效率和资产管理水平的提高，现在则需要逐步从"管资产"向"管资本"过渡，形成科学规范的现代公司治理体系，提升公司治理能力。在产业模式上，过去我们更多强调产业间的协同发展，现在则需要更加突出产业链群和产业生态的理念，努力打造具有自身特色的商业模式。我们必须不断丰富完善高质量发展的基本内涵和实施路径，推动公司实现持续发展。

上述报告的主题非常突出，高质量发展对公司意味着什么，该从哪些方面推动高质量发展，过程中会遇到哪些阻碍以及如何应对等问题都回答得非常清楚。

什么样的主题算是好的主题呢？第一要正确，这是基本要求。所谓正确，就是符合客观世界的客观实际，能够肯定先进，否定错误，把握现实，具有正确的思想内容和价值观。第二要尽可能深刻，这是对主题的高标准要求。主题不能停留在对表面现象的判断上，而应该揭示事物的本质，反映事物的内部规律，站得高、看得远，甚至可以做到见人之未见，发人之未发。

在满足以上两点要求的基础上，最重要的是做到"明"，就是有一个清晰、明确、突出、集中的主题思想，谋篇、布局、行文都应围绕主题。这里所谓的"明"，有三层意思。

一是一篇文稿只能有一个主题。这是构思主题时容易忽视的，因此必须牢记。一个主题或者一个中心论点下，可以有分论点，可以形成不同层次的组合结构，但绝不能有两个以上并立的主题。

如果的确需要在一篇文章中表达两个、三个甚至更多论点，那么，必须进一步提炼，找出多个论点之间的逻辑关系。如果它们是统分关系，就要用一个大的论点包含其他论点；如果它们是并列关系，就要提炼一个更大的论点，让它统领多个论点。总之，主题必须明确，一篇文稿只能有一个主题。

例如，一家企业在构思某一年的工作报告时，结合实际工作和形势任务，有三个重要议题可供选择：一是重点强调持续提升管理能力的问题；二是对深化企业改革进行研究和部署；三是突出强调企业发展的质量和效益。

可以说，在当时的情况下，这三个议题都很重要，不可偏废，但一个报告不可能同时有三个主题，这不符合主题要明确、集中的要求。在这种情况下，就要分析三者之间的逻辑关系，找出主线，理清脉络，确定核心主题。

经过认真分析研究，发现这三个议题之间其实存在着紧密的逻辑关系，提升管理能力、降本增效、改革创新，可以说是企业面临的三大主题，形成了"三位一体"的整体结构。简单地说，通过降本增效提高质量、效益与竞争力，是企业的核心目标；通过加强管理提高科学化管理水平，是实现这一目标的路径；通过改革创新增强企业活力，则是实现发展目标的根本动力。

基于以上的认识，这次会议的主题明确为"持续提升管理能力，深化改革创新，全面提高企业发展质量和效益"，这样既做到了主题集中，又论述全面，能够对企业面临的核心议题和重点工作做较为深入的阐述。

二是构思时要鲜明地突出主题。构思主题时要做到：思路必须清晰，主旨必须单纯，议题必须集中，态度必须鲜明。有了鲜明的主题，文章就紧凑而明晰；没有鲜明的主题，文章就散乱而模糊。主题鲜明是文章结构清晰、论证翔实的基础。主题越突出，表达就越有力，给人的印象就越深。

构思主题时一定要在芜杂的思路中找出一个最凝练、最具有概括性的主题，一旦确定主题，就要紧紧围绕它进行构思，不断完善、挖掘、提升、拓展，丰富主题的内涵，而不能在不同的观点之间摇摆，否则就容易跑题，甚至不知所云。

三是要直陈主题。公文不能像文学作品一样，不能在遣词造句上追求含蓄之美，也不能含糊其词、模棱两可，一般不用"可能""也许""大概"等词汇。从逻辑上说，一般用实然和必然判断，而不能用或然判断。

主旨不明确，尚且会对人们理解公文造成诸多困惑，何况公文的主题。所以，公文在表述主题时，要直截了当地点明，不隐藏、不含蓄、不寓托、不渲染。提出的意见或观点应明确而肯定，提倡什么，反对什么，应该怎么做，不准怎么做，都要描述清楚。

知道了主题的要求，那么应如何确定主题呢？应该说，确定主题是一项富于开拓性的工作，写作者要善于学习和思考，要具备扎实的思想理论功底，较高的政策水平、战略思维能力、综合分析能力、推理能力和判断能力，也要具有一定的问题意识、研究思维和总结提炼能力。具体可以从以下几个方面入手。

一是细化领导要求，就是明确领导想要讲什么。公文是领导意志的体现，这里的领导，包括领导机关、领导集体和领导个人，领导意志的实质是特定的组织施政主张和职责要求的体现。构思主题时，首先要客观真实地反映和契合领导意图，在清楚掌握领导想要讲什么、应该讲什么的基础上，细化完善主题。

领导意图与要求的最初表现形式是比较复杂的，有的十分明确，有的仅是倾向，有的比较零碎，个别情况下还有意见分歧。因此，写作者要对其进行提炼、深化处理，形成一个正确的集体意见。

深化的具体步骤如下。

首先是充实完善，把领导意图讲全。写作者要采取各种手段，综合运用多方面知识，查漏补缺，合理地加以吸收、集中、调整，增加确定性，使观点更加鲜明、突出、一致，使领导的思想火花和片段式的工作要求逐渐成为完整、严谨、系统的思想体系，从而全面、完整、准确地体现领导意图。

其次是优化提炼，把领导意图讲好。对领导的意见，不能听一就是一，不能机械呆板地"照单全收"，而是要把不必要、不完整的加以剔除，把不清楚的问题思考清楚，把感性的内容上升为理性的内容，经过再思考、优化、提炼，再整合到领导思想体系中。

最后是延伸挖掘，把领导意图讲透。写作者应分析领导思想的发展趋势，主动深化领导的意图，然后顺着领导的思想脉络，弄清楚领导想要表达什么主题、为什么想表达这样的主题、要达到什么目的，按照这个趋势拓展思路、延伸思维，从而研究挖掘出更新、更深的东西。

这种充实完善、优化提炼、延伸挖掘不是随意的，而是从工作需要出发，从客观事物发展变化的实际出发，经过思考和加工，把一开始不太清晰和完整的意图不断丰富和完善，使之成为一个内涵丰满、指向鲜明、逻辑严谨的主题，从而保持对工作的最佳导向力。

二是对客观事物再认识，就是明确现实条件和客观事实支持讲

什么。公文是对客观工作和实际情况的反映，主题是通过对客观事物进行分析研究、对材料进行消化处理而提炼出的，各种材料与主题内在关联度的高低，对形成主题有很大影响。

例如，起草一个单位年终总结，从各个部门收集到的全部材料一致表明，今年该单位的工作做得不是很好，各项目标任务完成欠佳。那么，这些材料就不支持确立一个完全正面的、肯定工作的主题。如果要想确立一个正面的主题，就需要进一步收集支持有关该主题的材料。

胡乔木同志曾告诫机关的同志："写文章用材料是为了说明观点，文章写出来叫大家看不清楚，就是不鲜明，就是材料与观点没有联系好，每个观点应该接着有事实作证明，不能证明观点的事实不要用。"可见，主题的确定势必要受到材料的影响，充分收集契合主题的材料也是在确立主题时对客观事物的尊重。

一般来说，事物的客观本质最能揭示主题，而事物的本质及其内在规律常常蕴含在深层次里，因此写作者要对材料进行分析综合、概括抽象，向深处开掘，经过一个去粗取精、去伪存真、由此及彼、由表及里的过程，透过现象找出事物最主要、最深刻的本质意义，以此确定主题。

有些时候，通过认识客观事物，分析现有材料，会觉得有多个主题可供选择，而且这些主题又是相互关联、纠缠不清的。这时就要深刻分析它们之间是什么关系，哪一个主题是最重要、最核心的，找出中心议题，确定总论点，以点带面，令分论点从属于总论点、为主题服务。

面对方方面面的事物和材料，在提炼主题时要注意抓主要矛盾，从客观事物中最重要、最关键、矛盾最突出的地方切入，深入思考，既不要全面出击、泛泛而谈、杂乱无章，也不要片面强调小角度，剑走偏锋，把思路限制得过窄。

三是把握工作目标任务，就是明确具体工作需要讲什么。公文是为现实服务的，是为具体工作服务的。主题的确定更要考虑具体工作的需要，考虑公文所推动的工作目标和任务，以终为始来加以思考。如果抛开实际问题，照搬照抄，为了确定主题而确定主题，那就成了形式主义，成了"空对空"。

每项工作都有大的背景和要求，每个单位也都有总的战略目标任务与阶段性的规划、全面工作要求，总的战略目标的贯彻离不开具体问题、具体事件、具体政策和具体措施。在构思主题时，就要善于把具体工作放在大的框架背景下确定其方位，明确其要求，完善其思路，以此作为主题构思的重要内容。

深化主题，要注意把握普遍性与特殊性的对立统一，要把大的路线方针政策与自身实际相结合，把全面的、长期的战略目标任务与具体工作相结合，提出现实、明确、具体的工作措施，以此为依据确定恰当的主题。勿虚，就要把话说在点子上，一针见血；讲实，就要说清楚怎么办，能立即操作。

主题的核心是思想观点，核心论点与分论点散落在公文中，构成一个完整、系统、有机的观点体系。主题的主要呈现形式是标题，标题是观点的集中体现。标题的表述方式有直述内容型、概括提炼式、评论建议式，不管哪一种，都包含观点的内核。

在大标题之下，还有二级标题、小标题，它们是对一部分内容的概括，可以是词组，可以是陈述句或祈使句，还可以是复合句式，它们都与一定的观点相联系。除了各级标题，还有评论性的段落，每一个意义段集中概括的段首句，以及文中表达观点的句子等，它们都是对主题观点的细化。以上这些，完整表述了主题。

三、结构：言之有序

结构主要着眼于言之有序，明确公文的框架结构、组织形式、排列次序和内部构造，即通常所说的谋篇布局。

结构的内涵包括：文章总体的布局，也就是整体内容要素是如何构建和编排的；内容的层次，为了达到公文的表达效果，观点素材是按什么方式有序划分和组织的；文章的条理，按照什么样的规律来组合文章的观点与素材，使其思考与表达在逻辑上一致，形成清晰有序的内在机理。

公文有固定的体例，法定公文一般都是模式化的，但一些有创造性内容的公文，如经验总结、领导讲话稿、调研报告、工作汇报等，还是很讲究结构的。在动笔之前对框架进行全面考虑和总体设计是最重要的一步。结构未定，就匆忙动笔，是写作的大忌。

清代戏剧家李渔在《闲情偶寄》中论述："工师之建宅亦然。基址初平，间架未立，先筹何处建厅，何方开户，栋需何木，梁用何材，必俟成局了然，始可挥斤运斧。"这段话以工匠建房来类比文章结构安排的重要性。如果结构不行，房子质量就没有保证。公文起草也是如此，先设计出蓝图，才能开始动笔。所以，"袖手于前，始能疾书于后"。

安排结构，重点是解决正文主体框架、层次处理、段落划分、开头结尾、过渡照应等问题，基本原则是八个字：不板不乱，浑然一体。意思是既不呆板，也不杂乱，形成一个脉络清晰、严谨有序、结构紧凑、形散而神不散的整体。

要使文稿结构达到"不板不乱，浑然一体"，从谋篇的角度出发，要考虑以下几点。

第一，全面考虑阐述问题、分析问题、解决问题的需要，以使文稿符合人们认识事物的认知规律，便于领会和接受，不能只提出问题不解决问题，也不能不分析问题就突兀地提出解决方案。

第二，层次段落要围绕主旨，从不同的侧面、角度和内容来展开，但都是在围绕核心，做到有的放矢，不能漫无边际、胡乱跳跃。思维的延展和内容的铺展要符合逻辑，做到收放自如。

第三，按照表现事物本质和特征的规律来安排，由浅入深，由表及里。如先谈现象，再谈原因，再谈解决办法，这样才有利于把文稿要传达的思想内容表达清楚，也更有助于加深读者对文稿内容的理解。

第四，各部分、各层次之间有正确、严密的逻辑和照应关系，通篇浑然一体，不管是选择总分式、并列式还是递进式等结构，都要体现明晰的逻辑关系。

要做到"不板不乱，浑然一体"，在框架设计上的要点是：找出重点，理出层次，排出顺序，使文章思路贯通、布局严谨、衔接紧密、层次清楚、段落完整、重点突出、自成一个紧凑精干的有机体系。

一是找出重点，就是对文章的题材进行整体把握和合理分配，明确详写的方面，突出重点的问题，使文章有轻有重、有主有次、疏密有致。

二是理出层次，就是按照逻辑关系、按轻重缓急，对构思的内容进行分块，厘清某个问题包含哪些内容，哪些内容有关联，合并同类项，把条理清晰化，使文章脉络清楚，便于受众理解。

三是排出顺序，就是按照已经理出的层次对题材进行排序，明白哪些先讲、哪些后讲，用什么逻辑关系来组合，不能随意排列，不能错乱和颠倒。

朱光潜先生在《选择与安排》中曾说过这样一段话："有生命的东西第一须有头有尾有中段，第二是头尾和中段各在必然的地位，第三是有一股生气贯注于全体，某一部分受影响，其余各部分不能麻木不仁。一个好的阵形应如此，一篇好的文章布局也应如此。一段话如果丢去仍于全文无害，那段话就是赘疣；一段话如果搬动位置仍于全文无害，那篇文章的布局就欠斟酌。布局愈松懈，文章的活力就愈薄弱。"

要做到"不板不乱，浑然一体"，在层次安排上，重点要把握完整性、连贯性、严密性三个要点。

一是完整性。首先，公文要做到开头部分、主体部分、结尾部分齐备，不可无故残缺，这就是朱光潜先生所说的"有头有尾有中段"。其次，各个部分要相对饱满，不能干瘪、空洞，否则会给人局部残损的感觉。最后，脉络通畅，贯穿首尾，如有文气不能串联的地方，则会影响文章的圆满。

在艺术创作中，有"只写残缺不写全"的说法，讲究点到为止，留下一些空白由读者来填补，这样能更好地调动读者进行审美再创造的积极性。但是，这一做法在公文写作中不宜采用。公文的内容要求明确、实在，不能采用虚实相生、意到笔不到的写法，否则会给落实执行带来许多不便。

二是连贯性。公文的各个部分之间，在内容上要相互连贯、井然有序，在语言形式上要有紧密的衔接和合理的过渡。一篇公文是由既有区别又有联系的若干层次构成的，这些层次之间，不管是在内容上还是在文气上，都要有内在联系。在外部的语言形式上，不管是采用序号衔接还是自然过渡，都必须流畅。为了考虑层次转换时的自然过渡，增强行文连贯性，还应该合理使用"另外""因此""同时""但是"等过渡词。

三是严密性。严密性是指公文的各个部分之间有严密的逻辑联系，既不能前后内容互不相干，也不能出现前后内容相互矛盾的现象。文章的部分与部分之间，或呈现因果关系，或呈现主次关系，或呈现并列关系，或呈现表里关系，各部分互相弥补、互相协助，不能互相矛盾、互相拆台。

朱光潜先生在《选择与安排》一文中说："文章的'不通'有多种，最厉害的是上气不接下气，上段上句的意思没有交代清楚就搁起，下段下句的意思没有伏根就突然出现……应该在前一段说的话遗漏着不说，到后来一段不很相称的地方勉强插进去……在上文已说过的话，到下文再重复说一遍。"这些问题都属于逻辑混乱，会导致结构不严密。

我们通常所说的结构，一般来说，可以分为三层。

结构的第一个层次，是通过制文要素体现出来的文面因素，如密级、文号、签发人等，也叫浅层结构。

结构的第二个层次，是通过标题、开头、结尾、段落、层次、过渡、照应等体现出来的语言因素，也叫表层结构。

从前述可知，层次指文章各部分内容表达的次序，着眼于思想内容的划分；段落是行文时自然形成的基本单位，侧重于文字表达的需要。层次安排方式有总分式、并列式、递进式和对比式，根据主题思想表达的需要来决定，段落划分强调的是集中、完整和匀称。

过渡和照应是使文章内容前后连贯的重要结构手段。过渡起承上启下作用，使先后相关的两个层次和段落上下连贯，前后衔接。照应就是文章前后内容关照呼应，能使结构严密，脉络连贯。

至于怎样开头和结尾，则应从文章的整体出发，有利于主题的表达和各部分的协调。一般来说，开头要简洁明了，说明行文目的、依据、有关背景等，尽快切入主题。主体要分清层次、段落、顺序。公文没有特别的结尾，如果有，则要简洁果断，言尽则止，不拖泥带水。

结构的第三个层次，是通过"为什么，是什么，怎么样，怎么办"等问题体现出来的逻辑思维因素，也叫深层结构。

公文主要是说理性的文体，基本遵循提出问题—分析问题—解决问题的脉络，自身具有条理性、贯通性和严谨性，表现出来就是，按照层次顺序有条不紊地表达，合乎逻辑和思维习惯，细密周延，流畅贯通。

文章的主体结构体现在正文上，正文内容要根据主题表达的需要和文章组成要素的特点，选择合适的结构形式，常见的结构形式有以下几种。

（1）并列式结构，围绕一个主题将几种情况、几项措施、几个经验或几个问题并列。

（2）递进式结构，内容按照时间顺序、空间顺序或逻辑顺序递进，常见的是第一步交代事件背景或提出问题，第二步说明现状或者分析原因，第三步得出结论或提出建议。

（3）倒金字塔结构，首先高度概括主题内容，然后围绕这一主题组织材料或展开陈述。将最核心、最重要的部分先列出来，随后按照重要程度依次排列。

（4）总分 / 总分总结构，把总括性的内容放在前面，统领全篇，后面再分述。总分总结构的最后还有归纳总结。

（5）自由式结构，灵活交叉使用上述结构形式。

文章的主题和内容确定，结构形式也确定后，呈现的就是文章分几块，每块讲什么。安排结构有一定的技巧，但并非纯技巧性的问题。内容决定结构，结构是为内容服务的。选择什么样的结构形式，取决于内容表达。所以，结构是内容最好的容器。

结构的实质是客观事物本来面目以及对事物的认识理解在表现形式上的体现，应该做到层次分明、条理清晰、概括精辟、逻辑严密、言之有序。如果对事物认识理解透彻，思维脉络清楚，就不愁找不到较好的结构形式。

常见的结构划分方式有两块式、三块式、多块式和整块式，它们有各自的适用范围，不能千篇一律、机械套用，而应该因事、因文制宜，选择最合适的形式。

第一，两块式，即整个公文分为两大部分。第一部分要么总结成绩，要么分析形势，要么认识意义，要么指出问题，或兼而有之，最后通常归结为：某某工作事关重大，务必统一思想，增强紧迫感、责任感，把这项工作抓紧、抓好。第二部分主要指出工作思路、目标任务、具体要求和政策措施等。措辞上经常表现为明确任务、强化措施、加强领导、狠抓落实等。

这种结构适用于阐明简单事理或安排单项工作，而不适用于论述复杂事物或部署牵涉面较广的综合性工作，否则很容易形成"大观点套小观点，小观点套更小的观点"的复杂结构，不便理解，甚至会造成内容混乱。

第二，三块式。公文的主要目的是解决问题、推动工作，写作公文时既要讲明道理，又要确定工作目标和任务，还要提出保证完成工作任务的一系列措施，所以往往按照"讲道理、定任务、提措施"这样的逻辑框架来安排。

在三块式结构中，第一部分通常是总结成绩、认识意义、认清形势、统一思想等，也就是常说的"提高认识"。第二部分主要讲工作任务、要求、思路和重点，也就是常说的"明确目标"。第三部分主要讲组织领导、工作措施等，也就是常说的"抓好落实"。

或者说，第一部分讲意义、讲道理，明确"为什么干"；第二部分定任务、讲重点，明确"干什么"；第三部分提措施、讲要求，明确"怎么干"。

需要注意以下方面。第一部分讲道理，但不能空对空地讲，要以事实为依据，空谈大道理，难以说服人，要用事实来证明所讲的道理的科学性，用事实和逻辑证明所说的道理是正确的。

第二部分定任务，就是确定工作目标，以及主要的工作任务。目标与任务之间是总分关系，任务支撑目标。任务与任务之间可以是并列关系，也可以是递进关系。

第三部分提措施，主要是研究应该采取哪些组织手段、行政措施以及其他办法，保证所定工作任务能顺利完成。

这里说的是一般的情况，在实际工作中，往往会出现一些调整和变化，出现一些三块式的变体形式，如"干什么"与"怎么干"根据实际情况，有时是分列的，有时是在一起的。虽然形式可以多变，但万变不离其宗。

在实践中三块式是最常用的结构，因为它符合人们认识问题、解决问题的一般思维规律，甚至有"无三不成文"的说法。

对此我们应该辩证看待，三块式确实有其合理性和较广泛的应用，能够适用于大部分的情况，但也不能不分情况，认为任何时候都用三块式就能万事大吉，而应该因文制宜，选择最为合理的结构形式，为内容选择最恰当的结构。

第三，多块式。这种结构适用于大型综合文稿。通常是将某个事物中的若干关键问题或某项工作中的若干重点环节抽出来，各自独立成一部分，依次阐述。

多块式结构相对更灵活、更自由，不像三块式那样需费太多心思考虑各部分之间的关系，以及逻辑层次。但这并不等于多块式各部分没有逻辑关系，可以随意组合。

可以这样说，三块式有更为严密的逻辑，一般不能变换；多块式在符合一般的逻辑思维习惯的前提下，有些时候局部内容可以灵活调整，可以形成总分、总分总、并列、递进等多种逻辑关系。多块式结构形式除了适用于大型报告外，也适用于即席讲话。

某企业 2016 年工作会议报告就采取了这种结构。第一部分，"十二五"发展情况回顾；第二部分，面临的形势分析；第三部分，"十三五"总体思路和发展目标；第四部分，以五大发展理念为引领，推动公司"十三五"健康可持续发展；第五部分，全面加强党的建设，为"十三五"发展提供有力保证。可见，对于这个报告所要阐述的内容而言，用多块式的结构明显比采取三块式结构要好，选择这样的结构是根据工作报告内容来确定的。

第四，整块式。其不设标题，适用于篇幅短小的讲话稿，如在各类会议和活动上的致辞、献辞、欢迎词等。整块式有时也用于篇幅较长的讲话稿，但往往会用一些反复出现的标志性语言来划分层次，虽然不设标题，但层次依然十分清楚。如江泽民同志 1998 年 9 月在全国抗洪抢险总结表彰大会上的讲话，全文共 39 个自然段，一段一层意思，一段一段递进，上下呼应，环环紧扣，逻辑性很强。

四、内容：言之有物

公文的内容主要着眼于言之有物、言之有据，使公文充实饱满、实在管用。如果结构是一篇公文的框架，内容则是丰富框架的物件。内容看似包罗万象，其实概括起来主要是观点与素材，也就是论点与论据，以及由观点与素材组合而成的意群。

公文的效果最终取决于它在实际工作中所起的作用，因此不仅要注重形式的规范化，还要在内容上求实，保证公文的实用价值。判断一篇公文写作质量的一个重要标准，就是内容实不实。内容越实，力量越大，影响力越大，指导作用也越大。

公文不像文学作品那样讲究写作手法的丰富运用，不像政论文那样要求理论较深和气势磅礴，不像新闻报道那样追求简明和及时，它只需要实实在在地把事情说清楚，把道理讲明白，把工作任务和要求阐述到位，做到务实管用即可，这应该作为公文写作的第一原则。

把务实管用作为公文写作的第一原则，主要基于以下几个原因。

第一，只有实事求是，基于对客观事物的准确反映，形成的公文才有生命力和价值，才能做到主观与客观相统一、理论与实践相结合，才符合唯物主义观点。相反，如果搞主观主义、本本主义、经验主义，那么写出来的公文就是废品，甚至是毒瘤。

例如，上报的公文如果反映情况不实，为上级机关提供了假信息，就有可能造成决策失误；下发的公文在布置工作时如果不尊重客观规律、说大话、凭主观热情办事，或者不具体问题具体分析、照搬照套，那么会瞎指挥，甚至造成严重损失。

第二，公文只有内容实际，才能为各级机关实施正确领导提供保证，从而真正起到指导工作、推动工作的作用，完成其为公务活动服务的使命。公文是各级机关实施领导和开展工作的重要工具，绝大多数路线、方针、政策、方略都是通过公文制定和传达、贯彻的。在公文写作中能否坚持实事求是的原则，直接关系到制定的各项路线、方针、政策是否正确，直接关系到各项事业的成败，不可谓不重要。

第三，公文只有追求实在管用，才能切中文风的时弊。一些地方下发公文时不问实际需要、不讲实际效果，滥发滥转，文件成山；

一些公文内容脱离实际，假话、大话、空话、套话多，不能解决实际问题。

这样的现象，不仅使公文的权威性降低，而且严重影响工作效率和质量。要消灭文山，改进文风，切实提高公文质量和办理效率，就要大力倡导实事求是的作风，根除形式主义、文牍主义的思想。

怎么样才能把内容写实？从理念和态度上说，要记得的一点是，公文写作最重要的是研究事，而不是研究字。只着眼于文字，光研究"字"，而不着重于研究客观事物，其实是一种不正确的写作思维方式，容易陷入误区和僵局。公文表面上是由文字组成的，本质则是对事物认识的结果，或者说是对事物认识的文字反映。研究"事"，则成了"研究者"；研究"字"，则成了"文字匠"。

正如李瑞环同志在《学哲学 用哲学》中说，"我们有些文章写得不好，不是词汇不够多、句子不够美，而是动机上、内容上、方法上有毛病，在鼓捣字儿上花的时间太多，在研究事儿上下的功夫太少。"

那么，究竟要研究哪些事呢？

一是研究上面的事，主要是研究上级的文件、会议材料、领导讲话等。通过对这些材料的细心研读，深刻领悟、准确把握上级的精神，了解有哪些新政策、新观点、新要求、新提法，便于在起草时有所遵循、有所借鉴、有所吸收和有所体现。

二是研究外面的事，即主要研究外部形势，发展趋势、动态、最新观点，好的经验、做法和政策举措等。

三是研究下面的事，即主要研究下属单位有哪些值得总结提炼的好经验、好做法，哪些问题具有普遍性，指导工作如何具有针对性。

四是研究自己的事，写公文是为了解决实际问题，所以必须把本单位的情况、取得的成绩、存在的主要问题、下一步的工作要求搞清楚，提出工作任务、思路和措施，使所起草的公文具有针对性、实用性。把事情基本研究明白了，再转化成文字，就能形成一篇求实、写实的文稿。

内容要写实，重点在于"把准三脉"。

一是把准时政方针的"脉搏"。善于吃透上情，及时学习与本行业、本单位有关的精神和政策，把局部工作放在大局中思考和衡量，立足全局、胸怀大局，使文稿符合党和国家的方针政策，符合行业的发展规律，符合时代的发展方向。

二是把准领导思想的"脉动"。及时跟进领导的思想动向，注意把领导谈话中的闪光点做好归纳分析，摸准领导的想法，站在领导的角度考虑问题，树立"身在兵位，胸为帅谋"的责任感，想领导所想之事，谋领导所谋之策，把领导的"关注点"作为思考问题的"着力点"，写出具有领导独特风格的思想文字。

三是把准现实问题的"脉络"。坚持从实际出发，尽可能地深入实际工作，熟悉现实情况。选取的素材要真实可靠，事实材料、数据材料要核实清楚，任务、措施要避免泛泛而谈，要讲究可操作性。始终做到对情况心中有数，对现阶段发展特征把握准确，提高文稿的针对性，防止说过头话、写过时语。

在把握现实问题的"脉络"时，要特别重视事实的作用，坚持用事实说话。要坚持思想从事实中提炼，道理用事实阐发，经验从事实中总结，这样写出的内容才有力量；要善于运用手头的事实材料，以事明理，事理交融；要善于运用典型，恰当的典型往往比抽象的概括更有力量；要注重细节，做到有血有肉，详略适当。

五、语言：言之有味

公文的语言主要着眼于言之有味。语言是公文中人们最先接触的部分，是公文最为鲜活的部分。在起草公文时，提炼立意、确定主题、谋篇布局、甄选素材等环节都离不开对公文语言特点的把握和灵活运用。

公文语言的内涵包括：按照正确的文法和表达方式运用正确的语言，符合常规；根据公文特点和表达需要使用合理的写作手法和修辞（公文以议论说理为主，也会运用叙述和说明，较少用到抒情和描写，修辞上主要是消极修辞）；通过对语汇的恰当运用呈现公文的节奏、韵律、语感和氛围等。

语言是思想的载体，是思维的工具。在很多人印象中，公文作为"官样文章"，往往四平八稳、味同嚼蜡。这虽然是刻板成见导致的，但也是对部分客观真实的反映。

之所以有这样的情况，固然有公文严谨、规范方面的因素，但更多的原因则是作者思想僵化、语言苍白，做不到准确、简洁、生动，不能给人鲜活的感受。所以，要改变读者对公文的刻板印象，要切实从改变语言入手。

实际上，语言陈腐只是现象，假、大、空的作风才是根源。假，就是虚情假意、装腔作势、堆砌辞藻，内容不够词语来凑，要么华丽煽情，要么晦涩难懂，把简单的事情说复杂，令人茫然、不知所措。

大，就是好大喜功。不顾客观基础条件限制，夸大其词，特别是倾向于歌功颂德，文过饰非，刻意掩盖存在的问题，极力吹嘘不值一提的成绩。

空，就是空话、套话多。以会议落实会议，以文件落实文件，照搬照抄，甚至生搬硬套、移花接木。不深入调查研究，不结合具体实际，内容空洞，语言干瘪，言之无物，写出来的文字总是千篇一律。这种作风和文风是坚决要杜绝的。

好的公文语言绝不是清一色的"打官腔"，而是根据用途、对象和要求的不同，该严肃的严肃，该活泼的活泼，该委婉的委婉，该激昂的激昂，这样才能与受众互动交流。一篇没有语言风格的文稿，就像一个人说话没有升降调，是很难吸引人的。

根据不同的文体，公文语言风格大体有三类：条例、规定、意见类的公文需要的是严谨的书面语言；报告、总结、函件类的公文需要的是规范的书面语言，要求能够准确表达，不产生歧义；领导讲话等文稿则需要相对口语化的语言，文句不能过长，还要根据领导的个人风格，注意适当的修辞，以增强文章的生动性和感染力。

好的公文语言，应该是准确、简洁和生动的语言。

第一是准确，即素材真实、数据准确、议论恰如其分，把要说的事、要讲的理说准确、讲明白，使内涵与表达意图完全一致，符合客观事理，做到文通字顺、逻辑合理、庄重平实、精准简明，让读者一看就懂。

准确明白是文章的基本境界，也是基本要求。想要做到这一点，还需要关注以下四点。

一是风格偏向庄重平实。遣词造句应客观质朴、实实在在，语言朴实无华，表意真真切切，对描绘性的文学语言与浮华的辞藻应尽量不用，修辞手法尽量简单，不搞渲染烘托、夸大其词。表达以切实准确为要，总结成绩符合实际，认识现状准确到位，分析形势客观科学，部署工作切实可行。

二是尽可能使用书面语言。书面语区别于口语，比口语更加精确、更加严密，更有利于清晰明确地向受众传递准确信息。即使是在口语较多的领导讲话稿中，主体语言仍然是书面语。少用或不用绝对性、夸张性的词语，避免过于笼统或模棱两可，避免出现歧义，避免随意的口语化或过于专业化。

三是符合语法规范，没有语病，消除歧义。避免错别字、语法错误、逻辑错误、简称不恰当、数字错误等方面的问题。涉及的人名、地名、时间、数字、段落顺序、引文等必须准确无误。文字、数字、计量单位甚至标点符号的用法都必须准确规范。对于意义相同或相近的词汇，要在词语的细微差别和感情色彩上仔细推敲。

四是注意文种特点。不同的行文关系，不同的文种，在语言特点上也会有所差异。

从行文关系上看，上行文语气平和、肯定，要体现组织观念，真诚地尊重上级；平行文语气平和、礼貌、恳切，体现谦虚平和、以诚相待、平等协商、理解支持，切忌命令口气和曲意逢迎口吻；下行文行文严肃，语气果决，说理透彻，要求明确，便于下级机关理解执行。

从文种上看，举例来说，请示用语要谦恭、恳切，以示对上级的尊敬和对所请示解决事项、问题的急切心情；报告反映情况、陈述意见、提出请求等都要实实在在，不使用请求的语气；函语言恳切、得体、简洁、明白、质朴，措辞温和，既不能低声下气，也切忌盛气凌人。

准确是公文的生命，必须慎之又慎，一个小的纰漏都会导致一篇总体上很好的文稿被毁。所以，在起草公文时，从内容的把握到语言的描述，到具体事实和数据，都必须做到准确，时时刻刻用是否准确这根准绳来衡量。

例如，工作报告中除谈到成绩之外，往往也要谈到问题，对问题的把握是否符合实际，语言是否准确无歧义，都是要特别注意的。在谈到"重大战略实施的推进力度不够，战略执行体系还不健全"的问题时这样描述："战略的落地与推进有时较为滞后，战略与规划的衔接以及相配套的政策制度设计等考虑得还不够，在重大形势变化面前，战略方向的动态调整和优化不敏感、不及时，一些重大战略口头上说得多、付诸行动少，还没有完全建立战略、规划、执行与反馈的闭环管理体系。"这里使用的限定词"不够""有时""没有完全建立"等，就是为了使问题描述得更准确，不把话说得太满，更加实事求是。

第二是简洁。简洁凝练、文约事丰是公文用语的一条基本原则。简洁既指风格质朴，即好的文章应该朴实无华，不矫揉造作、不故弄玄虚、不生拉硬凑。也指内容凝练，力求用最短的篇幅、最精练的文字，表达最多的信息。

文章简洁要求多写短文、讲短话，讲究简洁，追求短实新文风，力戒形式主义，少说一些"正确的废话，没用的空话，好听的套话"，不穿靴戴帽，减少一般性重要意义的论述，内部领导不必说"重要批示""重要指示""亲自"等，遵守公文字数限制规定。

简洁是扭转"假大空"文风的着力之处。不正的文风主要有哪些表现呢？

第一个表现是长篇大论。就是喜欢把简单的问题复杂化，认为文稿不长就没水平，洋洋洒洒，七拼八凑，不重质量重数量。以前的"有话则长，无话则短"，用新的标准来看，应该是"有话则短，无话不说"。

文不在长，有新意就好；话不在多，管用就行。古今中外用短文章讲清大道理的例子俯拾即是。只要抓住事物的本质，短篇幅也能讲清大道理。

第二个表现就是空洞无物。看起来写了很多，可落到实处的、接地气的没有几句。有时明明要研究某些具体工作，却官腔官调，漫无边际，看似全面，干货却相当有限。重点不突出，内容不实际，什么都有，就是什么都没有。

我们读毛泽东同志的文章，从来不会有云遮雾绕之感，仿佛身临其境，能在通俗易懂中明白深刻的道理，受到极大的教益。这是因为他一生注重实事求是、调查研究，从实践中来到实践中去。所以，要言之有物，就得多研究问题、研究工作，这样才不会行文空洞。

第三个表现就是缺乏新意。不少人认为，要写得有新意不仅劳神费力，而且很可能会不被认可，于是，从文件上抄一些，网络上复制粘贴一些，一篇文稿便成了。至于有多少新意、有没有用就不管了。这些都是不实事求是的表现。

篇幅属于形式的范畴，形式为内容服务，我们提倡行文简洁，并不是一味求短，而是要根据文章量体裁衣，当长则长，当短则短。如果确实需要一定的篇幅才能把事情讲清楚、把道理讲明白，那就应该适当增加篇幅，这种时候追求短反而会影响意思的表达，那就成了另一种形式主义。

长文之风产生的原因主要有三个。

一是注重形式主义，错误地认为只有长文章才能显示对工作的重视、显示工作水平。其实，把文章写得长不难，特别是在信息化时代，很多人通过复制粘贴就能写出一大篇文章，要把文章写短，才需要真功夫。

二是分析概括能力不强，抓不住重点，抓不住本质，觉得什么都重要，什么都不能丢。更有甚者，受"不求有功，但求无过"的错误思想影响，害怕承担遗漏某方面工作的责任，有意把材料写得长，写得面面俱到，让人挑不出毛病。

三是低估读者的理解力，生怕讲少了读者不能理解领会。

公文写作者要练就简洁文风，可以从以下三个方面入手。

一是避免重复。避免重复包括标题与内容的重复、起句与内容的重复、前后的重复以及句子跟句子、词跟词之间的重复，注意运用承前省略或承后省略来避免重复。可以把多余的段落砍掉，把无关紧要的词句砍掉，把空话、大话、套话、废话砍掉。有些内容从字面上看不重复，但意思是重复的，属于车轱辘话，重复部分应被砍掉。

二是概括归纳。概括归纳包括段旨句的概括，起句立意，引领全段；意群（观点与素材组合的概念）的归纳梳理，用观点统率事实，做到概念清晰，逻辑严密；浓缩语言，概括特点，从具体到一般，从特殊到共性，而不要简单罗列；结论的提炼，提升对事实的概括能力和增加语言的容量。

例如，在某单位的干部大会上，工作多年的领导发表离任前的最后一次讲话，在回顾在该单位的经历时说："我们制定了发展纲要，明确了公司中长期发展的战略目标。我们突出抓主业发展，努力提升发展质量和效益，国际化经营迈出重要步伐。我们着力提高管理水平，强化基础管理工作，夯实公司发展根基，体制机制改革取得新进展。我们全面推进党的建设，切实转变作风，狠抓队伍建设，大力推进反腐倡廉工作，努力营造风清气正的发展环境。我们克服了生产经营中的许多困难，保持了又好又快的发展势头，各项经营指标连续迈上新台阶。"

多年的工作内容如果展开讲，恐怕几个钟头都未必讲得完，但通过归纳、梳理和提炼，只用了五个"我们"就完成了对多年工作的高度概括。

三是炼字炼句。要对每句话、每个词、每个字，甚至每个标点符号进行精深锤炼，使字字句句都讲到点子上，讲到实处，做到陈述事实开门见山，议论一语破的，对策管用可行，不蔓不枝，干净利索，篇无闲句，句无闲字。

基本方法是，多用动词和名词，少用形容词；多用节奏明快的短句，少用句式复杂的长句；特别注意"的的不休、了了不断"，大部分的"的"和很多的"了"是可以去掉的。现代汉语一定程度上存在繁复、冗长等问题，古文简洁精练的风格值得学习借鉴。

例如，"与目前企业实际不相符的管理制度，要及时进行修订"，"进行"表示从事某项工作的意思，"进行修订"属画蛇添足，"及时修订"更简明。"进行""开展""实施"等过程动态性的词常常多余。

再如，"要坚定不移开展优化工作，深入挖掘增效的空间……""经过一年的筹备，原煤储运系统于 2013 年 11 月正式投产运行""公司 113 台套强检计量器具全部获省计量科学研究院免费检定，全年共减了检定费 7.3 万元"，句中"的""了"去掉后会更加流畅简洁。

第三是生动。公文用语在准确、平实、简明的前提下，也应该做到生动活泼，增强其可读性。在有些人看来，只有文学写作才有语言美，公文则是"板起面孔讲官话"，单调、枯燥、干巴、平淡，跟美沾不上边。这种看法不仅不够全面，也是不符合实际的。语言美，不是文学作品的专利。

公文同样需要讲求形象生动。只有写得生动，才有利于增强公文的可读性，加深读者的理解，以利于贯彻执行。毛泽东同志在《工作方法六十条（草案）》一文中特别强调文章和文件都要具有生动性，"作经济工作的同志在起草文件的时候，不但要注意准确性，还要注意鲜明性和生动性，不要以为这只是语文教师的事情，大老爷用不着去管。"

如何把公文写得生动好读？可以从以下几个方面入手。

一是注重形象具体。公文内容主要是抽象说理的，但是干巴巴地讲道理易让人生厌，写作者需要使用生动形象的语言表现形式，这样不仅可以把事理说得准确明白，而且让人读起来有兴致。

公文写作中所讲的形象，固然不能与文学写作中的形象相提并论，但在不失庄重平实的条件下，形象具体的表述能给人一种生动的感觉。

例如，在公文用语中，写作者从医学、科技及日常生活用语等中引进不少术语，通过借代、比喻、比拟等修辞手法，使所要表达的事物具体化、形象化。这就要求公文写作者要学会向基层学习语言、向群众学习语言。

同时，也可适当使用一些成语、歇后语、典故以及一些富于哲理的趣味性语言，以增强公文用语的生动性。例如，把"红眼病"比作追逐金钱，嫉妒别人致富的人；把"输血"比作源源不断的救济；用"伯乐"泛称尊重知识、尊重人才的领导干部；用"苍蝇老虎一起打"比喻一视同仁、绝不姑息，坚决反对腐败的决心等。

二是多用一些鲜活的故事和案例。有时候一个故事的说服力和感染力远远大于讲长篇大道理。讲好故事，用好鲜活的案例，能起到以一当十的效果，也增强了语言的生动性。

例如，在讲到律己要严时说，这方面很多领导人做出了榜样，然后举了毛泽东同志的"未便再荐"的故事：李淑一是烈士遗孀，又是杨开慧的亲密朋友，能诗善文，有人请求毛泽东将她推荐到中央文史馆。毛泽东为此写信给秘书田家英，说："有人求我将她荐到文史馆为馆员，文史馆资格颇严，我荐了几人没有录取，未便再荐。拟以我的稿费若干为助，解决这个问题，未知她本人愿意接受此种帮助否？"以毛泽东同志不因私谊而废公事的故事，深刻阐明了以公为念、以严律己的道理。

三是适当用一些修辞手法。可使用排比、用典、比喻、设问等修辞手法，以增强表达效果。但要注意，修辞手法在公文中使用要适当，过多反而会适得其反。

例如引用典故和民俗，习近平总书记在博鳌亚洲论坛的讲话中说："仲春时节的海南，山青海碧，日暖风轻。在这个美好的季节里，各国嘉宾汇聚一堂，出席博鳌亚洲论坛 2018 年年会。海南有一首民歌唱道：'久久不见久久见，久久见过还想见'。今天，有机会在此同各位新老朋友见面，我感到十分高兴。"

要注意的是，生动形象更多指的是一种内在精神，思想活泼，思维敏捷，追求语言的活泼，不应只是表面上使用一些俏皮话或者流行语，否则会有油滑轻佻之感。

语言的生动还体现在追求新意，力避呆板、老套、枯燥、模式化、概念化。公文很多是常规性的、惯例性的，框架、风格、内容都比较稳定，经常是同一个主题，要在不同地方、不同场合反复讲。如果没有新的思路和写法，很容易形成老腔、老调、老面孔，落入俗套，味同嚼蜡，讲一堆正确的废话。

要追求语言新意，写作者一定要解放思想、敢于突破，在思想创新、观点创新的前提下，尽可能用新概念、新材料、新语言，使人耳目一新。最好能打造亮点，用最精彩的语言挖掘闪光点，把它突出和烘托出来，给人留下深刻印象。

文章好写，点睛之笔难求。如果一篇文章有一两个独到的观点，有几十个字能让人受到启发、受到震撼、印象深刻，流传久远，那这篇文章就是好文章了。

打造亮点的前提是解放思想，实事求是，推陈出新，对情况熟悉了、把道理想透了、将认识深化了，才能做出凝练的概括、通俗的表达，才能写出让人过目不忘的"金句"、至理名言，才能留下痕迹。

语言的生动还表现为语言张力。张力即语言的活性与表现力，即表面风平浪静，但内在有情感、气韵、时间、空间的流动，形成一种内容与形式的互动，措辞练达精简，又入木三分，节奏张弛有度，收放自如，不拖沓不夸张，如弓之开合，给人一种蓄势待发、从容铿锵的感觉，并且留出极大的思考空间。

北宋苏东坡在《答谢民师书》中讲的"初无定质，但常行于所当行，常止于所不可不止"，以及明代谢榛在《四溟诗话》中讲的"诵之行云流水，听之金声玉振"，指的就是语言的张力。

六、文气：言之有脉

文气主要着眼于文章言之有脉。文气的内涵包括意气、气势和气脉。

文气主要体现在以下几个方面。

一是使文有意气。意气本指人的思想、性情、兴致，这里主要指外在的文风，它能映现作者的人品、见识、经验、态度等内在的素质。

这就是说，要想文章有意气，写作者需要在个人综合素质方面有深厚的积累，要具有振奋豪迈之气，超越小格局，这样写文章时，自然有一股俊伟豪迈的意气从胸中自然流出。

毛泽东年轻时大声疾呼："天下者，我们的天下……我们不说，谁说？"正是因为从小胸怀大志，胸怀伟大的理想和抱负，毛泽东的文章才有集意气、大气、才气于一体的非同凡响的文气，令人叹为观止。

要使文章有意气，写作者需要在日常注重提高自己的个人素质，不断涵养自己的品格情操，锤炼自己的意志品质，拓展自己的胸襟情怀，久而久之，自然有一股凛然之气自文字流出，从而体现思想的高度，彰显情怀和见识，展示大的格局和昂扬奋发的精神，使文章充满浩然正气，让人读了有意气风发之感。

某单位召开青年干部培训班，领导在开班讲中提到"牢固树立正确的进步观"时说："追求进步是人的天性，但是，如果把追求进步仅局限在职务晋升上，那就会使人生格局变得狭窄，难以有大的发展，甚至陷入死胡同。作为中青年干部，一定要牢固树立正确的进步观，在职位上知足，在事业上不知足，在权力上知足，在能力上不知足。要时刻激励和鞭策自己，把学习进步、思想进步、工作进步、作风进步看作最大的进步，立志做大事而不是做大官，把心思和精力用在干事创业上。"这几句话，拨乱反正，掷地有声，试想当时在座的青年干部谁不受触动，谁不受鼓舞？这就是文章的意气。

二是使文有气势。气势是一种力度美，所表达的是作者坚定的理念、激越的情感、强烈的感受。从根本上讲，文章有气势，是因为有思想、有洞见、有理论的深度和逻辑上的自信。

有气势、有力量的文章，直指人心，鼓舞人心，所以有"一支笔抵得上四千毛瑟枪"的说法。梁启超所作的《异哉所谓国体问题者》，掷地有声、脍炙人口，发表以后全国各报纷纷转载。因此史学家唐德刚说，"洪宪王朝"的彻底毁灭，有这篇文章的一半功劳。

还有一个广为人知的故事，曾国藩在军情报告上，将"屡战屡败"改为"屡败屡战"，一字之差，气象和境界完全不同，给士气产生的影响也存在天壤之别。陈琳写骂曹操的文章，曹操看了一身大汗。骆宾王写讨武则天的檄文，武则天看了连连称赞。这些都说明了文章气势的重要性。

毛泽东同志的文章的最大特点就是具有磅礴凌厉的气势，因为他具有深厚而独特的思想，而且是先进的思想。他说："文章须蓄势。河出龙门，一泻至潼关。东屈，又一泻到铜瓦。再东北屈，一泻斯入海。行文亦然。"在毛泽东的文章中，这种如黄河奔涌而出的磅礴气势随处可见。

要使文稿具有气势，除了要在思想深度上下功夫，也有一些行文的技巧可以借鉴。

一是做到内容充实，言之有物，这是最基本的条件。如果内容空洞，事实不足，仅仅在表现形式上做文章，是不能真正做到气势旺盛的。

二是注意锤炼语言，尽可能使用结构简单、节奏明快的短句，使用雄壮有力、气势磅礴的措辞，使句式整齐、音节和谐、声调铿锵、气势充沛、笔力雄健，有荡气回肠之势。

三是适当使用一些修辞手法，如排比、对偶、反复等。使用修辞手法能在反映内容的同时产生一种美感，激发一种情绪，增强公文表达效果，吸引读者深刻领会文章的内容，以达到鼓舞人心、催人奋进的效果。

四是贯以真挚充沛的感情，以强烈的感情感染受众，从而增强公文的气势。梁启超先生说自己写文章"笔底常带感情"。要想文章打动别人，写作者首先要注入自己的感受、情感。

三是使文章气脉贯通。文章最贵一气贯通，即思维连贯畅通，结构紧凑顺畅，首尾一体，一气呵成，给人势如破竹之感，而不是磨磨蹭蹭、叽叽歪歪、欲说又止。

这里讲的文气贯通包括两个方面：一是思路上做到文理连贯，内容上合理、有序、连贯、周延；二是语气上做到文气连贯，外在表现形式上力求自然、连贯、流畅、通达。

我们看下面这个例子。

适应资源革命趋势　承担绿色发展使命

——在 2018 年中国发展高层论坛上的讲话

资源作为人类赖以生存和发展的重要物质基础，正在经历着前所未有的深刻变化。近年来，伴随人们的资源观念逐步转变，技术创新不断加快，一场以绿色发展为核心的资源革命正在悄然进行。

人类社会跨入现代化以来，资源即将枯竭的警钟不时敲响。传统观念认为，地球的资源总有耗尽的一天。现在越来越多的人则认识到，树立绿色发展理念，转变能源消费观，借助新的技术手段，人类可以大幅提高资源生产率，避免危机的发生。

未来 20 年内，全球发展中国家会有 25 亿人口步入中产阶级，进入城市生活，这将加剧对水、电、油、气等资源的需求量。按照传统的生产供给方式，资源和环境都将无法承载。只有通过技术与制度创新，尤其是推动新技术如移动互联网、云计算、大数据、新能源、新材料等与资源生产和消费的深度融合，进而推动资源开发和利用方式变革，提高资源产出率，实现绿色发展、循环发展、低碳发展，才能化解经济发展和资源环境矛盾，实现可持续发展。

能源是人类生产生活不可或缺的重要资源，能源革命是资源革命的重要领域。我们看到，全球能源转型进程正在加快，能源结构在经历调整，低碳化趋势日益凸显，能源生产消费的科技化、信息化、智能化方兴未艾，新的能源产业技术革命正在到来。

在变动的局势中，也有一些特征是不变的：一是能源消费总量保持上升的趋势不会变。2017 年全球能源消费增速已经开始反弹，在广大发展中国家经济增长的驱动下，世界能源需求总量还将持续上升。二是石油在能源结构中的主导地位短期内不会变。在 2017 年的世界能源消费结构中，传统化石能源占到 8 成以上，其中石油占比最高，达到35%，预计至少在 20 年内它仍将是人类的主导能源。三是化石能源清洁高效发展的趋势不会变。基于目前化石能源的生产规模和消费基数，通过技术创新不断提升化石能源的利用效率和清洁程度，是能源革命的应有之义，也是解决环境气候问题更直接、更有效的途径。

作为世界最大的能源生产国和消费国，中国正按照习近平主席关于能源"四个革命、一个合作"的论述，积极推进能源生产与消费革命，以化石能源清洁化和清洁能源规模化为主线加快能源转型，并见到了可喜的成效：能源强度持续快速下降，能源系统去碳化加速，天然气呈现主体能源化趋势，非化石能源消费占比持续快速提高。这些趋势和变化，是资源革命在中国能源领域中的体现，也是践行绿色发展理念的突出成效，对推进中国生态文明建设、加快转变经济发展方式意义重大。

资源革命的中心任务，是处理好人类经济活动与资源环境的关系，实现人与自然和谐共生。从这个意义上说，绿色发展是资源革命的核心。当前，中国继续坚持节约资源和保护环境的基本国策，"绿水青山就是金山银山"理念日益深入人心，越来越多的社会公众和企业积极践行绿色发展方式和生活方式，投身绿色发展潮流，共同建设"美丽中国"。

大力推进绿色发展，是中国建设生态文明的必然要求，是满足人民群众对美好生活向往的内在需要，也是中国实现创新发展的重要机遇和推进高质量发展的重要途径。就能源领域而言，在绿色发展理念的催生下，新技术、新产业、新业态不断涌现，为技术创新和商业模式创新提供了广阔空间。

在践行绿色发展理念的过程中，企业承担着重要使命，也发挥着重要作用。企业已经充分认识到，依托新技术的融合来提高生产效率和资源产出率，是诞生新产业、新业态的重要源泉。例如，利用技术手段提高油气的采收率、促进地下资源更好利用，运用大数据和传感技术自动调配输电网络效率、实现稳定供电，对废弃物进行循环利用、释出可利用物质，使用新材料替代实现工程轻量化、降低能源消耗等，通过这些努力和探索，企业既能找到重要的商业机遇，也为绿色发展做出了有益的贡献。

我们将"绿色低碳"作为公司发展战略之一，致力于为中国乃至全球的绿色发展作出贡献。我们加大科技创新力度，精细耕耘，不断提高资源的利用效率；加大节能减排力度，精心呵护生态环境；加大清洁能源发展力度，为优化中国能源消费结构、推进大气治理做出贡献；加大新技术应用和新产业探索力度，助力能源清洁化、低碳化发展。我们将始终是绿色发展的践行者、推动者和贡献者。

这篇短小精悍的发言稿，一开篇从全人类的资源能源问题切入，随后从世界资源能源问题，讲到习近平主席提出的中国能源革命，再到企业在资源革命中的使命和作用，最后落脚到自身为绿色低碳所做的实实在在的贡献，层层深入，逻辑严密，说理透彻，脉络清晰，体现了顺流直下、一气呵成的贯通文气。

所以，文气并不是一个多么神秘、多么高不可攀的东西，每一个写作者都可以感受、挖掘和培育它。最好的培育方式是阅读一些好的作品和经典范文，感受它们的气势，从中得到熏陶。文气的培育，离不开写作者在综合素质方面的深厚积累。

第七章
公文写作的基本步骤

在前一章我们知道了公文的一些核心要素，这是公文的核心构成，那么，公文从无到有，要经过哪些步骤和环节呢？本章将讲述写作公文的基本步骤。

一、把握公文写作关键流程

在写作公文之前，我们要做一些必要的准备。具体来说，至少需要把握两个关键流程。

第一，明确写作意图。

写作意图，即写作的目的，希望取得的效果。有了目的，才能明确方向，写起来才会有的放矢。相反，目的不明，就无从下笔，写起来也容易偏离方向。

要使自己的写作变得高效，应该做到的是，每一次写作前，先问自己一个问题：我写这篇文稿到底要起到什么作用？如果没想清楚这个问题，请不要轻易下笔，因为很可能写了也是白写。只有明确了意图和方向，才能做接下来的工作：选择合适的文体、整体上进行构思、有效地组织内容素材、采用适当的语气和风格等。

例如，你组织完成了一项重要的工作，需要提交一个总结报告，那么首先要想清楚的是，写这个总结报告的目的是让领导了解工作成效，总结其中的经验和教训，并提出对未来工作的建议。只有明确了这样的写作意图，并将这一意图贯彻在后续写作当中，这份工作总结才算得上是成功的。如果缺乏这样的考虑，则会为了写而写，漫无目的，写起来信马由缰，不着边际，把活动的过程写得啰啰唆唆，像讲故事一样。

再如，你要下发一个通知，要求各所属单位提交某方面的资料，那么你的目的是希望接收方了解你的需求，减少信息不对称现象，更好地执行工作要求。明确了这样的意图之后，在写这份通知时，就应该把要求尽可能说得具体详细一些，让人一看就明白，这能让对方减少疑惑，给你满意的反馈。

第二，把握接受者需求。

光知道自己的写作意图也是不够的，还有同样重要的一点是，把握接受者的需求，让自己写的东西能够"投其所好""适销对路"。如果不能很好地把握接受者的需求，就会变成自说自话，没有人会买账，自然达不到效果。

不同的事情对应不同的接受者，接受者的需求是千差万别的。但可以归纳为两种：利益的需求和情感的需求。

利益的需求是指，你能给接受者带来什么样的现实或潜在的好处与便利，包括你能给接受者提供什么帮助，你提供的信息对接受者有什么价值，你能带来什么样的机会与可能性，能否引起对方的兴趣等。

　　情感的需求是指，你能给接受者带来什么样的情感上的满足和愉悦，包括接受者是否能从你这里感受到尊重、得到认同，你提供的内容是否符合接受者的特点和习惯、是否能引起接受者的共鸣等。

　　这就要求，在写作时要充分把握接受者的需求，坚持"有利原则"和"双赢原则"，在双方利益的交汇点和情感的契合点上多加考虑，寻求双方共识和"最大公约数"，使自己写的文稿成为沟通传受双方的有益桥梁。

　　还拿写总结报告的事情为例，当你要写这份报告时，你应该想到，领导想从中看到的是什么。他肯定不是只想看到你在表功请赏，而是希望借你写的东西鼓舞士气，激励队伍，并从中找出有益的经验，加以推广使用，提升业绩，扩大战果。他还想知道在这个过程中哪些地方做得还不够，应该加以改进，以便做得更好。

　　当你知道了领导的这些需求，自然就能更好地把握写作的重点，知道哪些地方应该详写，哪些地方应该略写，而不是一上来就洋洋洒洒写上一大篇，自己写得很兴奋，写的东西却都不是领导想看到的，根本没有抓住领导的核心需求，那效果就可想而知了。

　　除了利益需求外，领导的情感需求是什么呢？就是你工作取得的业绩让他感到兴奋、满足和自豪，足以证明自己的英明决策与有效领导，并且对未来的工作更加有信心，这些都是在写作时要考虑的。从接受心理学来说，让接受者产生积极的、认同的心理，是让他充分有效接受信息的前提。

　　除了情感上的满足，还有一点需要考虑，就是你提供的信息要符合领导的接受习惯和个性特点。每个个体的接受习惯是不一样的，有人喜欢条理清晰地说理，有人喜欢拿数据说话，有人喜欢使用案例来说明观点，只有知己知彼，才能找到最合适的方式。

从下级对上级报告工作的角度来说，还有一点是共通的，就是表述一定要精简。因为领导的角色职责是把握方向、做出决策，所以给他看的文字内容一定要提纲挈领，不要废话。

一个优秀的下属，要做领导的过滤器，而不是做传声筒。领导的时间很宝贵，事无巨细、啰里啰唆的文字，只会让他觉得下属没有能力。

在公文写作中，接受者是因事、因地、因时而异的，如一份通知是发给一家单位还是多家单位，一次演讲是对内还是对外，一份简报是给上级还是给下级，一份邀请函是给老友还是给新识者……接受者不同，需求就不一样，写作者需要具体问题具体分析，在把握"有利"和"双赢"两条基本原则的基础上，根据情境灵活运用。

明确意图，把握需求，这是写作前需要做的思想准备。正式开始写作后，写作者要从以下几个方面来依次加以把握。

第一，在头脑中构思。

构思，是对写作内容进行先期的考虑和整体的筹划，明确文章的基调、主旨、论点、框架、风格等。这是写好文章的关键环节。

广义地说，明确写作意图和把握接受者需求也属于构思的范畴，是写作的基础性前序环节。但这里我们谈的是狭义的构思，侧重于通过对写作语境的把握，明确写作中应该关注的重点，以及需要注意的事项。

语境，就是公文写作的具体情境。语境是由写作的目的、使用的文体和核心事件共同决定的，语境又决定了写作的内容要素、写作要点与风格。

例如，写一份通知的语境，是提出要求，或安排任务。在这一语境下，主旨事件要清楚，文字要简洁精练，部署事项要明确具体。只要能让人一看就明白如何做、如何反馈，那么该通知就是合格的通知，不需要讲究文采，不需要长篇大论。

写总结报告的语境，是回顾过去、总结经验、展望未来，接受者是上级。那么就应该既全面系统，又要言不烦，可以写得长一点，但这种长一定是有内容、有启发的长，而不能为了凑字数罗列和赘述。写总结报告时不要停留于表象，而要写洞察和深度思考后的结论和观点。

写调查报告，是为了解决特定问题。那么就要通过事实的描述、问题的剖析、建议的提出，阐述自己对相关问题的认识，得出有信服力的结论，提出具有建设性、操作性的建议，而不能干巴巴地平铺直叙。

总而言之，把握语境要解决的问题是：在特定的情境下，面对特定接受者，根据行文意图和目的，用有说服力的材料、合理的表述方式、得体的语言表达正确的观点。这正是写作构思时需要关注的。语境不同，构思不同，写法不同，写作者需要在写作实践中不断归纳总结。

第二，组织有效的素材。

构思完成之后，相当于为自己的写作画了一个框架，知道要写成什么样子，接下来就是为写作准备充足有效的素材。素材是文章的血肉，构思再好，没有素材作为支撑，也会失败。

公文写作涉及的素材种类繁多，但归纳起来，可以分为以下三个层面。

第一个层面是观点。观点就是一篇公文中想表达的思想主旨、重要论点，文章使用者用观点阐明自己的立场，说服接受者或改变接受者的想法，对接受者提出希望或要求等。观点是旗帜，起到提纲挈领的作用，其他的论据都为观点服务。

观点应该鲜明，当然根据情况，表达的方式可以直白，也可以委婉。一篇文章中的若干观点应该协调一致，不能互相冲突，要注意处理好总论点和分论点之间、观点与观点之间的逻辑关系。观点要讲究实效性，与对方交流观点时应该有针对性，不要自说自话，不要为了阐明观点而阐明观点。

第二个层面是论据。论据就是用来说明观点的材料，是使观点得以成立的支撑性内容。没有论据支持的观点是站不住的，而没有观点统领的论据也是一盘散沙。论据是观点的弹药，分为事实论据和理论论据。

事实论据是对事实的描述，包括事情原委、故事、证据、案例、数据、图表等，它能保证观点的真实性和说服力。理论论据包括理论性的、法律政策等依据，科学定理、公理，会议决定、决议等，它能保证观点的公信力和权威性。这两者共同构成文章的论据体系，写作者应根据表达观点的需要灵活使用。

第三个层面是语汇。每个行业、领域，都有特定使用的词语。写作者想要自己的公文写作更专业，就得学会和用好这些专业用语。丰富的语汇是写作的文字粮仓。

第三，写作和修改。

写作是按照构思把素材加以有效组织，使其成文的过程，写作者还应通过必要的修改，把它变得更完善、更到位。写作和修改时要把握好"加减乘除"四法。

加法，就是追求文章的完整，包括思路的完备、素材的确凿、表达的准确以及格式的规范，根据需要添加和补充必要的内容，使文章没有缺失，做到有理有据，"有骨有肉"，表达充分。

减法，就是注重文章的简洁凝练，在表达清楚的前提下，对观点素材求精不求多，要做到脉络清晰、布局合理、条理分明、层次有序、语言简练，切忌含混不清、长篇大论、不知所云。

乘法，就是注重突出文章的要点，包括观点的提炼、重要事实或数据的使用、必要的强调和提醒等，去粗取精，合理剪裁取舍，使重要的内容更加醒目，起到以一当十的作用。

除法，就是要注意语气，克制情绪，追求表达和沟通的效果，使写出的文章更加具有"情商"。公文写作是以有效沟通为目的的，要体现专业性，要尽量避免在文字中流露个人情绪，以免影响接受者对信息的判断。要记住，写出来的文字，能反映写作者是什么样的人。

二、用好"七步成文法"

一篇公文，从立意、构思、谋篇到成文，一般都要经过几个步骤，在这方面有很多人做过总结。我将其总结为"四步成文法"，分别为领悟、构思、布局、炼字，并进一步将它分解为八个环节：沟通、提炼、构思、搭建、收集、取舍、撰写和修改。

但以上种种总结，主要是针对工作报告和领导讲话等大型综合性文稿的，对于一般公文，我从另一个思路做了一番总结和梳理。一篇公文成稿的七个环节，依次为定"调子"、理"路子"、搭"架子"、填"肚子"、梳"辫子"、戴"帽子"、过"稿子"。下面对"七步成文法"做一个简要的讲解。

第一步是定"调子"：目存于鹄，手往从之。

定"调子"的表面意思是确定乐曲的调子。在写作中，"调子"就是发文的意图，定"调子"就是要先搞清楚写作的目的、方向、基调。

要使公文实现既定的拟制目的和预期的执行效果，写作时就要做到未动笔先有"意"，要综合各方面的"意思"，形成特定的表达主旨。定"调子"是公文写作者文字表达能力的基本表现，也是观察问题、分析问题、综合问题、表达问题的能力体现，是决定行文走向和写作成败的关键。

事实也是如此：我们接受任务，准备撰写一份公文的时候，首先要有一个大概的目的和方向，清楚用什么公文种类表达，把握好材料的基点。这样才能有的放矢、正中靶心。否则，就会迷失方向，无的放矢，不得要领。

那么，如何定"调子"呢？至少应该把握好以下两点。

第一，基本要素要清楚。要清楚用文主体，明确发文机关，准确地体现发文机关和受文机关的关系；要清楚受文对象，明确读者、听众。射箭要射靶子，弹琴要看听众，写公文也要看对象，清楚为什么要写，写给谁看；要清楚使用文体，明确文稿形式；要清楚写作时限，明确成稿时间。

第二，原因、目的要清楚。一般来讲，公文的写作内容及要求具有特殊的规定性，这就需要写作者搞清楚基本依据和遵循要旨。

一要明确写作动因、目的和需要解决的问题。凡写作，就有一个"写作意图""写作动机"，或表达情意，或宣事明理，或传授知识。如果背离目的，再精彩的文字也只是废话一堆。因此，在接受组织或领导交代的写作任务时，一定要完完全全、明明白白地弄清楚写作动因、目的和需要解决的问题，准确领会领导意图和要求。

二要明确写作方向和全局思路，这是写作活动的基本依据。由于上级机关的指示精神有时是指导性、原则性的，有时是概括性的，因此写作者要善于把握领导意图的精神实质，进行必要的提炼、概括、完善、拓展、创新，做到融会贯通，善于站在上级、领导和全局的角度观察问题、分析问题、思考问题，从根本上实现双重作者的思想一致。

三要查找行文依据。需要指出的是，领导指令只是行文的缘由和动因，并非行文依据。行文依据指行文所依靠的理论或事实，主要涉及法律依据、政策依据、现实情况和条件依据等。

法律依据是公文行文的根本依据，公文是治国理政的具体方式、方法，所有人必须依法行事。政策依据是指国家现行的各种方针政策。现实情况和条件依据指的是公文所关涉的某项工作和具体问题，公文针对具体实际情况而发。

公文行文必须有依据，越是重要的公文越要有依据，而且依据必须明确。

第二步是理"路子"：袖手于前，始能疾书于后。

所谓理"路子"，就是研究推敲写作思路，通俗地讲就是构思。古人云，"作文之道，构思为先。"即在动笔之前，对文章基本框架、内容和形式做好总体谋划和设计，做到胸有成竹。对于写作来说，构思犹如大厦建设之初的图纸绘制，它是写作公文的开始，也是影响和决定公文质量的关键环节。

一篇好文章，要经过一个深思熟虑的过程。如果急于成文而疏于构思，在行文之前对文章的主旨、题材、表达方式等设想不充分，就很难顺利进入写作过程。即使勉强进入，也会困难重重，要么写不下去，要么半途而废，甚至推倒重来。构思若对，干活不累，构思不对，功夫白费。

一般来讲，在动笔之前，写作者应该有一个通盘的构思，对三个方面的问题进行深入思考。一是"为什么写"，旨在解决写作的"思想认识"问题，杜绝"为写而写，越写越空"现象。二是"写什么"，即明确写作内容的问题，提升表达的厚度和精度。三是"怎么写"，即明确写作方法的问题，通过恰当得体的方法，实现文章内容和形式的有机统一。

公文构思的结果，应该是理出文章的方位、主题、标题、观点，以及相关材料。简要说，构思可以按照以下五个步骤展开。

一是确定方位，就是明确所写事项在全局工作中处于什么位置，从而找准写作思路的出发点。好的写作思路是开放的，应该有上下、前后、左右、内外八个维度。只有准确定位，写作者才能知道自己该写多大范围的事情，从哪儿开始写起。

二是确定主题。主题是公文中贯穿始终的基本观点、主张和意图，是公文的灵魂和统帅。公文写作首先要确定主题，然后才能依据主题选材、用材，布局谋篇。有了主题，公文就能提纲挈领。

三是确定标题。在公文写作中，文章的标题与主题密切相关，标题是主题的概括，是为主题服务的，标题是为了引导主题。确定标题时要重点考虑三个方面：标题要与主题的思想内容、思想感情相切合；标题的文字要简洁明白，含义清楚，一目了然；标题要醒目，有新鲜感、冲击力、吸引力。

四是确立观点。一般可以从三个方面进行考虑：一是从回答"为什么"的角度出发确立观点，把"为什么"的原因分析清楚。这常见于领导讲话稿。二是从回答"怎么样"的角度出发确立观点，把"怎么样"的情况叙说清楚。这常见于工作报告、调查报告、调研报告、述职报告等。三是从回答"怎么办"的角度出发确立观点，把"怎么办"的思路论述清楚。这常见于工作报告、调查报告、领导讲话稿、述职报告等文章的后半部分，即政策建议和工作思路的论述部分。

五是选择材料。一般需要考虑四个因素：一是有用，能够为叙述和论证观点服务。对于不能为叙述和论证观点服务的材料，必须舍弃。二是真实，必须真材实料，不能使用虚假的材料，引用的内容也要有出处。三是新颖，即富有吸引力，使用的是最新的事实、数据、经验、理论等。四是典型，即有代表性，能够反映事物的本质、主流和发展规律，能够证明观点的正确性、科学性。

第三步是搭"架子"：成局了然，始可挥斥运斧。

所谓搭"架子"，就是根据写作目的和拥有的素材来安排结构，确定层次，拟出比较详细的写作提纲。完整、严密的结构，能让公文引用的繁复的材料主显宾从、各归其位。

围绕主题设计结构是起草公文的重要方略，而结构的设计要通过列提纲的方式进行固定并细化，以便写作时有所遵循。拟定公文写作提纲，就是搭建公文的"骨骼框架"，是公文写作者思路要点的文字体现形式。

提纲有助于理顺写作思路，使公文的构造初步定局，使写作者在动笔时心中有数，避免丢三落四、前后重复、主次不合理等结构上的问题，也有助于写作者在写作过程中把握写作意图和目的。这就好比修房子，只要把框架搭好，再砌砖和装饰就不难了。

此外，公文的写作提纲还可以用来征求领导意见。重要公文的写作提纲拟定以后，写作者还需请示领导，以便让领导对公文写作提出更为具体的意见和指示。集体写作时，写作提纲也是工作任务的重要载体，每个人看了写作提纲，都知道自己写的部分在全局中的位置。

写作提纲没有什么固定模式，但根据不同的时限和文种要求，写作提纲可分为三类。

第一类是粗纲，只简略标出公文的段落层次和各部分之间的大致关系，所用语句也不一定是文稿中的语句，只是"撮辞以举要"。对于有些内容简单的公文，写作者在下笔之前有个腹稿即可。

第二类是细纲，把大小标题、各层次的主要内容及各层内部的段旨、所用的材料等尽可能详细地开列出来。这样的提纲不只是分条列项，而且近乎文章的形式。

第三类就是两者的有机结合，将某些部分详细列明，有些部分只用简略语句加以概括。

通常公文提纲的写作步骤包括：一是确定主旨，即明确要反映的主要问题。这一步实际上就是写主标题，是写好提纲的关键。

二是全面罗列素材，精心归纳提炼各层次的标题。精心提炼标题，既可"大题小做"，也可"小题大做"。无论采取哪种方式，都要注意标题必须涵盖所要表达的内容。

三是细分写作层次。公文提纲越细，写作质量往往就越高。写作公文提纲时，尽量具体到一、二、三级标题内容，并对每一级标题下所要表述的内容都做相应的注明。各层次、各段落之间的衔接与转换要妥善安排，使之相互连接、前后贯通、过渡自然，结构严密完整。

第四步是填"肚子"：博观而约取，厚积而薄发。

所谓"填肚子"，就是按照写作提纲，一段一段地填充能表达主题的有关材料和事例，这个过程就是写作的过程。

这个阶段的基本任务，主要有四个。

一是统筹内容。内容安排要合理有序，如刘勰在《文心雕龙》中所说的，要做到"使众里虽繁，而无倒置之乖"。在纷繁中求条理，就是做到既内容丰富，又条理清晰，让所有材料和内容"殊途同归"。

二是连贯首尾。使开头和结尾一脉相连，思想内容衔接连贯，完整准确地表达思想观点，使人看后能得其要领。

三是关联左右。写文章就是积字成句、积句成段、积段成篇，段落和层级之间只有相互衔接、联系紧密、细密无缝，才能使文章条理清楚、脉络连贯。

四是取舍素材。取舍素材就是对所获得的素材进行取舍与定夺，做出合理安排。取舍就是保留对材料主题有用的，舍弃对主题没用的。定夺就是恰当安排素材，做到繁简适度、运用得当，更好地适应表现主题的需要。

第五步是梳"辫子"：各司其职，各安其位。

基本内容完成、文章的初稿写好后，接下来就要进入梳理阶段。在这个阶段，写作者要从多个维度对文章进行梳理。

一看切题是否准确。切题就是符合题意，符合要求。公文写作遵"令"而作，也就是要根据特定的意图行文，为什么写、写给谁、写什么等，这些都需要写作者明白把握。切题的成功，就是方向的成功。

二看内容是否充实。公文写作要实打实地阐述政策、表明态度、解决问题、推动工作。所以充实公文内容，提高针对性至关重要。写作者应在大的问题之下，紧扣工作领域，抓住几个具体问题，吃透上情，摸准下情，搞清内情，深入分析背景、成因，提出解决问题的主张、措施和要求。

在事实的基础上，还要有新颖有力的观点，用观点统率事实，用事实说明观念。光有事实没有观点，就是一盘散沙；光有观点没有事实，就是没有血肉的空骨架。观点与主题必须契合，必须和事实有机结合、协调一致。内容的成功，就是观点与事实的成功。

三看结构是否合理。对于公文的谋篇布局，写作者应根据内容的需要，寻求好的表达形式。结构最为重要的就是条理清晰、层次有序、逻辑得当。从局部的结构看，一般来讲，观点—事例—分析—结论，这是人们普遍接受的一种组织方式。从表达逻辑讲，应先说"是什么"，再分析"为什么"，然后阐述"如何做"，最后说"达到什么效果"。结构的成功，就是逻辑的成功。

四看表达是否得体。公文的表达要秉承两个原则，即"删繁就简"和"标新立异"。删繁就简就是要简洁清楚、流畅自然，写作者应养成简约生动叙事、清楚明白说理、形象准确描绘的习惯。标新立异就是无论是立意谋篇还是遣词造句，都要有独创性，把一些意念、想法和见解重组，提出新理念、新思想、新举措。表述的成功，就是语言的成功。

第六步是戴"帽子"：意新为上，语新次之。

这一步主要是指对公文的观点进行修改。形象地说，观点就好比戴的帽子，要适宜，还要醒目。文章成型后，写作者要对文章戴的"帽子"进行检查，看看观点是否合适，对观点进行进一步提炼和优化。

对观点的要求，可以概括为五个，即客观、概括、简明、新颖、协调。

客观就是观点不是凭空想象、主观臆造的，而是从大量材料中提炼出来的，是感性认识上升到理性认识的结果。观点要符合客观实际，要经得起实践考验。

概括有两层意思：第一是观点能概括全部内容，不能以偏概全；第二是观点是对客观情况加工、提炼、抽象的结果，概括最能代表事物特征的方面。

简明即观点的文字表达要简练、明确，以最简短的文字表达最丰富的内容。

新颖主要指观点要体现事物发展的新情况，要有新意，不能老一套、炒冷饭。当然，强调观点新颖，并不是要脱离实际，搞花架子，单纯找新词、俏皮话，否则就没有现实意义了。

协调主要包括两方面：一是观点和要表达的内容在形式上要协调；二是观点之间要协调，要符合逻辑，表达方式也应基本一致。

李渔有言，"意新为上，语新次之，字句之新又次之"。所谓意新，就是指观点创新。这点对于修改公文观点，特别是将经常性的材料写出新意很有启示意义。如何写出有新意的观点？有以下五个技巧。

一是联系实际。有些话题尽管是老的，但在不同时期，总是有新的情况、新的变化。例如，大的环境发生变化，政策规定发生变化，上级有新的要求，下级在组织落实时遇到新的情况等。写作者要紧紧抓住这些变化的情况，把握新形势、新任务、新情况，思考新问题。可以说，只要和实际结合得紧，就有用不完的素材，写不完的新话。

二是转换视角。同一个问题，从不同的角度去认识，可以得出不同的观点，这样不仅可以避免重复，而且有利于思想与时俱进。例如，转变作风抓落实，是经常要写的话题。为了不重复，我们可以从不同的角度来写。可以从抓落实的一般要求上讲，可以从抓落实的条件上讲，可以从抓落实的方法上讲，还可以从抓落实存在的问题上讲。可见，只要变换认识角度，旧话题也可以不重复，做到新意迭出。

三是拓展思路。在阐述问题的过程中，用不同的思路来写，有时也能别开生面。例如，讲话稿通常都是按为什么、是什么、怎么办这样一个逻辑谋篇布局的，如果改变一下行文思路，在讲某个问题之前举一个这方面的经典例子，以事明理，再简明扼要地提出要求，这样更有新意，效果会更好，给人留下的印象也会更深。

四是变化结构。一样的材料，不同的结构，势必有不同的论述重点。上次是横向展开的，这次可以纵向延伸；上次是几个问题并列的，这次可以逐层递进，也可以从一个问题切入，再引出几个问题。结构上变化了，内容的重复度就会降低一些，就会令人有新鲜感。

五是改变套路。例如，在工作总结写作中，一般的写作思路是先写工作过程，其次写取得的成绩，再写存在的问题，最后写今后的打算。在新形势下，应该改变这种套路，要灵活地、切实地运用好各种材料。写成绩时，材料要用足；写问题时，材料也要用足，而且越典型越好，越说明问题越好，越说到要害越好。

还有一种情况，在回顾一年来的工作情况时，大量运用材料，而写经验体会时，则简单地概括几条，不用或少用材料。如果改变一下这种写作套路，在谈经验体会时，多用典型材料进行分析说明，就会增强说服力。所以，只要改变一下用材料的套路，文章就能有新意。

第七步是过"稿子"：所贵于炼者，往活处炼。

这一步主要是指经过一系列的精心撰写之后，特别是经过自审、初审、复审、终审四道关以后，对文章进行最后的确定。

在这一阶段，写作者要特别谨慎，进行反复修改，包括内容、观点、结构、素材、标题、标点、文面、排版等，都要严格把关。如果文稿质量还有问题，或形成的条件还不成熟，要有意识地压一压，进行"冷处理"，这样才能写出高质量、高水平的公文。

写文章要舍得下力气锤炼。因为文章是反映客观事物的，人们认识客观事物是一个复杂的过程，通过文章来反映客观事物更是一个艰难的过程。在修改过程中，写作者要有否定自己的勇气，不能怕麻烦，也不能护短。文章只有经过不断的修改，才能臻于完善。

公文的修改打磨可以理解为"二次创作"，并非浅显地找错别字，而是顺着第一次创作的脉络，继续完善结构，补充缺失的内容，进一步从主旨、逻辑、情理、感情上完善文章的过程。

公文修改的窍门可以概括为五个字：增、删、整、调、换。

"增"包含两层意思，一是对有关内容的丰富，二是增添其他内容，可以是一个层次、一个事例、一句话，甚至一个词组。凡是与主题相关并符合主题或观点需要的，要尽量丰富、补充、铺开。

"删"就是凡与主题无关，或不能帮助主题展开，表述拖沓冗长的，都要勇于舍弃。有舍才有得，不把不合适的内容删减掉，就不容易凸显主题。

"整"就是整合，整合时一般采取"主线法"，即从繁杂的内容中抽出一条主线，再围绕主线进行概括、细化，逐个解开"疙瘩"，然后把缺的补上，把零零碎碎的"雕刻"去掉，使文章顺畅、精练。

"调"就是调整次序，按照主题和结构的起伏变化、事物的内在联系和发展规律、语言表述的需要，对层次、标题、语言和字词的位置进行调整。

"换"就是更换内容，若我们感觉某个观点不太合适，某个事例不太典型，某句话有些平淡，但根据主题、结构、观点和表达的需要，又不能一刀砍掉，这时候就需要更换内容了。

然而，不管何种要素的修改，不论哪种方式的修改，最终都应该服务于公文立意或主题的表达。这非常类似于我国古典诗词所强调的炼意。

炼意中的"意"指的是诗词的主题。炼意也就是围绕突出主旨进行艺术构思的过程。清代文学家刘熙载说："炼篇、炼章、炼句、炼字，总之所贵乎炼者，是往活处炼，非往死处炼也。夫活，亦在乎认取诗眼而已。"所谓"诗眼"，就是炼字中表达的诗歌主旨。

我国古代作文很讲究炼字，有句话叫作"写稳一个字，九牛拉不出"，某种程度上炼字是一种追求完美的"文字洁癖"。当然，锤炼字词并非只是为了写好一个字、一句话，更是为了突出全篇的整体美，为了全文立意的彰显。如果过分追求新奇，拘泥于一字一句的得失，反而会流于匠气，导致产生败笔。

由此可知，炼字固然重要，但切不可走入雕词琢句、寻章摘句的歧途。炼字、炼句、炼章、炼篇的重点就在炼意，只有服从于炼意，力求语意两工，才是正道，是真正的"往活处炼"。

以上是对"七步成文法"的介绍，应该说，这一方法是经过实践检验的行之有效的方法，尤其是对大型和综合的文稿更为奏效。即便是小型的文稿，也可以运用这一方法，提高成文的效率。

在这里还想强调几句。

一是文无定法。俗话说，千古不同文。没有千篇一律的文章，也没有固定的套路。正如世界上没有两片完全相同的树叶，世界上也没有完全相同的两篇文章。所以写作者要根据实际灵活掌握，不应拘泥于形式，要充分发挥创造力，创新地完成每一个写作任务。

二是文有常法。常法，就是文章之道，就是写作的规律和经验总结，是从众多的实践中归纳提炼出来的，是被实践检验了的。在写作当中，要有意识地感悟、捕捉和萃取这些规律性的东西，以更好地指导自己的实践。写作者应了解每一种应用文体基本固定的结构和行文特点，掌握公文写作背后的一些基本规律和方法，做到心中有数。

三是文贵得法。知道了规律和方法，关键要活学活用，将其与具体的实践相结合，让这些好的经验和方法真正发挥威力，经常学习总结、勤写多练，才能逐渐游刃有余，进入自觉甚至自由状态。例如，掌握了"七步成文法"，我们就可以在完成每一次的写作任务时，有意识地运用这一方法，从第一个环节到最后一个环节，认真演练，最后应用自如。

"七步成文法"中很重要的一点是，一定要把每一步做扎实，特别是把前面想的功夫、构思的功夫下到位，切忌陷入"初稿不用下功夫"的误区。没想清楚就动笔，信马由缰，写到哪儿算哪儿，最后时间都花费在反复修改上，这是非常低效的一种做法。

我们说文章要认真修改，但不是说把前面的工作都挪到后面来做。修改有多个层面，最难的是方向和基调的修改，这一定要避免；其次是结构的修改，也比较伤筋动骨；再次是内容的局部修改，相对不难；最后是字词的修改，就较容易了。写作者要尽量避免颠覆性的修改，提高成稿的效率，这就意味着要把前面的工作做到位。

有一种很多人乐此不疲但又被深恶痛绝的恶习，即"推稿子"，一开始写时不下功夫，草率拿出稿件，后面花费大量的人力和时间，反复地"推"，一个字一个字地改，一句话一句话地琢磨，甚至"七稿八稿，回到原稿"，不仅效率不高，也很折磨人。

"推稿子"其实是一种不正确的写作理念，相当于把前面的构思、布局、梳理、提炼等工作都人为地拖到了修改环节。正确的方法是，一步一个脚印，做好每一个环节，为高效率完成高质量的稿件打下坚实基础。

第八章
公文写作要处理的若干关系

写作公文时会面临很多关系，处理好这些关系，有助于更好地认识公文写作中的一些关键问题，掌握公文写作的方法和规律。

一、内容与形式：恰到好处的匠心

对于公文来说，内容是最主要的，是公文的主体性因素，蕴含着公文的思想观点、论据素材和逻辑基础，是写作公文时需要关注和把握的重点。与内容相应的是形式，没有不依靠一定形式而存在的内容，也没有脱离内容的形式。

内容与形式之间的关系是这样的：内容决定形式，形式服从于内容表达的需要；内容对形式具有先决性作用，内容在很大程度上制约和影响形式的选择与使用；形式对内容具有反作用，好的形式能够增强内容表达的效果。

公文中的形式包括文种形式、格式、结构形式、表达方式、修辞方式等。有些形式是比较固定的，选择的空间不大，如文种形式和格式，是外在形式；有些形式是可以灵活掌握的，如结构形式，是内在思路。在服从和服务于内容、有助于内容表达的前提下，选择最恰当的形式，体现的是匠心，能使内容与形式相得益彰，实现完美结合。

如前面所说，结构是文章的组织方式、排列次序和内部构造。结构的作用在于，将文章中各个要素通过合理的方式联系到一起，进行梳理排布，使之排列有序、主次分明、一目了然。在形成观点、有了材料之后，还不能称其为一篇文章，写作者还应按照一个内在的脉络，将观点和材料井然有序地组织在一起，构成一个有生命的整体。

公文结构通常被划分为三对组合要素，即开头与结尾、层次与段落、过渡与照应。但在写作实践中，这六个结构要素的组合方式常常发生变化，要么不需要结尾，要么篇段合一，要么层次简单化，要么做细密的层次分割，凡此种种，不一而足。显然，这是公文具体内容不一样、目的与意图不一样导致的。

一般而言，公文写作的常用结构形式有四种。

第一种是"篇段合一"式。即全篇只有一段。这种形式多用于内容集中单一、篇幅短小的公文，如发布令、呈报性报告、转发和印发通知，以及简短的公告、任免通知和批复等，如《中华人民共和国主席令》（第八十六号）的正文。

《全国人民代表大会常务委员会关于修改〈中华人民共和国招标投标法〉、〈中华人民共和国计量法〉的决定》已由中华人民共和国第十二届全国人民代表大会常务委员会第三十一次会议于2017年12月27日通过，现予公布，自2017年12月28日起施行。

这则国家主席令，内容概括集中，一文一事，篇幅短小，文字简洁，语言概括，十分典型地运用了"篇段合一"的结构形式。

第二种是分项式。分项式即开头先说明目的、依据、原因，或阐明主旨，然后分项表述有关内容，形成"总说—分述—总说"的结构。这种形式在公文中使用得相当普遍，如请示、决定、通知、函、会议纪要等公文，一般采用这种形式。

第三种是条款式。条款式又称条文式。在公文写作实践中，常常需要对纷繁复杂的工作事项进行细密的分析，做出适当的主次、先后排列和结构配置。条款式便是这一工作实践的产物，即全文从头到尾采用条文结构，将一个事项作为一"条"，以汉字序数逐条排列（如"第 × 条"）。条款式专用于法规、规章类公文。

条款式也有两种。一是章断条连式，即全文分为若干章，章下列条，条目序号不受章的限制，全文条目序号连续编排，这种结构适用于内容多、篇幅长的法规、规章，如《中华人民共和国统计法》。

二是条文并列式，全文不分章，条目序号连续编排，篇幅较短的规章、制度一般采用这种形式，如《国家统计局巡查工作办法》。有的条文并列式结构不用"条"标示，直接以汉字序号排列，如《统计上大中小型企业划分办法（暂行）》。条文式结构下的款或项应独立成段，段间内容应具有相关性。

第四种是分部式。分部式又称文章式，即将内容分成几个大部分或若干层次，每个部分可用小标题揭示该部分主旨，以相对完整的一个意思组成若干段落，以若干部分或若干段落形成篇章。

分部式结构也有两种。一是全文内容分为若干部分，每部分以小标题显示该部分的主旨，下面阐述具体内容。这种形式常在篇幅较长的报告中使用。二是全文按层次直接分段排列，不加小标题和序号，有的奖惩性通报通常采用这种形式。

掌握了这几种结构形式，我们在工作中可以根据实际情况灵活使用。一般而言，一些内容比较单一的公文，在长期实践中形成了固定的结构。但对于内容复杂的公文，结构上的变化较多，就需要根据主旨和材料来具体确定。如何安排好公文结构呢？除了前文论述的要领之外，这里再重点讲讲要把握好的三个原则，即层次清晰、段落衔接、内容照应。

先讲层次清晰。所谓层次，是指公文组成部分的顺序安排。安排层次时要做到突出主旨、顺序合理、避免交叉、清晰有序。在层次的安排上，一般有以下三种方式。

一是总分式。总分式即先总后分的形式。开头做总述或综述，接着分别叙述有关事项，最后小结或提出要求。

总分式的具体内容安排是：开头对全文内容做总的概括，或简述有关事项的根据或原由；之后重点分述各有关事项，根据前后、因果、重轻顺序，平行并列叙述；结尾用强调式、升华式、号召式、无尾式或惯用语。

这种形式在公文中使用比较普遍。如请示、决定、意见、指示性通知、会议通知、综合性报告、议决型会议纪要等常用这种形式。法规性公文也常采用这种形式。

二是递进式。递进式即各层次内容层层推进，前后层次有一定关系。递进关系多种多样，如由表及里、由点到面、由浅入深、由感性到理性等。专题报告、情况通报、工作总结等常用这种形式。有的总分式的分述内容也用这种形式。

三是时序式。时序式也叫贯通式，即按事物进程、时间推移来安排内容。叙述的内容如果是一个完整的事件或过程，可用这种形式。此种形式常用于情况报告、事故报告、调查报告等。

再讲段落衔接。所谓段落，就是公文结构的基本单位，也叫自然段。它一般小于层次，往往几个段落才构成一个层次，有时也等于层次，即一个段落就是一个层次。衔接指的是层次之间、段落之间的连接和转换，起承上启下的作用。

对于公文的段落划分和衔接要把握以下几点。

一是在段落划分方法上，可以按中心意思（主旨）、条项内容（同类事项、问题、观点）、事物发展阶段等来划分，将具有相对独立性的部分或过程中的相对独立的阶段划为一段。

二是每个段落应准确、简洁地表达一个完整的意思，避免内容零散、杂乱。

三是段落之间的组合要有序、合理，注意上下段落间的联系，避免出现逻辑上的跳跃和断层。

四是段落应长短适度、匀称得当，不能过于冗长、累赘，特别是请示和法规性公文的段落要力求简短、清晰。

五是公文的衔接需要运用过渡手段，做到各个部分之间前后连贯、气脉相承，通篇浑然一体。过渡常见于行文中两层意思之间、总述与分述之间、叙述与议论之间，一般采用关联词、引文、小标题、序数词等过渡。

常用的过渡方式如下。

（1）过渡词。如"综上所述""由此可见"等。

（2）过渡句。如"特做如下决定""现将有关情况报告如下""提出意见如下"等。

（3）过渡段。如《关于建立国家普查制度改革统计调查体系的请示》的第二自然段："根据上述情况，……为此，特请示如下"。

最后讲内容照应。照应就是正文内容的前后呼应和互相观照，以加强公文的前后内容间的联系，增强公文的整体感。常用的照应方法有三种：题文照应、前后照应、首尾照应。

题文照应是公文写作的基本要求之一，要做到这一点，关键是公文的标题要鲜明揭示公文的主旨，内容要紧扣标题，即通常所说的题文相符，不能离题万里。

如何安排好结构，使各内容要素之间相互协调、统一呢？需要把握以下几个原则和方法。

第一，本着为主题服务的原则来安排结构。主题是公文的灵魂。公文的材料、结构都为主题服务。在谋篇布局上，写作者应围绕主题进行布局，使各个环节紧紧围绕主题展开；在材料选用上，写作者应精心挑选能突出主题的材料，对重点体现主题的部分，论证充分、说理透彻。

抓住公文的重点后，再统筹考虑全文的结构，对整篇安排哪几个部分、各个部分的先后顺序及详略、层次与层次之间的过渡、各部分之间的照应、材料的选用等进行谋划，在行文时做到疏密有致、言之有据、论证有理、连贯通畅。

第二，根据事物发展的内在规律及逻辑关系来安排结构。写作者在公文写作时要反映客观事物的固有规律，按照事物发展的进程，有层次、有条理地加以说明和阐述。按照前后有序、环环相扣、层层递进的方法来安排主体结构，这样公文表达的意思才能层次分明、简单明了。

一般而言，可以按以下方法来安排结构：一是按照提出问题、分析问题、解决问题、制定措施、得出结论的顺序；二是按照时间的顺序；三是按照从现象到本质的顺序；四是按照由简单到复杂、由局部到整体的顺序；五是按照由起因到结果的顺序。

第三，根据公文的不同文种来安排结构。文种不同，一般其结构也不一样。例如，请示一般采取"提出问题—分析问题—提出解决的意见和建议—请求批准"的形式；通知一般采取"告知目的—告知事项—执行要求"的形式；工作报告一般采用"背景概述—总述—分述具体做法、体会、经验等—存在的问题和今后的打算"的形式。

二、摆事实与讲道理：用事实成就雄辩

公文本质上是一种论说文，以阐明观点、讲清道理、获得认同、推动工作为目的，它的写作手法以说理为主。这是由公文具有的以文辅政的内在定位决定的。

"辅政"的核心是突出政治性和政策性。"公文姓公"，它的内容不能由个人意志决定，而要代表国家和人民的根本利益，代表领导机关的施政意志，符合法律法规和政策规定，否则就无法发挥应有的效用。所以，辅政的要义是把握好观点意图，这是由公文的特性和要求决定的。

这就要求，起草人员要准确把握行文目的和意图，把自己摆到使用公文的主体位置上，围绕主题提炼观点，鲜明地表明支持什么、反对什么，明确指出该做什么、不能做什么，而不要模棱两可、含糊其词。因此我们说公文是一种论理的文体，主要目的是讲道理。

公文既要言之有物，也要言之有理。但讲道理不能是干巴巴的，还得有事实作为论据和支撑，从事实中提炼观点，从而做到论从事出，片言为典。这样得出的观点才是有说服力的。

公文若光有事实没有观点，就是一堆散乱的材料。如果堆砌了很多案例，但提不出有价值的观点，就不能给人以启发。但如果光有观点主张，没有事实来加以佐证，文稿也难以立起来。通篇讲道理，但不能结合实际用事例来论证，也难以说服人，反而让人觉得是空话、套话。

只有事实和观点很好地结合，才能达到预期的目的。两者的关系在于，表达观点是目的，事实是手段，所以提倡的是，用事实成就雄辩。观点的启发性和说服力，既取决于论点表述是否一语中的、透彻明了，也取决于使用事实是否高明。

用事实成就雄辩，这和新闻报道要求的不设立场、不带观点，只呈现事实不一样，公文要求观点鲜明，不能模糊。如果说新闻作品是用事实说话，公文就是用观点加事实说话，只有把这两个方面组合运用到位了，让人听了心生认同甚至折服，才能称得上雄辩。

例如李斯的《谏逐客书》，就是劝说嬴政要重视人才，它在用事实成就雄辩方面堪称典范。开头"臣闻吏议逐客，窃以为过矣"，用非常警醒的言辞开宗明义，也是全文的中心论点，随后用大量的事实展开了有力论证，对事理的论说充分深刻，令人信服。这篇文章虽然成于古代，但写出好文章的道理是古今相通的。

如何摆事实、讲道理？我们要把握好三个原则。

第一个原则，要言之有理。理就是道，就是规律和逻辑。顺理才能成章，失去了理的支撑，不仅做不到以理服人，还会导致在实践中碰钉子，造成被动局面。

第二个原则，要言之有据。理论的正确、观点的有力，都要靠充分的论据来证明。组成文章的每句话、每个段落、每个观点都要有事实依据，不仅包括现实素材的填充，也包括符合逻辑的推导和论述，这样的文章才务实可靠。

第三个原则，要言之有物。就是要立足现实，切合实际、符合实情、切合常理，提出正确的思路、方法、措施，为辅政打下扎实基础。

从内容要素的角度来看，公文中的论据分两种：事实论据和理论论据。

第一种是事实论据，是指事物的概况和原委，包括具体的事实、真实的案例和数据的报告等。各种事务性文书的写作，往往离不开对事实论据的运用。例如写通报，需要陈述相关的事实，以作为表彰或批评的依据；写请示，要陈述清楚请示事项的缘由；写领导讲话稿等综合性文稿，就更离不开对事实的有效运用。可以说，事实论据运用得好，是观点表达也就是雄辩的重要基础。

运用事实论据，要注意以下几个方面。

第一要真实。要尽量占有第一手材料，如果是间接材料，就得反复核实。内容一旦失真，写出的东西就是垃圾，甚至是毒瘤，会导致决策失误，贻害无穷。实践中，"事实"失真的情况并不少见。例如，报喜不报忧；数据注水；写先进人物的典型材料时，不顾事实地把人物无限拔高。

第二要准确。真实与准确并不完全等同，有时候讲的一些事情都是真实发生的，但选择的角度或者内容的详略比例不对，就会导致以偏概全、流于表面等情况，不能准确地反映事物的真实全貌。要做到准确，写作者既要有较强的语言表达能力，还要有较强的认识能力。

第三要典型。能够证明观点或结论的事实往往较多，但不可能都写，因此写作者要甄别和筛选，用那些能够揭示和反映客观事物本质和内部联系的事实。典型能起到以点带面的作用，泛泛地用几个事例，不如用一个典型事例有代表性和说服力。

第四要切题。事实论据的运用要与观点有机结合起来，切合题旨。如果缺乏针对性，则再好的论据和事实，也不足以说明特定的主题，不能阐明想表达的观点。

第二种是理论论据。理论论据是公文论据体系的重要部分，主要包括经典的理论观点和论述、党的方针政策和国家的法律法规、定理、公理、会议的决定和决议、名言、格言等。理论论据的特点在于，它是被前人论证过的，或者具有权威性的"背书"，某种程度上是不证自明的，恰当地使用理论论据可以增强文章的说服力。

理论论据并不是用得越多越好，需要注意以下几点。

第一是融会。援引经典的理论观点或其他理论论据时，首先自身应完整、准确地理解和把握它，而后才能加以运用。如果不明白它的出处、来历和背景，从字面意思出发、随心所欲地引用，就容易断章取义或牵强附会，那就适得其反了。

第二是得体。运用时需要考虑行文的特定情况和语境，服从证明观点或结论的需要，恰当引用，使衔接自然、联系紧密、表达妥帖。如果生拉硬扯、乱贴"膏药"，就会造成文章表意的断裂。

第三是适度。能够说明问题即可，而不能喧宾夺主，如果一味地照搬套用，会让人觉得是在卖弄"学问"，令人生厌。

我们来看一个例子，体会一下如何用事实成就雄辩。

近因花果山生、水帘洞住妖仙孙悟空者，欺虐小龙，强坐水宅，索兵器，施法施威。……臣教广舒身下拜，献神珍之铁棒，凤翅之金冠，与那锁子甲、步云履，以礼送出。他仍弄武艺，显神通，……果然无敌，甚为难制。……。恳乞天兵，收此妖孽……。

第一句前半段，说明肇事者姓甚名谁、家住何方；后半段"欺虐小龙，强坐水宅，索兵器，施法施威"，高度概括了孙悟空干了哪些坏事；第二句，说了自己如何以礼相待，坐实了完全是对方单方面的原因；第三句，继续陈述孙悟空的劣迹，同时也指出他"无敌""难制"，申述困难，为请示做铺垫；最后一句是请示，提出派兵的诉求，干净利落收尾。

这是一篇专业水平很高的公文，短短几句话，把事实交代得清清楚楚，诉求有力，还暗藏机锋，所以很快达到了意图。用前面环环相扣的事实，成就了最后的观点，是"事实成就雄辩"的典范，比一个劲地哭诉请求派兵的效果要好很多。

三、套路与突破：化繁为简

很多人都说，公文有很多套路，所以公文写作没什么难的，只要掌握了套路，按照套路写作就行。应如何看待这一认知呢？

首先我们要认识到，套路是一种客观存在，其实是对一些方法技巧进行经验总结和抽象的结果，也是对写作规律进行提炼的结果。所谓大道至简，就是把复杂问题简单化。

公文有一定的格式要求，特别是《党政机关公文处理工作条例》规定的 15 种法定公文，每一种都有相对固定的格式。

对于这些规范化、程式化程度比较高的文种，要求按照格式来写作，这其实就是要求写作者学会这些套路，而且写作者只需花较少的时间与精力，就能够掌握。学会套路也是学会写这类公文的必经之路和有效方法。

人的很多知识和本领是靠模仿获得的，如写作、绘画等。在学习公文写作的过程中，模仿和借鉴同样是很好的方法和便捷的途径。公文有许多固定模式，初学者可以从模仿起步，逐步掌握基本要求，并在实践中反复使用，做到熟能生巧。

初学者结合模板与例文来学习公文，特别是法定公文，其实也是在学习套路。例如，要学会通知的写作，可以首先采取模仿的办法，搜索许多通知，按任免通知、会议通知、培训通知、工作通知、文件转发通知等进行分类，按照类别进行集中的仿写训练，写完后进行对比分析，找出不足，不断改进。

在学习写会议纪要、汇报材料等时也可以采用类似的方法。在模仿学习中你逐渐就会发现，每一种公文都有自己独特的套路，只要用心观察和分析，就能将每一种公文的写法烂熟于心。

许多工作可以被分为两种：一种是模仿性的工作，就是有一定的程序、模式或成熟样板可以遵循的工作；一种是创新性的工作，就是主要靠发挥创造力完成的工作。这两者是可以相互转换的。

对于不熟悉的工作，通过模仿和借鉴熟悉了基本套路之后，再静中求动，在不变中求变，遇到新情况时，再积极发挥主观能动性，探索新的模式，掌握了新模式之后，又把它转化为固定程序和套路。这样循环往复的过程，实际上是一个不断从模仿到创新的过程。

但不要对套路做庸俗化的理解，不要认为它就是照搬照抄、千篇一律。模仿不是抄袭，更不是简单的复制粘贴，而是要在套写和模仿中摸索门道。

也有人把套路的作用夸大了，甚至说"套路在手，万事无忧"。例如，在网上发布的一些公文写作"大全"，其汇集了一堆写作的词汇和句式，号称看完就会成为写作高手。例如"几个性"，重要性、紧迫性、长期性、复杂性等；"几个感""几个点""几个不""几个新""几个思维"等。这些说白了也是一种套路，对初学者可能有用，不应被过分夸大。

从本质上说，套路是形式的范畴，形式要为内容服务，不能颠倒。如果不考虑实际内容表达的需要，不能做到因时、因地、因文制宜，完全被这些套路束缚，那就掉入了误区，会让文稿没有生气，给人千篇一律的感觉。

　　法定公文套路性更强一些，而领导讲话稿、工作总结、调研报告、信息简报等事务性公文更具有灵活性与创新性。事务性公文的写作难度更高，总体上来说相对复杂，但也有一些写作的基本规律、常用的构思方法和一些约定俗成的结构特征，我们可以把这些理解成套路。

　　但要想写好这类文稿，只掌握这些套路是远远不够的，因为一篇好的综合性文稿，往往涉及方方面面的知识，需要写作者对一些专题进行深入的研究。这个时候，光有套路这一"武器库""工具箱"还不够，还得有"思想库""观点库"。

　　初学者可以选择一些范文精心研读，揣摩它的思路及语言风格，细心体会如何谋篇布局，把握它的形式特征，体会经验丰富的同志从立意构思到谋篇布局，再到起草和修改的全过程，领悟每一个细节。

　　文章无定式，内在有章法。公文有独特的写作规范和相对稳定的行文格式，写作者不能机械套用、照搬照抄，把所有的东西都写成八股文。公文写作虽然是戴着脚镣跳舞，但这恰恰是人的主观能动性的价值所在。

　　套路的真谛，在于让我们学会把复杂问题简单化，掌握方法，抓住规律，提高效率。所以对于套路不能做机械的、形而上学的理解，理解了套路但又不局限于套路，就能达到更高的境界。套路是相对的、暂时的，创新是绝对的、永恒的。所以不要从术的层面理解套路，而要从道的层面理解和善用套路，把寻找套路、总结套路作为一种思维方法、一种提高思维效率的途径。

　　怎么样才能善用套路，做到得法呢？一要善于借鉴。古今中外的政治家、思想家、文学家和许多优秀文字工作者，都注意学习借鉴别人的成功方法和经验。借鉴有利于写作者在比较中完善文稿形式，在积累中深化文稿内容，在选择中甄别文稿质量。善于借鉴，能帮助写作者开阔思路、拓宽视野，站在巨人的肩膀上取得成功。

二要注重消化。消化的过程就是认真研究、仔细琢磨的过程。吃透上级精神，分析现实情况，借鉴别人经验，都要注重消化吸收。消化有利于变生搬硬套为融会贯通，变一知半解为胸有成竹，变囫囵吞枣为含英咀华。

三要大胆创新。创新是一切事业发展的动力，文字工作也不例外。所谓"兵无常势，水无常形""文不按古，匠心独妙"。有的文稿平淡无奇，像白开水，这是因为缺乏创新，缺乏体现时代性、规律性、创造性的内容。可以说，创新求变，是提高文稿质量的重要前提，只有打破老生常谈、墨守成规的思维定式，才能使文稿新风盎然、有滋有味。

四、积累与运用：厚积而薄发

公文写作能力的提升不是一蹴而就的，需要持续的积累，积累的过程就是从量变到质变的过程，厚积才能薄发。

首先，要广泛积累，建好"仓库"。积累重在平时，包括读书要做笔记，要建立个人资料库。写作者要真正把积累作为基础工作，做深、做细、做实，做到需要什么材料知道去哪儿找。

积累的范围是很广的。一是知识资料的积累，包括积累理论知识、专业知识和各种社会知识。还要注意储存本单位的材料，随时随地收集，积累多了，把情况了解透了，才能在写的时候有的放矢，挥洒自如。还要储存文献材料，文献材料就是国家的一些重大决策部署和政策法规，是起草公文的依据，写作者可以有所侧重地收集和储存。

二是能力的积累，能力主要是指公文写作所需要的组织能力、协调能力、沟通能力、写作能力、思维能力等。

三是方法的积累，方法主要是指公文写作的一些必备方法与技巧，包括借鉴别人的或自己琢磨的一些有用的方法。

四是观点的积累。无论是从各种评论中看来的，还是自己思考得到的，多一些认识，攒一些想法，对一些问题形成自己的见解和独特看法。养成随手记录的习惯，把自己一些好的观点、思想火花、思想成果记下来，形成自己的思想库。

五是语言的积累，包括积累生动的语言、精彩的语句、凝练的说法、一些"提神"的话。平日里积累的语言，总会用得着。

六是范文的积累，注意留存和整理党报党刊上的一些理论文章、上级的一些好文稿，以及其他的优秀文稿，这些往往在思想观点、篇章结构、行文表述上都有值得借鉴之处。

这些积累最终会为写作者增强信心，从最初接到任务的不知所措，到越来越得心应手，直至游刃有余，甚至进入自由境界。

储备积累的方式有以下几种。一是日常储备，就是多看、多想、多记，形成自己的观点库、素材库，分门别类，备不时之需。

二是专题储备，就是围绕自己关注的一些专题，进行有针对性的资料储备。采取的方式可以多样，如记笔记、存在计算机里、存在手机里，写作者可根据自己的习惯选择。

但是，每个人能记住的东西毕竟是有限的，不用强求把什么都装在脑子里，更重要的是，需要什么东西时，知道去哪儿找。所以写作者要广泛浏览，看一些好的书籍、报刊和网络资源等。

三是临时储备，就是计划外需要临时突击准备的，这时候强大的网络搜索能解决很多问题。网络搜索要精准，就要设定好关键词。而且，也不是搜索到的东西都能用，要去粗取精，也不能照搬照抄，要消化吸收和改造。

其次，要四处浏览，练好"眼神"。 写作者要成为一个"有心人"，处处留心观察，在别人习以为常的地方多看多想，不光"看热闹"，更要"看门道"。

一要"盯世界"，把握本领域工作的世界发展大势及其对本地区、本领域工作的影响。

二要"盯中央"，及时学习党和国家的最新部署，找出其同本领域工作的关联。

三要"盯上级"，弄清楚同自己关系密切的相关部委、上级部门有什么行动和举措。

四要"盯自己"，熟稔本单位和所属各单位有什么工作举措和进展。

五要"盯各地"，看看有什么典型做法、创新经验。

这几方面都看了，收集的资料就比较全了。

最后，要分类施策，用好"抽屉"。 针对不同特点的工作，采用不同的方法，学会选择、学会分类、学会取舍、学会运用。

对于常规性的工作，要多浏览已有资料，详细掌握工作的情况，多调研，多收集素材，多思考，花点精力掌握一件事情的前因后果、最新变化，做到心中有数。

对于创新性的工作，要通过平时的积累和对工作规律的探索，不断提升在被动状态下主动做好工作的能力。要养成收集整理资料的习惯，分门别类建立资料库，确保在需要时能迅速找得出、用得上，力争把创新性的公文写得别具一格。

对于紧急性的工作，心中要时刻装着一个预案，始终处于"备战"状态，特别是对某一时期的重点工作，要时刻保持深入全面的了解，需要时能从容应对，确保各项工作紧而不松、忙而不乱，力争把紧急的公文写好，彰显扎实的功底。

积累既要持之以恒下硬功夫，也要运用一些软技巧。**一是有备无患，备足"锦囊"。**关于写公文，有很多被大家证明的、行之有效的方法，俗称"套路"，也有一些实用性的知识技巧，是工作的"锦囊"，写作者应多积累、多掌握。

例如，对于一些常用的分析研究方法，如分范畴研究法、解剖麻雀法、对比分析法、情境假设法等，以及归类、比较、提炼、沙盘推演等方法，都应该逐一掌握，在工作中针对具体的问题选择合适的方法。

例如，对于一些有用的思维工具，如思维导图、系统循环图、金字塔原理等，都应该熟练掌握运用。

又如，对于不同文种的基本格式、常用的开头与结尾方式、主要的结构形式、标题制作方式，应该选择好的加以保存。

二是学会检索，做好知识管理。在信息化和知识爆炸时代，写作者要充分运用信息网络的特点和优势，创新学习和积累知识的方式，学会建立知识索引，知道到哪里去找东西，学会使用数据库获取海量信息，更要有对知识信息的整理加工能力，避免陷入大量的信息中。这就要善于利用计算机和网络。

我有一个观点：把记忆让给计算机，把思考留给自己。注重积累并不是将所有东西都往脑子里塞，只要知道互联网里有哪类素材、如何搜索就行了。把记忆留给互联网，才能有精力多做一些积极的思考。

三是善于借力，用好"外脑"。 对于一些新的命题、新的事物，写作者可能从来没有接触过，也没有可以参考依照的，这时最好的方法是学会借力，借助"外脑"来完成文稿起草。

一些文稿对专业理论知识要求比较高，如讲到经济工作，了解表面的情况，懂一些基本的经济学原理还不够，还需要对理论的深度理解，这时就可以求教于经济学家。

有时写作者在写作中对涉及的最新概念和前沿理论，会把握不住、理解不透，缺少发言权。遇到这种力所不及的情形时，要充分利用各类智库、专家学者的力量，把握好方向，把问题提出来交给有研究、有造诣的人来解答。然后把他们的智慧和研究成果为自己所用，吸收借鉴，转化为稿子里的营养。

积累的目的在于运用。有的人积累了很多资料，但都是一时兴起，过后既不知道自己积累了哪些东西，也不知道该去哪儿找和怎么用，这种效果是很差的。光积累不用，等于白忙。

我们都有一个感受，只有对自己亲身使用过、经过自己头脑消化的东西，才有深刻印象，因此，我们应把外在的知识内化为自己知识结构的一部分，可以称之为"公有知识的私有化"。只有这样，积累的东西才会变成自己的。

在积累的同时，我们还要特别注重总结，写完一篇文稿，或者经过一个阶段后，要认真复盘，总结经验得失，摸索方法规律，这样才能不断提升。积累是量的累积，是感性知识的叠加，而总结能带来质的变化，实现从感性知识到理性认识的跨越。

运用和总结，也是持续积累的过程。可以从以下几个方面入手：靠广博，从广泛学习中寻找事物的共性、规律；靠顿悟，用心感悟，从一团乱麻中理出头绪；靠熟练，熟能生巧；靠借鉴，参照别人的成功经验；靠实践，在实际工作中消化运用，从分析总结中完善提升。

讲到积累，有两句话，第一句话是"功到自然成"，就是平时要不断地学习、不断地积累、不断地思考、不断地历练，从而提高思想水平。第二句话是"功夫在诗外"，即通过触类旁通、融会贯通来培养独到的思维习惯，通过知识的系统性、关联性来触发想象和灵感。

除了掌握公文写作本身的知识外，最重要的"诗外功夫"还是要靠读书学习得来。常言道，"腹有诗书气自华"，公文要求有政治性、思想性、政策性、法规性、指导性，其实要求的是写作者具备与时俱进的政治能力、全面扎实的文字功底、科学辩证的思维方法、胸怀大局的高远境界、厚积薄发的文化底蕴和求真务实的文风作风。所以写作者要做大量学习和积累的工作。

所有的高手、天才，其实都是学习训练出来的。公文写作者要树立终身学习的理念，把学习当成一种习惯、一种责任坚持下去，日拱一卒，持之以恒，日积月累，才能不断精进。

但是光养成勤奋学习的习惯还是不够的，还要学会选择，不能什么书都读，一定要读真正经典的书，读一流的书，读那些经过时间检验的好书，它们才是最有益的。

读书的目的是实践，所以不仅要读得进去，还要跳得出来。不能死读书，当书呆子；也不能掉书袋，卖弄学问。除了读书，在处理事务、与各种人打交道的过程中，只要自己留心，也能学到不少东西。世事留心皆学问，人情练达即文章。不但要向书本学习，也要向实践学习，还要向他人学习。

要把学习和思考结合起来，真正把学习的内容消化。网络化时代容易形成碎片化的思维习惯。越是这样，写作者越需要真正沉下来冷静思考，独立思考，深入思考，对一些问题有自己的观点和看法。

这就需要树立问题意识，带着问题深入思考，这是一种有益、有效的思考方式。某种程度上，公文写作虽然不是学术研究，但在对客观实际的思考和研究上，对事物规律的探究和辨析上，也需要带有研究意识和学术思维。

学术训练培养的是思维能力，包括提问的能力、综合分析的能力、提炼观点的能力、创新思维的能力等，这些能力对做什么工作都是有用的。如果一个人学问做得好，又善于学习新知识和进行转化，那其公文写作水平也不会太低。

做学问除了建立知识框架，还有一个大前提，就是必须懂得如何收集材料、占有材料、使用材料。马克思说过，"研究必须充分地占有材料"，还有学者形容找材料要"上穷碧落下黄泉，动手动脚找东西"。公文写作也是这样，写作者要在收集素材上下功夫。

写作者在时间和条件有限的前提下，尽量找全、找准材料，多方式、多渠道收集，通过提问和调研等深入挖掘，将日常储备与专题储备、临时储备相结合，这样才能做到成竹在胸。这和前面讲的多方面积累是一致的，有了足够的积累，才有思考和研究的基础，思考和研究会促进积累的深化。

五、定位与超越：兵位帅谋

"以文辅政"是公文最重要也是最根本的定位。

所谓"以文辅政"，就是通过文字工作来辅助处理政务。我国古代把公文材料叫作"公牍"，把机关文字工作称作"治牍"。清朝人许同莘在其著作《公牍学史》中强调公牍是"临民治事之具"，揭示了公文与政事密不可分的关系。

以文辅政，重在"政"。"政"之大小、轻重，决定着文章的主题与核心，也是评价文章效用的根本准则。古语说："文可载道，以用为贵。"一篇公文，如果脱离了"辅政"的轨道，即使写得再好，也是无用之文。用来辅政的好文章，不在华辞丽藻，不求出异追新，而在设身处地、为政而谋、为上分忧、为下言事，这样的文章，才称得上好文章。

"政"的核心是政治性和政策性。为什么这么说呢？我们知道，公文作为党政机关、企事业单位上传下达、联系左右的媒介，是为制定和贯彻执行党和国家的方针政策服务的，基本内容是公文所在单位的指挥意图和行政意向，所以，公文具有明确的意图，即使这种意图没有明确表达，但一定存在于字里行间。

"辅"的要义是把握好"意图"。这是由公文的特性和要求决定的，公文的主要功用是上传下达、部署工作、协助决策、解决问题，在这里，

"文"只是工具和手段，"辅政"才是目的。那么，"辅"的对象是什么？就是公文行文的意图。

这就要求，写作公文之前要把握行文目的或发文的行政意图，弄清接受者的具体情况，把自己摆到制发公文的主体位置上，围绕主题提炼观点，遵循文种既定格式行文，旗帜鲜明地表明支持什么、反对什么，明确指出该做什么、不能做什么，而不要模棱两可、含糊其词。

既然我们说，公文代表领导机关、领导集体的意志，那么写作者就要站在领导机关、领导集体的角度和高度思考问题，谋划未来，安排工作，而不能自己想当然、拍脑袋，或者掺杂个人喜恶。把握好公文以文辅政的定位，超越自身的职位和工作，站在更高的层次思考，这是公文写作者需要做到的。

大家一定听过"身在兵位，胸为帅谋"这句话，这其实也是对公文写作者的一种要求。公文写作者要学会"提拔自己"，善于"关起门来当领导"，站在决策者的角度、全局的高度、公文使用者的维度，从大局出发，认识形势、分析问题、提出对策，力求把问题看得更深一些、思考得更远一些、阐述得更准一些。

这样做，当然不是为了过一过"当领导"的瘾，而是为了更好地把握领导思想，因为这对准确表达意图很重要。写作者要通过收集和阅读领导的谈话内容、文章、批示、脱稿讲话内容等，把领导对同一问题的看法和见解串联起来，加以丰富和完善，提炼出鲜明的论点、提高与领导思想的贴合度。

虽然同是针对某个行业重大议题发表观点，总的要求都差不多，但由于领导个人风格特点的差异，不同人的致辞会呈现不同的特点。

下面以三位领导的发言为例进行分析。

第一位领导在第四届中欧工商峰会全体会议上发言，开头如下。

当今世界正在发生广泛而深刻的变化。一些曾经熟知的事物已渐行渐远，一些知之不多、知之不深的事物正扑面而来，新挑战新问题新矛盾不断出现。一些挑战已经超越了国界，正威胁着全人类的共同利益，仅靠一个国家，少数企业或个别社会组织已无法形成有效的解决方案。国际社会必须共同承担责任，政府间、企业间要共同采取实际行动，应对这些挑战，促进人类社会不断进步和持续发展。

结尾如下。

当今世界的变革为各个国家特别是跨国公司的发展带来了新挑战，也带来了发展的新机遇。在新的时代条件下，企业界特别是跨国公司要生存要发展，仅仅成为跨国经营主体已远远不够，还必须成为跨国责任主体。我们需要转变发展思路，转变发展方式，追求和谐发展、持续发展，共同应对全球气候变化问题。为此，中欧企业界应进一步加强沟通合作，分享治理经验，分享技术成果。为保护人类共同的家园，让我们共同承担起责任。

根据上述例文能看出这位领导视野宏阔，气魄宏大，对气候变化这样的全球性重大议题观点鲜明，态度积极，体现了较强的责任感。

第二位领导在 APEC 蓝色经济论坛上致辞如下。

企业如何参与和促进蓝色经济发展，我们认为，首先，要积极推动海洋经济产业集群发展。各涉海单位尤其是大型企业，要发挥龙头企业的影响力和带动力，充分发挥产业的纽带、辐射和牵引作用，加快扩大海洋经济产业规模，加强技术创新和商业模式创新，整合市场资源、技术资源、人才资源、配套资源和服务资源，形成产业联盟，推动海洋经济产业集群发展。

其次，要积极寻找和创新服务海洋经济发展的途径。企业要从单纯贡献海洋生产总值发展成为国家探索海洋、利用海洋的全新平台，深入探索海洋未知领域，不断丰富对海洋资源的认识，在各种新型海洋能源资源的开发利用方面迈出新步伐。

最后，参与构建多方协作的海洋经济发展格局。促进合作是 APEC 的重要理念，也是海洋经济未来发展的方向。企业要在促进海洋经济发展方面坚持广泛参与，合作共赢，将自身发展与吸引合作伙伴的广泛参与相结合，推广合作共赢的理念，构建共同促进海洋经济发展的格局。

上述例文紧紧围绕企业与海洋经济的关系展开，提出明确而具体的倡议，体现了务实的风格。

第三位领导在中外石化跨国公司高层对话会上发言如下。

从 20 世纪 90 年代初迈出国门至今，我国石油企业"走出去"

已有 20 多年的历史，实现了从无到有、从小到大的跨越。为什么我国石油企业要走出国门、迈向世界呢？我认为主要有以下三点原因：

第一，这是遵循国际石油行业发展的一般规律。油气资源和消费市场在全球地域上的分布不均衡，内在地决定了国际油气行业发展的规律，即必须打破区域市场的局限，实现资源的全球配置，而跨国公司是石油行业国际化的重要载体。特别是金融风暴以来，全球能源格局继续发生深刻变化，国际石油行业进入新一轮调整和资源再配置时期。中国石油企业同样遵循国际石油行业发展的一般规律，利用市场化手段，推动能源资源在全球的优化配置，维护全球能源的供需平衡。

第二，这是顺应经济全球化浪潮的内在需要。……

第三，这是满足国际资本市场要求的重要途径。……

上述例文中可以看出，演讲者深谙行业内部规律，观点鲜明，逻辑严谨，说服力强。

所以，这类代表领导个人的文体如讲话稿、致辞稿等，要尽量体现领导个性风格，使内容和形式有机地统一。讲话稿中多用具有独特风格、体现领导个性的语言和表达方式，以增强吸引力和感染力。

这就要求写作者准确把握公文以文辅政的定位，熟悉领导的性格气质，留意领导的个性风格，揣摩领导的思维方式和用语习惯，善于用领导的语言阐述领导的意图，这样写出来的文章才有独到见解，领导的思想风格才能跃然纸上。

六、文风与作风：文如其人

文风，顾名思义，就是文章的风格，是作者语言运用能力的综合反映，进而言之，文风就是文章所体现的思想作风，或文章中某种倾向性的社会风气。

就个人而言，文风是作者的写作风格、个人风骨的体现，因人而异；就整体而言，文风是一个时代文章的风尚和风俗，具有时代性、民族性特征，是社会上带有普遍性和倾向性的文章现象。

一直以来，文章大家和文学理论家都非常重视文风。南朝刘勰在《文心雕龙·风骨》中说，"意气骏爽，则文风清焉"。这句话说的是作者个人风范与文章风格的内在联系。宋代韩琦在《欧阳文忠公墓志铭》中称颂："景祐初，公与尹师鲁专以古文相尚……于是文风一变，时人竞为模范。"可见文坛领袖人物对文风的引领作用。清代冯桂芬在《重儒官仪》中说："数年文风不日上，士习不丕变者，未之闻也。"这更是将文风与士习（士林习俗，类似于今天所说知识界的风气）的转变紧密联系在一起。

党历来重视文风，倡导良好的文风。早期领导人毛泽东、周恩来、邓小平在年轻时都曾经办过报、写过文章，用朴实有力的文风宣扬革命、唤醒民众，起到了良好的效果。

文风表面上是使用语言文字的作风，其实是工作作风和思想作风的体现，甚至直接关系到党风。毛泽东同志在《整顿党的作风》中说道："学风和文风也都是党的作风，都是党风。"他还专门写了《反对党八股》的文章，讽刺那种"语言无味，面目可憎"的党八股文章，反对文章像"懒婆娘的裹脚，又臭又长"。

文风之弊，古已有之。我国古代曾盛行八股文，这种文章形式异常烦琐。文人战战兢兢、小心避讳，怎么可能写出富有思想性的作品？

文风是一面镜子，可以照出一个单位的运行效率、一支队伍的战斗力，甚至一个时代的精神风貌。我们可以从唐诗的"大气磅礴"中看出唐代的昂扬，也能从宋词的"内敛温婉"中看出宋代的保守。

而在当今社会，在"官僚主义、形式主义、文牍主义"三座大山的压迫下，浮夸、虚假、空洞的文风也一度泛滥，出现了大量无新气的现代"八股文"。有的艰深晦涩，通篇是"正确的废话"；有的通篇说教，令人生厌；有的云里雾里，令人困惑。本来，写作者往往思维最活跃、最富有激情，但不良文风成了套在写作者身上的枷锁。

文风不健康，和写作者本人的修养、能力、创新意识不足有关，也和上行下效的风气有关。和前人相比，我们的信息更丰富，工具更便捷，写的字越来越多，笔尖却越来越"软"，力量用不到点上，只生产出大量无人问津的"八股文"。

形式绑架了思想，创新就无从谈起，思想就更无从谈起。不健康的文风压得人喘不过气来，许多本可以在更多领域大展拳脚的人才最后成了材料的奴隶。有什么样的思想，就有什么样的文风。好的文风可以激荡出更多的、积极的新思想。在当前大力提倡创新的社会氛围中，迫切需要"意气骏爽"的文风给思想松松绑。

大家普遍发现，习近平同志系列重要讲话，给人耳目一新的感觉，说事实在，说理透彻，语言活泼生动。其实关注一下就会发现，这是习近平同志一向倡导的文风，他在《之江新语》一书中指出，好的文章就要"求短、求实、求新"，认为"文风体现干部的能力和水平"。

2010 年 5 月 12 日，习近平同志在中央党校春季学期第二批学员开学典礼上强调了改进文风的问题。他提出："当前，在一些党政机关文件、一些领导干部讲话、一些理论文章中，文风上存在的问题仍然很突出，主要表现为长、空、假。"这一论断可谓针砭时弊，很有针对性，结合我们身边的情况不难发现，此类文风确实广泛存在。

长——就是有意无意地将文章、讲话添枝加叶，短话长说，看似面面俱到，实则离题万里。空，就是空话、套话多，照抄照搬、移花接木，面孔大同小异，语言上下雷同，没有针对性，既不触及实际问题，也不回答群众关切的问题。假，就是夸大其词、言不由衷、虚与委蛇、文过饰非，不顾客观情况，刻意掩盖存在的问题。

要解放思想，锐意创新，改文风是必由之路。对于以上毛病，习近平同志开的药方是：短、实、新。

短——删繁就简三秋树。短就是力求简单明了、直截了当，要言不烦、意尽言止，观点鲜明、重点突出。

党历来提倡开短会、说短话、写短文。早在延安时期，毛泽东同志就对空话连篇、言之无物的文章深恶痛绝，专门写文批判。公文作为一种工作所需的应用文，特别讲求实用性和效率，受众总是希望用最短的时间从文中获得最想要的东西。因此，能够三言两语说清楚的事绝不能拖泥带水，能够用短小篇幅阐明的道理绝不能绕弯子。

"删繁就简三秋树"说的就是上面这个意思，好文章如三秋之树，被秋风扫除了"多余"的细枝密叶，更突显枝干的瘦劲秀挺。明代王阳明推崇文章要"鞭辟近里""删削繁文"。鲁迅先生也说过："写完后至少看两遍，竭力将可有可无的字、句、段删去，毫不可惜。"

当然，提倡短文章也不是说长文章一概不好，内容决定形式，以把事情讲清楚、道理讲明白为原则，宜短则短，宜长则长。短篇幅说不明白的事情则可以增加篇幅，有内容、有见解的长文章也是受欢迎的。

《庄子·外篇·骈拇》中有这样几句："长者不为有余，短者不为不足。是故凫胫虽短，续之则忧；鹤胫虽长，断之则悲。"这几句话的意思是长的东西并不多余，短的东西也不显得不足。野鸭子的腿虽然短，给它接上一截就不太合适；鹤鸟的腿虽然很长，却不能给它截去一段。

在文稿起草中，特别要避免的是"把野鸭子的腿加长"，避免机械性、形式化地"穿靴戴帽"，提倡文章开门见山，直入主题，用尽量短的篇幅容纳更多的信息。

人民英雄纪念碑的碑文，虽然只有一百多字，其中还有四十多字是重复的，却是一部最简洁的中国近代史。

三年以来，在人民解放战争和人民革命中牺牲的人民英雄们永垂不朽！

三十年以来，在人民解放战争和人民革命中牺牲的人民英雄们永垂不朽！

由此上溯到一千八百四十年，从那时起，为了反对内外敌人，争取民族独立和人民自由幸福，在历次斗争中牺牲的人民英雄们永垂不朽！

实——绝知此事要躬行。实就是讲符合实际的话，不讲脱离实际的话，讲管用的话，不讲虚话，讲有感而发的话，不讲无病呻吟的话，讲反映自己判断的话，不讲照本宣科的话，讲明白通俗的话，不讲故作高深的话。

文章要力求反映事物的本来面目。分析问题要客观、全面，既指出现象，也弄清本质；阐述对策具体、实在，有针对性和可操作性。实事求是，有一说一、有二说二，是则是、非则非，不夸大成绩，不掩饰问题。深入浅出，用朴实的语言阐述深刻的理论。有感而发，情真意切。

文章要写得实，一定离不开亲身体会，离不开调查研究，写作者要想方设法掌握尽可能多的第一手材料，减少使用第二手、第三手材料。

只有"躬行"才能"绝知"，只有"绝知"才能写出"实"的文章。毛泽东同志提倡写文章实事求是的基础是要认真进行调查研究，要从生活、从实践出发，真诚地表达自己的心里话。他在《反对本本主义》一文中，曾提出"没有调查就没有发言权"的著名论断，强调"注重调查""反对瞎说"，指出"一切结论产生于调查情况的末尾，而不是在它的先头"。

新——领异标新二月花。新就是力求思想深刻、富有新意。能不能写出有新意的文章，取决于写作者的思想水平、理论水平、经验水平及语言表达能力。

这里所说的新意，既包括在探索规律、认识真理上有新发现、新认识、新提法，又包括把中央精神和上级要求与本地区、本部门、本单位实际结合起来，在解决问题上有新理念、新思路、新举措；既包括角度新、材料新、语言表达新，又包括文章风格富有个性、特色鲜明、生动活泼。

令人过目不忘的好文章就像二月里的花，从不赶潮流、媚世风，而是自辟蹊径，一花引来百花开，创造一片独领风骚的盎然春意。杜甫讲"语不惊人死不休"，也指明要在"新"字上用力。写文章最怕缺乏深刻的独立思考，人云亦云，用各类陈词滥调东拼西凑、移花接木。

需要注意的是，写出新意并不是刻意求新，甚至搞文字游戏，也不是背离客观事实和党的路线方针政策去哗众取宠，也不是不注意"新话"的尺度。当今，所谓的"标题党"，正是犯了脱离客观事实、偏执于博人眼球的错误。

七、工作与写作：文从事出

前文反复讲到，公文是实用性的，是对客观实际工作的反映，以推动工作、解决问题为根本目的。所以，公文写作不能仅仅停留在"写"上，而要以对实际工作的了解、研究、分析为前提，在此基础上提出正确的工作主张，通过文字把谋划思考的结果转化为公文。

在公文写作中，要处理好工作和写作的关系，坚持文从事出的态度，没有了实际工作的支撑，写作就成了无源之水、无本之木。从某种意义上说，公文写作中，"写"只是最后一个程序，在"写"之前还有以下几个前序性的工作。

第一，研究清楚了再写。前面说过，写作公文要树立"领导者"

意识和"接受者"意识，这里补充一点，还要牢固树立"研究者"意识。

从某种意义上说，公文写作者比研究人员更需要搞研究，因为研究是正确决策的前提，如果对问题没有深入研究而草率决策，则造成的破坏性后果非常严重。

在起草公文前，写作者一定要对有关问题进行深入研究。如果只是起草通知、函、会议纪要，研究单项的、具体的问题就够了；如果起草大型的报告、领导讲话稿和综合性工作汇报，则要对全盘工作做深入、细致、全面的研究。

研究的内容包括以下几点。

一是研究本部门、本单位的职能、职权、职责，将应该做什么工作、可以做哪些工作研究透。

二是研究本单位的历史，至少是最近五年的历史，深入了解已经做了哪些工作、有什么问题和不足、有什么需要改进的地方、有什么固定的工作模式和行之有效的工作，还要了解哪些是经常性、常规性、持续性工作，哪些是临时性、紧急性工作。写作者可借助年鉴，本单位、本部门的各种资料汇编以及机关历年的内部刊物获得相关资料。

三是要研究本单位、本部门的工作规划、工作安排、工作要点。

四是要研究本单位、本部门的运作机制，掌握本单位、本部门是如何开展工作的，如本单位的内部机构、二级单位、指导单位的运作情况，以及本单位的工作制度，如办公会议、党组会议、常委会、全会、代表大会召开的频率和主要议程，以便提前收集相关资料和素材。

五是要研究上级机关对本单位、本部门工作的要求、指示、批示，弄清上级机关希望本单位、本部门如何开展工作。写作者可以借助上级单位下发的文件以及主办的网站和刊物了解，也可以通过上级单位领导人的讲话了解。

六是要研究外地兄弟单位、兄弟部门的工作情况，看看别人是如何做的，了解外地工作进展情况，看看外地工作是否有所创新、是否有可以借鉴的先进经验。

进行上述研究之后，撰写公文就有了基础，写起来就会驾轻就熟，且立意较好。

文章是为工作服务的，工作就是解决问题。公文写作者"开门当秘书，关门当领导"，而要当好"领导"，就要做到与领导思路对接、同频共振，而不是游离于领导思路之外，置身于工作的边缘，为文章而文章，为材料而材料。

这不仅要求要研究领导的语言习惯等，而且要求研究领导所担负的工作。研究工作，就要经常想着工作进展得怎么样；我能为领导决策做些什么；如果我是领导，我对这个问题怎么看，我希望下边怎么干。如果向上级汇报，就要想着我们到底做了些什么，上级领导想听些什么，怎样汇报才能更出彩。

对问题思考的高度和深度，决定了公文的高度和深度；对工作的关注度、融入度，决定了公文的适用度和准确度。公文写作者必须围绕工作、围绕问题来进行构思和写作，特别是要围绕中心工作、主要问题、重大问题。只有这样，才能把握大局，站位全局，才能把话说透，把问题点准，把带有规律性和根本性的东西揭示出来，这样写出的公文才能切合实际、解决问题。

第二，问到点子了再写。写作公文要坚持问题导向，善于提问。我们常说的问题意识就是一种提问题的能力，是一种主动思考的思想准备。树立问题意识，就是要善于发现问题、提出问题、直面问题、研究问题、回答问题，积极推动问题的解决。

爱因斯坦说："提出一个问题往往比解决一个问题更重要。"解决一个问题也许仅仅需要一个数学上的或试验上的技能而已，而提出新问题，从新角度看旧问题，需要创造性思维。

心理学研究表明，意识到问题的存在是思维的起点，没有意识到问题的思维是肤浅的思维、被动的思维。问题意识在思维过程中占有非常重要的地位，是培养思想力和创新精神的切入点。一个有问题意识的写作者，在公文酝酿过程中，会产生解决问题的需要和强烈的内驱动力，驱使个体积极思维，不断提出问题和解决问题。

问题意识决定公文的研究方向和研究深度，是对写作者思想力和理论功底的真正考验。没有问题意识，就难以找到材料的表达突破口，即使抓对了问题，也可能浅尝辄止。严格来说，起草每一份文稿，都应该或者能够提出一个重大而现实的问题，或者回答一个问题。可以说，公文写作者没有问题意识就是一个大问题。

问题意识的树立，离不开学术意识和怀疑精神。学术意识，就是把写作的议题当作学术课题加以研究，始终保持旺盛的求知欲，运用学术研究的基本方法，促使自己不断地从问题出发寻求答案，为了解决问题而写，而不是为了写而写。

怀疑精神是一种创造性思维。古人说："学贵知疑，小疑则小进，大疑则大进。"这里的"疑"，就是怀疑精神。怀疑精神是问题意识的前提，只有不人云亦云，敢于独立思考、不盲从，才能见人所未见，提出有价值的问题。

第三，调查研究到位了再写。调查研究既是一种实践的方式，也是一种交流的方式，更是一种思考的方式。从思考的角度，调查研究要做到动脑、动口、动手。

要写一篇好的公文，没有调查研究是不行的，写作者既要调查，也要研究。只有在掌握足够多、具体生动、真实客观的第一手材料的基础上深入分析，从感性认识上升到理性认识，观点和结论才坚实可靠。

没有调查研究作为支撑，写作就容易变成闭门造车，写出来的文章往往不接地气、不符合实际情况、对很多情况的反映可能就有偏差。光靠从文字到文字，与实际工作就会越来越远。调查研究要注意以下几个方面。

一是善于动脑。调查研究是艰苦的脑力劳动，是开放性、探索性、创新性的思维活动，既要有突破固有成见的勇气，也要善于开动脑筋，讲究方法，进行科学思维。

例如，看问题不仅要看正面，还要注意反面。在众口一词的环境中，要捕捉其中的差异，这种差异常常是表面的细微差距，反映了深刻的实质矛盾。在了解情况时，不仅要找亲历者，还要找旁观者；在制定政策时，不仅要听受益者的意见，还要听受害者的意见，且要更重视受害者的意见。要从众多常见的现象中捕捉新生事物的萌芽，从微小的征象中找到真实的东西。

二是敢于动口。敢于动口就是敢于提问，敢于一针见血地把问题挑明，敢于讲出自己的不同看法并与对方讨论。

在调查时如不敢提出疑问，不敢追根究底，不敢和对方深入探讨，就难以搞清事实、抓住要害、理出头绪；在研究问题时，如不敢畅谈自己的见解，不敢发表不同意见，不敢和老同志、领导同志面对面讨论、争论问题，就会失去绝佳的学习机会。写作者要解放思想、消除顾虑，学习"打破砂锅问到底"的精神。

三是勤于动手。 勤于收集，在资料和信息的收集、整理上，要尽可能广泛、全面、实在，特别是对于一些基础资料，要尽可能做到有备无患。

勤于记录，即记重要的资料线索，记调查中的问答，记研究中的各种意见。写作者通过记笔记，强化记忆，强化分析和归纳，使思考更深入、头绪更清晰。

勤于写作，写作的过程其实是思考提炼的过程，是分析归纳的过程，是运用文字准确精练地表达思想的过程，不下功夫就可以写出好东西的浮躁思想是要不得的。

第四，想好了再写。 公文写作的关键不是技巧、较高的文字水平，而是对事实、对资料的价值判断力，这就需要写作者进行系统而艰深的思考。

往往一个命题，最不缺的就是各种各样的资料，写作者最应该做的就是从这些海量的看似再寻常不过的字句、观点中，把最有价值、最有内在张力、最有改造拓展空间的部分区别、提炼出来。通过外在形式的重组、内在逻辑的重构，成就文稿的立意之新、表述之新，以及形式之新。

在公文写作中，"想"的功夫是下了还是没下，是下到位了还是没下到位，效果大不一样，过程体验也绝不一样。尚未动手便认真思量，看似比立马开写耗神费力，其实效率更高、质量越好，认真思量是一种事半功倍的做法，是"好钢用在了刀刃上""磨刀不误砍柴工"。与之相反，匆忙上阵，仓促动手，在前面不费事，到了后面则要费大事。

一般来说，写作长周期的稿子，时间相对充裕，写作者有条件在思考谋划上多下些功夫，要强化"想好了再写"的意识，不要因为时间够用，就一遍一遍地写、一遍一遍地改，这样很容易陷入低层次重复的怪圈。

而对短周期的稿子，或许没有那么多时间调研，但进行头脑风暴这一步骤不能少，可以和大家一起讨论，也可以安排座谈调研，请一些专家学者一起讨论。

还有一种需要几个小时就拿出稿子的情况。这时候写作者不能慌张，甚至更需要坚持"想好了再写"。时间越紧，越要想明白、拿得准。因为稿子交给领导时已没有调整修改的时间了，如果"不靠谱"，领导只能将稿子弃之一边。有时遇到这类急用的稿子，逼着自己去想，往往还能急中生智，冒出些灵感来。

当然，思考的功夫最好下在写作之前，如果再往前延伸一些，就是下在平时。没有平时的积累，等到急用的时候，就会陷入"巧妇难为无米之炊"的情况。

具体来说，要得出有思想深度的观点和有价值的判断，要做到以下三点。一是基于事实归纳进行分析。不能从迎合时髦的概念、精心过滤后的汇报、道听途说的信息出发分析实际存在的问题，而应从未经别人加工的原始材料着手进行剖析，从大量鲜活生动的现实事例入手做好总结，努力把掌握的情况归纳清楚、总结到位，使之成为经过理性分析和研究的有用素材。

二是经过独立思考做出判断。写作者要通过深思熟虑，做出抓住本质、符合实际的正确判断，不要拾人牙慧，避免人云亦云；要通过检视所有素材，做出抓住主要矛盾的主要方面的客观判断，分清主次，防止先入为主，避免以偏概全；要通过审慎分析、严谨思考，做出抓住特征、把握特点的清晰判断，防止盲从草率，避免简单武断；要从深入扎实的理性分析中，得出经得起各方调查的有力判断，为写好文稿打好基础。

三是排除干扰，深究确证结论。写作者要敢于排除权威之定见干扰，勇于提出合理建议，拒绝强加观点；敢于排除源自经验之成见干扰，勇于挑战陈规陋习，拒绝固守既往定论；敢于排除来自喜好之偏见的干扰，勇于摒弃私利，拒绝拘泥本位发声，力求结论中包含更多的理性认知。

第九章
公文写作的常见困惑

很多人在公文写作中会遇到一些问题和产生一些困惑。本章将对这些问题和困惑做一些梳理，并加以解答，以图解决。

一、如何持续提升

客观地说，公文写作的门槛并不高，具有一定阅读写作能力的人都能从事，但如何不断提升能力，以满足和适应持续提高的工作要求，还是困扰了很多人。要做到这一点，需要处理好两个关系，抓住一个根本。

第一个关系是学与习。公文写作本身的知识相对容易掌握，而写作所需要的知识和能力则需要不断学习和提升。学习的首要方式是读书。公文写作者要立志成为"杂家""通才"，脑子里装的东西越多，底子就越厚。

追求广博的同时，写作者还要做到有所专精，特别是对所在的行业和领域要有所研究，对一些问题有自己的见地，尽可能成为专家。写作公文还需要思想力的支撑。提高思想力最好的途径是与智者"对话"。多研读经典著作，从中汲取营养来提高修养，提升思维能力。

学习是增长知识最有效的途径，但光学不行，还得勤加练习，把学到的知识有效地转化。提高写作水平没有任何捷径，关键在平时的积累、实践的磨炼、能力的提升，其中很重要的一点就是要刻意练习。有效的练习应该在"学习区"内进行，有针对性和目的性。写作者要思想高度集中，克服挑战，才能真正提高。

写作者要乐于写、勤于写、甘于写，要把写作融入自己的生活，使自己经常保持在学习区，处于刻意练习的状态。例如，除了书面写作外，也可以将日常的交谈视作口头作文、即兴作文，思考怎样说得更到位、怎样沟通得更有效，也是一种练习。

又如，我们除了完成一些章节完整的写作外，也可以把一些规模小、随意性强的写作行为当作片段写作、纲要写作，时时让自己练习，一点一滴加以提高。

再如，在工作生活中遇到不同的文体时，不管是写个人简介，还是写一封感谢信，抑或写一份合同，都可以从多文体写作的角度来看待。每一种文体都有值得借鉴之处，写作者可通过综合运用记叙、议论、描写、说明、抒情等多种手法，使自己熟练掌握每种文体的写作方法，这有助于增强写作能力和信心。

第二个关系是输入与输出。学习和吸收是输入，写作和分享是输出。完全没有输出的输入是没有价值的，而且输出是促进输入的一种有效途径。

我们都有过这样的感受：凡是自己思考、吸收并且亲手写的东西，会牢牢记住，泛泛浏览资料则没有这种效果。在写作中掌握的知识点、形成的思维逻辑、出现的思想火花，都会成为自己的知识储备，写作是一个"公有知识私有化"的过程。

怎样通过输出促进输入，甚至倒逼输入呢？可以从以下两个方面入手。

一方面是"一鱼多吃"，就是聚焦目标、集中火力。例如，写完一篇讲话稿后，可以尝试把它改造成报告、会议纪要、学习体会、新闻通稿、评论文章等各类形式，虽然基本内容一致，但不同形式的要求不同。把一篇文章拆开揉碎后，反复咀嚼琢磨，重新排列组合成不同形式，就会对各种形式有基本把握，也会加深对内容的理解。

另一方面是以写促学、以教促学。写作者应珍惜座谈发言、讲座交流、知识分享等机会，每一次都要认真准备，借此对自己的知识、观点和思想进行梳理和盘点，在这一过程中激发新的思想，挖掘新的观点，填补知识的空白点，使自己的知识条理化、系统化，把自己认为正确的、有用的观点和知识分享给别人，再从写作的角度反观自己的内容输出，这就形成了一个输入输出相互促进的闭环。

公文写作者要实现从以文叙事到以文辅政到以文鼎新的不断提升，除了提升写作能力之外，最核心的是不断提高思想认识水平。公文要体现思想性，关键在于写作者本身要具有一定的思想深度和厚度，也就是说公文写作水平的高低，最终是思想力的体现，最重要的因素是写作者的思维能力。不断提升思维能力是公文写作能力持续提升的根本。

思维能力具体体现为思维的准确性和思维的效率，它决定了写出的公文是否具有思想性、构思是否独到、角度是否新颖、成文是否顺利。要想持续地写出高质量的文稿，就要运用正确的思维路径和规律，形成有益的思维方法，这样写作时能快速启动思维程序，提高思考的效率和效果。所以说，公文写作拼到最后拼的就是思维能力。

思维能力是公文写作最重要的"诗外功夫"，写作者要把每一次起草的过程当成锻炼自己思维能力的过程，平时也要多做一些思维训练，带着问题思考和钻研，让自己的思维处于活跃状态，让自己的脑力得到锻炼。

按现代科学理论来说，认知世界有且只有两种思维形态：一种是结构化思维，就是逻辑思维，一般具有语言、概念、数字、分析、逻辑推理等功能；另一种是感官化思维，也就是形象思维，具有音乐、绘画、想象、情感等功能。根据美国神经心理学家斯佩里提出的"左右脑分工理论"，人的左脑主要从事逻辑思维，右脑主要从事形象思维。

从公文写作的特点来看，运用更多的、更重要的是结构化思维。结构化思维就是面对问题的时候通过某种体系框架，将它拆解成一个个操作性定义和可分析的内容要素，通过加工和还原，从中得出整体结论。运用结构化思维，能得到对事物相对完整、系统和深入的认识。有些人的思维方式是线性的，或者散点式的，运用这样的思维方式来思考事物，得到的结论也往往是不缜密、不完整的。

具体来说，在文稿起草中，结构化思维主要体现为辩证思维、战略思维、全局思维、底线思维、系统思维、创新思维等。结构化思维的作用至少包括三个方面。

首先是系统性，就是观察事物全面，分析问题周延，得出结论中肯，能够反映事情的全貌，没有重大缺失和遗漏，不是以偏概全，也不是挂一漏万。

其次是逻辑性，文稿是对客观事物的反映，而客观事物是有内在逻辑和规律可循的。运用结构化思维，能较好地把握事物之间的逻辑关系，从而在思维上和表述上都能做到逻辑清晰。

最后是创造性，就是能透过现象抓住事物本质。话不在多，但要切中要害，提出新颖独到的见解，给人以深刻启迪和警醒。论述问题能往深处开掘，抽丝剥茧，逐步递进，不满足于抓次要的方面，要能抓主要的方面，不满足于看到事物的外在特征，要挖掘内在联系，不满足于眼前情况，要预测发展趋势。把具体的事物概括化，把凌乱的观点系统化，从个别问题中引出一般性规律，用缜密的逻辑增强思想性等。

正如前文的一个例子，在工作报告里对高质量发展这个概念进行阐述，并落脚到自己单位如何贯彻落实高质量发展上。要得出独特见解和观点，就得运用结构化思维，进行思想的创造。该报告对高质量发展的意义、内涵、要求等做了系统论述，逻辑清晰，全面系统，而且独出机杼，这体现了结构化思维的作用。

感官化思维不是公文的主要思维，但合理运用，也能增强表达效果。例如，懂得美学思维而且适当使用，可以增强可读性和美感。

具体来说，公文的美首先体现在内容上有思想美、有内涵，能够给人启迪。其次体现在形式上有整饬均衡之美：标题醒目、准确、鲜明、简洁；结构清楚，脉络分明，言之有序；段落均匀，同一个内容层级比较均衡。最后体现在写法上有表意美。

还有一种容易被忽略的重要思维方式是多学科思维。公文要汇集多领域的知识，写作者需要调动多方面的知识背景和学科积累。多学科思维不只是使用几门学科的知识来丰富写作，更在于用不同学科的视角和观点来看待事物、分析问题，得出更有价值的结论。

同样一个事物、同样一则素材，如果用单一学科视角来看，只能得出一个维度、一个方面的结论，而运用多种学科视角来观察和分析，就能获得更多的认识和结论，就可以最大限度地挖掘价值。

一个公文写作者应该是一个杂家，因为工作中很可能要用到政治学、经济学、社会学、逻辑学、管理学、法学、文学等各学科知识。例如，用哲学思维，能够增加思维深度，拓展哲学视野；用史学思维，可以在现实与历史间对照反思，增强历史纵深感与厚重感，达到以史为镜的作用；用心理学思维，能更好地把握对象的心理需求。

公文写作还常常用到传播学思维，因为文稿的发布流转就是一种传播行为，写作者可以从传播内容、传播者、接受者、传播渠道、传播效果等多个角度加以审视，从中得到更多的视角。

目标思维也是很重要的一种思维方式，运用目标思维写作就是对文本之中和文本之外的目标都要准确把握，从而做到有的放矢，还可以用目标导向，以终为始，找到正确的写作路径。

一是靶向思维。这是从医学中借鉴的一个词，简单来说，就是哪里有病，就治哪里。在文稿写作中靶向思维其实就是坚持问题导向，强化问题意识，始终围绕发现问题、分析问题、解决问题来写作，这对于想问题、做决策、干事业具有很重要的现实意义。

二是他者思维。运用他者思维写作就是从使用者和写作者之外的"他者"视角，对文稿立意、内容、观点等加以考量和审视，判断它的合理性和适宜性。除了一般理解的领导者和接受者外，"他者"还包括旁观者、相关利益者、潜在影响者等。如果能充分利用"他者"视角，则能更好地提高文稿的针对性和有效性。

二、如何把握意图

公文写作成功的一个前提是要准确把握写作意图，这其中，把握领导意图是最为关键的。

大部分公文，是领导意图的体现，这里的"领导"包括领导个人、领导机关和领导集体。也就是说，公文所表达的思想和主张，体现的是领导的思路，所以起草者要杜绝"自己的话越多，越体现水平"的想法，牢记公文是对领导思想的表达，自己的工作是将领导的思想、思路表达准确、完整、晓畅。所以写作者要找准角色定位，善于"自我提拔"，或者叫作"关起门来当领导"。

自我提拔，只是一种形象的说法，并不是为了"过官瘾"，而是工作的需要。为了把握领导角色，写作者需要树立领导者意识，把自己放在领导的位置上思考和揣摩，准确地把握领导的角色状态，进而准确地表达领导的想法。否则即便做了很多工作，也徒劳无益。

其实自我提拔也可以说是一种换位思考，就是站在领导的角度考虑问题，想一想他应该说什么才符合身份、达到沟通目的，并且让受众易于理解和接受。公文也需要有"情商"，它的语言、风格、表达和论述，都应该适合、得体。

准确把握领导意图是成功写作讲话稿的前提，但领导意图又不是直接可见的，他们有些想法的最初表现形式是比较复杂和模糊的，有的只是倾向或思想火花，有的比较零碎、没有条理、不成体系。这就要求写作者发挥主动性和创造性，做一些补充、提炼和深化的工作。写作者可以按以下三个步骤进行。

第一步是充实完善。很多时候，领导只给一个大题目，或者一些初步想法，而没有给出具体的思路和观点。这种时候写作者就要从更多的层次和角度去思考，举一反三，拾遗补阙，合理地加以吸收、集中，把领导暂时未想到但又比较重要的问题补充进来，把领导想说而没有说出来的话完整地表达出来，使领导的思想火花和片段式的想法逐渐成为完整、严谨、系统的思想体系。

举个例子，如果要写一篇关于作风建设的讲话稿，就要梳理一下领导在不同的场合讲过在作风方面有哪些需要改进的地方，分析领导提到了哪些问题、问题有哪些表现、关注的重点是什么、提到的原因是什么，在这个基础上来"画像"，找出问题和不足，明确努力的目标和方向。

第二步是优化提炼。在交代写作任务时，领导有时候没有深思熟虑，讲的意见不是很明确，甚至比较杂乱；有的时候只是提出一些感性认识；有时候提的意见比较简单分散，不够全面系统。

对领导的意见，写作者不能听一就是一，机械呆板地照单全收，而是要做必要的加工和处理，把不合理的部分加以剔除，把不清楚的问题讲清楚，把感性的内容上升为理性的内容，经过再思考、优化、提炼，整合到领导意见当中。

还以作风建设为例，领导曾经提到某个部门的某个问题，但可能这是极个别现象，不具有普遍性，而且已经解决了，就没必要多讲。领导提到的一些问题表现只是感性的描述，那么从作风建设的角度，写作者就要分析这些问题属于哪类问题，症结是什么，除了领导提到的，还有哪些表现形式，把它们归类，有条理地论述。

第三步是延伸挖掘。延伸挖掘就是要分析领导思想的发展趋势，顺着领导的思维脉络，主动深化领导的意图，弄清楚领导想要表达什么，为什么想表达这样的观点，要达到什么目的，从而拓展思路、延伸思维，挖掘出更多有价值的思想观点，力求有所突破和创新。

继续以作风建设为例，写作者要了解领导讲这个话题的背景和意图是什么、预期目的是什么，明确领导除了讲问题、讲意义，还要讲目标、讲措施和保障，最终是要大力转变作风，为实现发展目标创造必要条件。这些内容都是写作者通过思路的延展可以想到的。

充实完善是要把领导意图讲全，优化提炼是要讲好，延伸挖掘是要讲透，而且写作者不能随意发挥，一定要契合领导的想法、符合客观实际和工作需要。要做到这样，要下很多功夫才行。

只有悟透领导的想法、跟上领导的步伐、提出有价值的观点、体现领导的风格，才能让领导满意，才能准确、切实地把握领导意图。让领导满意大概有四个方面的标准，或者说要避免四个误区。

第一，正确领会意图，避免"这些话不是我想说的"的误区。写作者最基础的工作就是要围绕领导意图来组织内容，表达观点，确保不跑题、不偏题、不离题。如果自作聪明，不考虑领导的需求，就犯了主观主义错误，就算写得再好，领导也无法使用。

第二，升华领导想法，避免"这些话都是我说的，但没什么新东西"的误区。公文写作中写作者在表达意图时，不能简单地当传声筒、复读机，否则就成了本本主义和教条主义。写作者必须有"不在其位，要谋其政"的主动性，自觉把思维活动上升到领导层次，通过创造性工作，对领导思想再提炼、再深化、再升华。

第三，扮演领导角色，避免"这不像我说的"的误区。起草公文其实就是演好临时性"领导角色"，设身处地用领导的心理、思维和表达方式来思考该说什么、怎么说，使思路与领导同步、想法与领导合拍。如果写的内容都对，但讲得过于琐碎，属于非常具体的工作层面内容，就不太像领导说的话，更像某个具体工作执行层面人员的话。所以光是对还不行，还得像。

第四，体现领导风格，避免"这些话都对，但谁来说都行"的误区。公文，特别是一些供领导个人使用的文种，如讲话稿，要让领导满意，仅有好的内容和结构还不够，还要尽量符合领导的个性特征和语言风格。不同的领导，风格往往不同，有的喜欢分析和论述，有的喜欢用数据和案例，有的喜欢突出重点，有的喜欢面面俱到，有的喜欢旁征博引，有的用语朴实无华，有的用语激情澎湃，有的用语稳重平和。要想符合领导喜好，就得按照领导的思维习惯、语言特点来写。

学习"自我提拔"，某种程度上就是一个"模拟决策"的过程。这一过程中，写作者不仅要做简单的文字组织，还要具备"领导者意识"，需要掌握情况、分析问题、提出思路、做出部署，因此这一过程是一个深入系统的思维过程。

如何更好地了解和掌握领导意图呢？写作者一定要多参加领导召开的一些会议，多听一些领导在各类场合的讲话，多研究领导的批示，多主动了解领导的工作内容，多与领导交流，从而了解领导的工作要求和思维动向。总的来说，就是写作者平时要做个有心人，多听多想，特别是要多悟。把握领导意图的关键就在于悟，能不能悟到、悟到多少，决定了表达意图的效果和公文的质量。

悟包含的内容很多，其中很重要的一点是，写作者作为领导的"外脑""智囊"，必须围绕领导的"大脑"转，尽可能地学习、领悟领导的思维方式和工作艺术。所以，要着重从以下几个方面悟。

一是从领导的讲话、谈话中悟。 即反复学习、研究一段时间内领导的各类讲话，悉心领会、潜心揣摩，争取每阅读一篇文章、每起草一篇文稿，都能悟出领导的一些思想，悟出领导讲话的艺术与风格。

二是从领导参与的政务、事务活动中悟。 即尽可能多地参与领导出席的各类公务活动，减少信息不对称，近距离感受领导待人处世的方式，从中体悟领导思考问题、谋划工作的风格，把握领导处理解决各类复杂问题的原则，摸准领导办理政务、处理事务的特点。

三是从领导阅读的书报、关注的信息中悟。 即在与领导的接触和交谈中，注重了解领导某一时期的研究方向，对领导阅读的有关书籍、重要文章、收集的资料和关注的新闻报道等，也要学习、研究，尽可能多地掌握相关信息。

四是从领导批示、交办的事项中悟。 领导在处理日常事务时，会或多或少地流露自己的看法与观点。写作者要注重从细节中捕捉，见微知著，日积月累，努力做到在思想上与领导合拍、工作上与领导合调、行动上与领导同步。

三、如何转化

思想观点是公文的精华，是公文的核心。但思想观点不是凭空产生的，是写作者知识积累、思维能力、创新能力等方面的综合体现。

内在的思想，要变成观点，需要经过一个转化的过程。衡量一个人的文字水平和写作能力的一个标准是其转化的水平和能力。

转化就是将收集的素材、学习掌握的知识、各种思想火花与智慧等，经过自我的消化吸收，经由类似发酵的"化学反应"，变成可在具体语境下使用的内容的过程。通过转化，写作者可将零散的变成系统的，将无序的变成有机组合的，将浅层次的变成有深度的。所以转化是一种复杂的创造性劳动。

转化解决的是思想观点的来源问题，主要有以下几种途径。

第一种途径，书本知识的转化。 读书是积累知识、提升智慧的源头。知识的积累包括理论知识、专业知识和各种社会知识的积累。写作者要学思结合、联系实际、真正把书读进去，化为自己的知识。如果不能有效转化，学到的知识就是死知识。

例如，对于公文写作者来说，哲学、逻辑学、心理学是需要学好的三门学科，这三者是思想力的"源泉"。简单地说，哲学解决"怎么看"的问题，是认识论；逻辑学解决"怎么办"的问题，是方法论；心理学解决"为谁写"的问题，是对象论。

其中，哲学是特别需要掌握的一门学科，是思想力的根本。当分析一些现象时，写作者要善于运用透过现象看本质的哲学思维，运用矛盾分析等马克思主义哲学的辩证法和认识论，以及使用发展的观点、联系的观点和历史的观点。当要阐述和界定一些新概念时，可以从认识论的角度进行论述。例如，要写关于创新的文稿，那么写创新的概念、对创新的认识、创新的主要类型以及创新的要素等都需要用到哲学知识。

第二种途径，上级精神的转化。常言道：领会上头，摸清下头，两头一碰，才有写头。写作公文要保持和上级精神相一致，观点创新也要在充分吃透上级精神的基础上进行。有时候写的稿子起点和站位不高，思想层次上不去，主要是因为上级精神体现得不够。

在转化上级精神时，要准确把握和深刻理解精神实质，但这绝不是照搬照抄，如果"上下一般粗"，那就起不到对工作的有效指导作用。所以要尽可能从上级精神中领悟本单位、本地区的工作思路、发展方向，将上级精神转化为本单位、本地区的具体方针和工作指导。

第三种途径，领导意图的转化。前面已经说到，写作者在写作之前要摸清、摸准领导的意图，把领导对问题的基本看法、零散认识集中起来，形成系统完善的思路。但是，领会意图并不是完全被动的，并不完全依赖领导，写作者要积极发挥主观能动性，要在捕捉领导思想闪光点的基础上，努力深化和延展下去，做好充实、完善、深化、创新的工作，这才是转化的关键和真谛。所以写作者不但要有敏锐的思想触角，更要有较强的判断力和感知力。

第四种途径，他人智慧的转化。在写作过程中善于吸收他人观点，择其善者而用之，这样有助于提高质量。讨论交流的过程，就是学习的过程和认识不断深化的过程。很多好的观点往往来自他人的启发和集体智慧的碰撞。

第五种途径，实践感悟的转化。公文的写作一定要紧密结合实践。如果不关注现实问题、不与实践相结合，那么文笔再好、理论水平再高，也没法把稿子写好。思想再深刻，观点再新颖，如果不能反映实际、解决问题、推动工作，不能在实际工作中有效落地，也是无根之木。

转化，基础在"转"，关键在"化"。也就是说，一定是有消化加工和重新改造的成分在其中，而不是简单复制和原样照搬。这样，转化才会真正成为秘密武器，成为新观点层出不穷的源泉。

四、如何获得灵感

公文写作也需要灵感吗，也会有灵感的出现吗？

前面提到，在公文构思中，提纲很重要。事实上在写作当中，写作者会对提纲进行适当的调整和优化，甚至会有神来之笔和思想火花，这些神来之笔和思想火花就是灵感。所以在公文写作中灵感也会出现，有时甚至会产生意想不到的作用。

灵感是构思的有机组成部分，是对既定写作思路的突破和完善，灵感和既定写作思路有密切的互补关系。好的灵感会提升构思的质量，但灵感又是可遇不可求的，它本质上是创造性思维的结果。善于激发和用好灵感，有助于激发写作时的创造力。

写作经验丰富的人往往有这样的体会，提纲也好，写作思路也好，并不是一次性的，也不会完全决定文稿的最后形态，更多的想法会在写作过程中逐步涌现。我认为在起草文稿时，会经历三个创作环节。

首先是头脑思考，这是最重要也是最基础的环节；其次是手指思考，在组织语言文字的过程中，由于思维被激发，新的想法不断涌现，这是一种正常写作状态的体现；最后是语言思考，即在文稿形态较为成熟的时候，在修改完善的过程中，会出现人的思维被内容带着走的情况，语言自组织、自演化，不断衍生和链接，自动填补思维的空白，推动思维认识进一步深化和提升。

最后一个环节其实是思维与语言文字产生了深度互动的环节，是写作者进入非常良好的写作状态的一种体现，是文稿真正能出彩的一个重要环节。这些新产生的内容往往是对提纲的超越，是原有思路之外的内容，但从深层次来说，又是写作思路的自然结构和深层反应。

写作中，灵感本质上是一种产生于无意识活动的创造性思维。灵感不是凭空产生的，而是有独特的基础条件，其中最重要的就是写作者反复深入的长期思考，同时还要有外界环境给予的恰当刺激或触发。

明代的谢榛讲，"诗有天机，待时而发，触物而成"。这句话的意思就是写作灵感是主体与客体的碰撞，是心理与物理的神会，是外界触发和内心诱发的双重结果，是写作者无意触发和有意诱发的产物。所以，灵感是从写作者对事物的认真思考和独特认识中得来的。当头脑中储备的思考元素碰到一些难得的触点时，灵感就会产生。

朱光潜先生在《作文与运思》一文中，比较了赋得与偶成两种构思方式，他说："苦思在当时或许无所得，但是在潜意识中它的工作仍在酝酿，到成熟时可以'一旦豁然贯通'，普通所谓'灵感'大半都先经苦思的准备，到了适当时机便突然涌现。"

灵感产生于无意识，那怎么样才能激活它呢？无意识活动看似是沉睡状态，但本质上是思考的沉积，属于思维主体构思时的"前知识"。无意识不是说不想问题，而是不能被不间断的零碎思维占据了头脑。

如果经常深入认真地思考一些问题，虽然不一定能马上得出结论，但这些思考过的问题，都会被储藏起来，等待合适时机被唤醒。在公文的构思中，这些无意识，可能就会转化成灵感。

要通过灵感丰富自己的写作，可以从以下几个方面入手。

第一，要多读书思考。灵感并不是临时凭空产生的，而是平时思考的结晶，是在认真构思状态下以一种灵感形式呈现出来的。

要想多产生灵感，就得多看书学习，做到举一反三、活学活用；多思考问题，做到触类旁通，让这些思考和学养沉淀到内心，成为灵感的来源。平时广泛浏览，博览群书，可以拓宽思路，有利于积累知识和产生观点。

很多文学家都有善于积累的好习惯，如白居易平时写诗，写完后就装进陶罐里。为方便以后查找，他还在陶罐上贴上标签，分别存放在木架上，经年累月，积少成多，陶罐里的诗稿经过不断修改加工、编辑整理，便汇成了《白氏长庆集》。有类似做法的人很多，如李贺和梅尧臣的布袋笔记，陶宗仪的树叶笔记，龚自珍的竹篦笔记，钱钟书的麻袋笔记。

第二，要保持头脑清醒。我们在工作中都有这样的经验：如果心浮气躁，就很难有好的思路；如果干扰太多，也很难集中精神，进入状态。

所以主观上要培养自己的虚静功夫，让内心保持一种自由活泼的状态，客观上也要努力为自己营造一个更适宜的环境，减少外界的干扰。一些写作团队在起草重要文稿时采取封闭写作的方式就是出于这个目的。

特别是在信息化时代，各种电子产品虽然带来了便利，但确实增加了很多干扰和噪声，使时间被切割、精力被分散。当我们认真构思文稿时，适当远离这些干扰是必要的，少看手机、少上网，让自己静下来才能进入状态。

第三，要善于保持空杯心态，做到思想通达。写作者写作要有思想主见，但这绝不等于固执自我，而是要尽量去除内心的成见、思维定式，用更开放的心胸接受外界的信息，用更客观理性的态度对待别人的意见，善于反思，择善而从，敢于自我否定，经常把自己归零。

这不仅是一种好的思维习惯，也是一种好的写作状态，因为只有思维无所牵绊，处于自由状态，意识才会被充分激活，甚至产生出其不意的想法。从人格特征来说，这是一个人思想通达的表现。而这恰恰是悟性和灵感的重要来源。

第四，要多交流碰撞。除了自己冥思苦想之外，与人进行思想交流，产生思维火花和化学反应，也是产生灵感的重要途径。一个好的写作者，往往十分注重向他人学习，善于同他人交流。思想的火花、灵感的突发，常常是在不经意的碰撞中产生的。

例如，起草文稿前，进行头脑风暴和召开"神仙会"，集思广益，不设限地讨论交流，这其实就是把个人的神思拓展为群体的神思，产生思维激荡和碰撞，找出最佳的思维角度。

王汎森先生在《天才为何成群地来》中提到，19 世纪欧洲思想之都维也纳是"天才成群地来"的地方，城中大量的咖啡馆成为大师的养成之所，在相互的交流谈论中，一个人从一群人中开发思路与知识，其功效往往是四两拨千斤。

很多重大的思想和科学发明，就来自看似漫不经心的交谈当中。这充分说明了思想交流激发火花和灵感的重要性。唐代诗人贾岛曾经在冥思苦想之中，被韩愈一点拨，就找到了更好的表达。

灵感不是万能的，是可遇不可求的。就像下围棋，真正的高手不求妙手，只求半目胜，写作要做到真正高效，也不能一味依靠灵感，而是要追求稳定性和可持续性，也就是说，不要指望经常有灵感迸发，能够稳定地产出，并有适当的创造性，就是很好的一件事了。

灵感确实会提升文章质量，但它不是从天上掉下来的，写作者需要把握它的规律，给灵感的产生创造条件。

很多人有偏见，觉得产生写作灵感要靠刺激，如喝茶、喝咖啡等。其实这些和灵感没有必然关系。说到底，灵感不假外求。灵感更多地来自自身思考，不是刺激出来的。

梁启超先生的很多社论，通常是在简要了解完主题要求后，在麻将桌上口授而成的，而且写得流利畅达，感情奔放。

我们能说梁启超先生写文章是靠灵感吗？不能，他是在广博的知识和透彻思考的基础上，在打麻将这样一种轻松的心理状态下，充分激活了自己的思维，从而写出有思想创造力的篇章。这就是灵感的奥秘。

五、如何坚持问题导向

公文的目的是推动工作，而推动工作的一个重要途径就是发现问题、分析问题、解决问题，因此好的公文应该具有强烈的问题导向性。这一属性在领导讲话稿、工作报告、调研报告等综合性公文中体现得更明显。

平时我们评价某个报告或讲话稿写得好，往往会说它具有"针对性、前瞻性、指导性"，都是以问题为圆心、从有利于解决现实具体问题的角度来评判的。

只有始终坚持问题导向，用现实问题来统率文稿的构思和写作，精准指出问题，深入分析问题，抓住解决问题这个根本，才能抓住公文写作的根本方向，避免写出些不痛不痒甚至中看不中用的浮泛文字。

坚持问题导向对于公文写作来说，是重要的思想方法，也是很好的写作传统。从古至今，好的公文都是坚持问题导向的产物。

例如，杜甫在担任华州司功参军时，写了两篇传世公文：《为华州郭使君进灭残寇形势图状》和《乾元元年华州试进士策问五首》，目的是为剿灭安史叛军献策，考虑如何减轻人民的负担。这两篇文章都是针对当时的社会现实问题提出的建议，和他的现实主义诗作是一脉相承的。

曾国藩担任京官期间，在两年时间里上了九道建言奏折，包括《应诏陈言疏》《备陈民间疾苦疏》《议汰兵疏》《平银价疏》，这几道奏折都切中时弊，体现了很强的问题导向。

心理学研究表明，意识到问题的存在是思维的起点，没有问题的思维是肤浅的思维、被动的思维。问题意识其实蕴含着反思精神、批判精神、忧患意识和超前意识，对于公文写作来说，树立问题意识的根本目的，就在于既关注现实又防患于未然，使工作少出纰漏、使自己少走弯路。

问题意识，是对写作者思想力和理论功底的考验，也会直接影响文稿的质量和深度。可以说，公文写作者没有问题意识就是大问题。写作者起草每一篇文稿，都应该至少提出一个重大而现实的问题，或者回答一个问题。写作每篇稿子，都要多问几个为什么，多问几个行不行，多问几个怎么做，要透过现象看本质，把深层次问题提出来。

要提高公文写作水平，就要善于思考。现在很多文稿，就是归纳几个平淡无味的观点，再堆砌一些司空见惯的素材，提一些无关痛痒的思路，这样的稿子只能说是平平无奇，甚至是语言垃圾。写出这样的文稿是因为写作者没有问题意识。

坚持问题导向的思考逻辑，其步骤是：提出一个新问题（证明你在思考，有的放矢）；有一个自己悟到的新思想（可以看出你对这个问题的独到理解）；有几个自己精心挑选的事例（证明你经过了调查研究，能够从理论与实践的结合上说明新问题）；有几个合适的比喻、典故或数据（说明你已吃透了这个问题，能够深入浅出）；有与文件不同的表述或阐释新问题的语言（说明你不是在抄文件、抄社论、抄讲话）。

虽然这个步骤比较笨，但比较有效。只要经常操练，抓问题的能力和写稿子的能力也就自然提升了。

世界上的客观问题很多，抓什么样的问题才能有的放矢？如果想让一篇公文面面俱到，期望解决所有问题，那肯定是奢望，最终任何问题都解决不了。那么到底要抓什么问题？怎么样才能抓得准呢？

坚持问题导向，并不是说不分青红皂白，问题越多越好，在一篇具体公文当中，有针对性的问题才是好问题。有针对性要求紧扣文稿主题，紧扣工作实际，紧扣任务目标，紧扣受众心理。客观存在的、具有典型性的、具备分析价值和解决可能性的问题才是好问题。

问题不是简单直观地摆在事物表面，它需要写作者深入思考、精心调查、潜心研究才能被觉察，写作者在任何时候都需要有敏于思考的头脑和善于发现问题的眼睛。

公文是为实际工作服务的。在工作中要解决问题，就要先认清问题，而要认清问题，就得先研究工作，把握工作的规律。所以，问题既是公文的统领，也是连接文稿与具体工作的桥梁。写作者要在发现问题、分析问题、解决问题方面下功夫，使文稿的指向始终聚焦在所要解决的具体问题上，然后讲道理、摆事实、提措施。

发现问题、分析问题、解决问题，从辩证唯物主义的角度说，是物质和意识哲学关系的反映，从公文写作的角度说，是对待问题的科学步骤。

一是善于发现问题。要善于发现问题就要敢于正视问题，问题是客观存在的，写作者不能掩盖、不能回避、不能推脱，只能勇敢、清醒地面对。敢于面对问题，是一种健康的自省意识，也是真正自信的表现。

只有在思想上直面问题，才会认识到每个问题的紧迫性和艰巨性；只有在行动上直面问题，才可能以高度负责的态度和担当精神寻求问题的解决方法；只有在制度上直面问题，才会想办法建立解决问题的长效机制，不做一时的表面文章应付了事。能不能直面问题，是检验是否坚持问题导向的试金石。

二是学会分析问题。有时写作者对一些问题熟视无睹、见怪不怪，不会科学分析问题和深入研究问题。发现了问题，还得认真分析研究。

写作者要运用马克思主义的唯物辩证法，坚持全面联系发展的看问题，透过现象看本质，具体问题具体分析。既要全面分析问题的性质，查明原因，认清问题之间的联系，还要分析问题的轻重缓急，抓住事物的主要矛盾和矛盾的主要方面，不搞"一刀切""一锅煮"。

找准共性问题，也找到个性问题，找准表面问题，也找到深层次问题，经过系统细致的分析，找出问题的焦点、重点和难点，牵住"牛鼻子"。

三是切实解决问题。坚持问题导向，最终是要解决问题。问题是矛盾的外化，解决问题必然要解决矛盾。真想解决问题，就得有勇于自我革命的气魄，敢于向顽瘴痼疾开刀，敢于触及深层次矛盾。特别是领导的讲话，要以解决问题为工作导向，而绝不是只有口头功夫，关键是行动。只有这样，问题才会被解决，对于文稿来说，也才真正做到了用问题统领全文。

六、如何拟标题

公文的内容由观点和素材构成，其中，观点很多时候体现在标题上。主题是核心论点，主题统领着各级分论点，这些论点的直接呈现就是标题。一篇公文有主标题、副标题，有次级标题、小标题，还有主旨段、主旨句，这共同构成主题的完整表现形态。

标题是为主题服务的，它呈现主题、细化主题，使主题贯通全篇。长期从事公文写作的人都有这样的体会：标题制作要耗费大部分精力，需要反复琢磨、反复推敲、反复修改，这样才能更好地突出主题。

标题一般要求概括、简明、新颖、对称。

概括就是要能总领全篇内容和主要思想观点，始终紧扣主题、围绕主题、呼应主题。

简明就是要用最简洁的文字，遣词造句时高度精练。标题过长、过于琐碎是大忌。例如，"高举伟大旗帜，坚持高质量发展，深化改革创新，解放思想，开拓奋进，努力把我市经济社会建设推上一个新台阶"，这就不像一个标题，而像一段话，给人散乱的感觉。

新颖就是要富有吸引力和感染力，能够使人眼前一亮。例如，一篇反"四风"问题的对照检查材料，标题为"对着'明镜'正'衣冠'"，既符合对照检查材料的主题，又形象生动。

对称就是要与内容相吻合，标题正好概括了全部内容，这就像做帽子，尺寸必须与脑袋一致，既不能"帽大于头"，也不能"帽小于头"。一篇谈经济工作的公文，标题为"推动各项工作有质量有效益发展"，这就是"帽大于头"；相反，一篇讲全面工作的公文，标题为"实现我市经济又好又快发展"，这就是"帽小于头"，都是不合适的。

主标题有三种常见写法。

第一种是体现讲话场合及讲话内容的叙事性标题，主要用于小型会议、一般性工作会议或公务活动。例如，"在全省安全生产工作会议上的讲话""在全市防汛抗洪总结表彰大会上的讲话""在'三严三实'专题教育工作启动大会上的讲话"等。

第二种是体现会议主题及讲话内容的观点性标题，主要用于庄重场合或大型会议、大型活动，如党代会报告、工作会报告。这类标题后面往往有副标题，说明在什么场合、是谁的讲话。

例如，"创新管理，突出效益，实现公司海外业务发展新跨越——在集团公司海外工作座谈会上的总结讲话""深化改革，苦练内功，全面提升核心营销能力——在公司 2015 年度工作会议上的主题报告"等。

第三种是固定标题，其适用于各级人民代表大会会议上的政府工作报告、法院工作报告、检察工作报告、企业的职工代表大会报告。

固定标题从中央到地方，沿用几十年，成为一种法定标题。

正文中各个部分的大标题，通常有三种基本写法。

第一种，用"要"字统领各标题。例如：（1）要深刻认识创新驱动发展战略；（2）要正确把握创新驱动发展战略；（3）要全面贯彻创新驱动发展战略。这种写法的优点是，标题所显示的观点简洁明了，语句短促有力，使各部分之间的衔接很紧密，也使整篇文章很紧凑。

但这种写法更适用于非主题报告的强调性讲话，而且在论述各部分的观点时不宜太展开，而要用高度概括性的语言来进行简明扼要的阐述，体现简短有力的文风优点。

如果文章篇幅不长，可以不用序号隔开，而是用"是"统领几个标题。例如，在企业管理现代化优秀成果交流会上讲话的几个标题：一是提高思想认识，高度重视管理创新工作；二是认真总结管理经验，形成一批优秀管理成果；三是加强成果宣传推广与应用，营造良好氛围；四是构建管理创新的长效机制，全面提高管理水平。

第二种，用不带观点的陈述式短语做标题。例如：（1）关于2015年工作；（2）当前形势分析；（3）2016年工作部署。再如：（1）科技创新工作进展；（2）存在的突出问题；（3）下阶段工作思路和安排。

第三种，用带观点的祈使句作为各部分的标题。例如，党建工作座谈会的标题：（1）加强思想建设，凝聚共同理想信念；（2）加强组织建设，发挥党组织政治核心作用；（3）加强作风建设，始终保持优良传统；（4）加强反腐倡廉建设，营造风清气正发展环境；（5）加强制度建设，提高企业治理规范化水平；（6）加强党务工作者队伍建设，不断创新工作方式方法。这种写法是最常见的，便于在各部分中写较多的内容，充分展开来讲。

以上几种都是带有序号的写法，还有一种不带序号的写法，即标题置于文中，以变换字体和提行来体现。例如，讲话稿一开始就申明全文要讲"三个问题"，接下来第一个问题讲发展，第二个问题讲改革，第三个问题讲队伍，依次讲述。这种写法使整篇文章浑然一体，层次划分不露痕迹，适用于篇幅较短小的讲话稿。

正文中的二级、三级标题，是为各部分大标题服务的，或做解释说明，或做进一步论证，构成一种总说与分说、总论点与分论点的关系。

纵观各类讲话稿，以下四种方式比较常见。

一是用一个"字"或"词"统领各标题。例如用"抓实"：（1）抓实干部队伍建设；（2）抓实基层组织建设；（3）抓实党风廉政建设。再如："突出××××"（布置工作），"在××上下功夫"（提出措施），"始终坚持××××"（总结经验），"新进展、新步伐、新突破、新亮点……"（总结成绩）。这种写法易于掌握，也便于理解和记忆，但不可多用、滥用。

二是提炼小观点作为小标题。这种方法使用得好往往会令人耳目一新、印象深刻。例如，在谈产业发展问题时，用"上游主业地位更加凸显""中下游产业布局基本完成""专业服务发展能力不断提升""产贸融协同效应初步显现"这样四个句子做小标题；在谈党的建设时，用"作风建设取得明显成效""反腐倡廉工作深入推进""党建工作创新积极推进""干部队伍建设成绩显著"四个小观点作为小标题。

三是用一个词或词组概括段落大意，再用内涵界定或扩充后的语句做小标题，如"总体思路""发展目标""基本原则"等。这一方法要适合特定内容。

四是用可以上下文自然承接而又能准确概括该段大意的句子作标题。例如，在"三严三实"党课材料中，谈到落实"三严三实"的实践要求时，用了四个标题：正心修身，锤炼"三严三实"的政治品格；正风肃纪，落实"三严三实"的作风要求；正道善为，遵循"三严三实"的行为标尺；正己化人，恪守"三严三实"的做人准则。

上面总结的是一些常见的标题处理方法，实践中要灵活运用。例如即席讲话稿，要多用观点性标题，且语句要简短，以便听者理解和记忆。在同一个领导的不同讲话稿中，制作标题的方法也要交替使用，以免雷同、形式呆板。

要注意的是，有些标题对仗很工整，但由于过于追求对仗，往往与内容不太相符，词不达意，这也是写标题的一个大忌。例如，"农业稳市，工业强市，三产旺市，改革活市"，"旺"和"活"用得过于牵强。

另外，标题的首要任务是要确切概括所表述的内容，形式要服从内容，不要以辞害意、削足适履。

公文每段内容第一句话的提炼也很重要，首句具有类标题性质，是标题的拓宽和延展，能起到总体概括作用。因此，在起草文稿时，应有意识地把每段的首句当作标题来认真琢磨，这在后面还会详细介绍。

七、如何创新

公文入门并不难，难就难在有所突破和创新。为什么创新很重要？首先，公文是对实际工作的反映，也是用于指导工作的。因为工作本身在变化，客观事物在变化，所以写作不能一成不变，只有创新才是实事求是的体现。

其次，前文说过公文写作有几个层次，即以文叙事、以文辅政和以文鼎新。提出新的工作理念、思路和措施，推动工作取得成效，才是公文功能的体现，也是公文写作主体价值的体现。

最后，创新也应该是公文写作者的自觉追求。只有不断追求创新，写作工作才有意义和价值。如果每年照着去年写，那还要写作者干什么呢？大家做这个事情又有什么意义呢？又能从中得到什么锻炼和提高呢？

一篇好的公文一定要有新的元素，如角度创新、内容创新、方法创新、结构创新，其中最重要的创新是观点创新，而观点又来自思想。所以创新的过程，从根本上说是写作者不断学习成长的过程，帮助写作者不断成长才是创新最大的意义所在。

我提倡的理念是：永远的重复与持续的创新。

为什么说永远的重复呢？一个单位，有一些工作是要反复强调的，有一些思路是一以贯之的，有一些原则是经久不变的。这就是需要重复的内容，反复强调、不断重申，才能让人加深印象，让人感觉到它的重要性。

例如，年初的部署，年中还要再次强调，这样才能相互呼应，而不是抛开已有的内容弄一套新的。又如，一个单位的文化理念通常是稳定的，但文化又相对比较抽象，所以要反复阐发、经常解读，才能让人接受和理解。

还要重复强调上级的一些内容。例如，贯彻党和国家的精神要求，很多时候要进行复述和强调，并且要认真落实，变成自己的工作方案，而不能任意取舍，甚至另起炉灶。很多时候，在贯彻落实上级精神上是有严肃性要求的，只有遵循，没有创造。

重复并不是原样照搬，不能简单机械地把原有的内容拿过来，而是要根据新的语境，对重点内容重新述说，或者变换角度再次强调，做到安排工作既一脉相承，又推陈出新，落实工作既遵循上级精神，又结合自身实际。

有几种思维在阻挠创新。第一种是简单思维，觉得差不多就行，不想费心思去创新。第二种是惯性思维，一味地遵循条条框框，按照从众和习惯方式写作。第三种是经验思维，凭自己的经验写作，不敢跨越和突破。

这几种思维模式导致的结果就是，虽然想创新，但没有行动，不敢冒创新的风险，害怕失败。要想在公文写作上创新，最重要的是突破思维定式，解决创新的动力问题，否则难以写出有新意的公文。

要避免公文成为刻板的"八股文"，写作者就得发挥主观能动性和智慧创造。"兵无常势，水无常形"，公文创新的空间是很大的，关键在于写作者要把创新当作一种习惯，自觉破除思维定式，运用创新思维，摆脱俗套，少写大话、套话、空话、现成话，多写新话、实话、活话、提神话。

有的稿子让人昏昏欲睡；有的稿子鲜活生动，充满了有新意的观点和语言。"新话"是怎么来的呢？写作者平时要多掌握新情况、新问题，积累新材料，努力提炼新思想、新观点，如此写出的文稿才会有新意、有新话。

当然，提倡创新，不是要求脱离实际，不能为了新意而新意。公文不仅是写出来的，还是在工作中干出来的，这就需要写作者具备实践的自觉性，向工作中的现实矛盾和问题聚焦，把创新的落脚点放在解决问题上，融入自己的真情实感和理性思考，这样创新才能有不断的源泉和强大的动力。

最难写的文稿莫过于分量很重又要常讲的文稿，如工作报告。因为这类文稿要么是常规性的、惯例性的，其框架、风格、内容都比较稳定；要么是同一个主题，要在不同地方、不同场合反复讲。如果没有新的思路和写法，很容易老腔、老调、老面孔，落入俗套，味同嚼蜡，讲一堆正确的废话。

对于这类文稿，一定要解放思想、敢于突破，在主题思想一脉相承的前提下，尽可能用新概念、新材料、新语言，使人耳目一新。

文贵创新，概括起来，主要有四种创新的路径。

第一种是框架结构上的创新。公文的结构方式可以有两段式、三段式或多段式，每一部分的布局方式又可以分为纵向布局和横向布局。纵向布局就是按时间顺序或者按事物的逻辑关系纵向排列，横向布局就是将文章涉及的并列关系一一分述，有时也会把两种布局方式交叉使用。为了更好地表现内容，写作者可以灵活运用这些结构方式，不要受固有的思维局限。

例如每年的工作报告，通常都是两段式或三段式，若要创新，写作者可以采用多段式，把重点问题拎出来一个个单说，还可以在局部进行框架调整，如讲完成绩之后加入几条体会，在讲工作任务之前加几条工作原则，这样就可通过形式的创新来丰富和完善相关内容。

第二种是阐述角度上的创新。 每年的工作报告都要部署工作，而一个单位的工作无非就是那几件事，怎样避免年年说重复的话呢？对同一个内容，从不同角度切入，从不同的角度来阐述，也是创新。

例如，去年说了深化改革、加大投资、开拓市场等内容，今年还要说这几件事，那我们就可以换个视角，从为什么要这样部署工作的视角来加以阐述。这样我们就可以写成：着力解决体制机制突出瓶颈，充分释放发展势能；加大有效投资力度，增强发展后劲；抓住市场开拓的工作主线，推动生产型向经营型转变。这是对具体工作安排背后的工作思路的揭示，不但能写出新意，还能加深大家对所写内容的理解，使大家知其然也知其所以然。

例如，工作总结经常写，如何写出新意？可以在角度上创新。

一是根据工作职能进行总结。这是一种最主要的总结角度，常用于年度工作报告，用于对工作进行全面总结。

例如，办公室的主要职能是"办文、办会、办事"，在总结工作时归纳为"办文质量跃上新台阶；办会效果有了新提升；办事水平有了新提高"等部分，这就是从工作职能出发来总结工作的。

二是根据工作思路进行总结。如果工作思路与众不同或别有创新，也可以围绕工作思路来总结。一般来说，从这个角度来总结工作的效果主要取决于思路是否清晰、深刻、新颖。

例如，总结五年规划制订工作，在回顾做规划的思考准备和理论依据时，从这几个方面总结：（1）适应经济新常态，认真转变发展观念；（2）认清行业新趋势，进一步强化危机意识；（3）抢抓改革新机遇，切实增强紧迫感；（4）把握有利因素，坚定发展信心。这样就把工作背后的思路阐述得非常清楚。

三是根据工作特色进行总结。这种方法常用于专项工作的经验介绍，对写作者要求比较高，写作者不仅需要充分掌握材料，而且还要有一双善于发现的眼睛，能从大量的资料中挖掘闪光点。

例如，总结思想政治工作，从原始素材中提炼出"工作扎实、细致耐心、方式灵活、领导带头"几个方面的特点，由此归纳为"立足一个实字，增强思想政治工作的针对性；着眼一个细字，增强思想政治工作的感染力；突出一个活字，增强思想政治工作的吸引力；强调一个带字，增强思想政治工作的感召力"等，这样不落俗套，写出了新意。

四是根据采取的工作措施进行总结。这也是很常见的方法，主要用于对某方面的工作进行总结。

例如，抓"执行力建设"时采取了"统一思想、转变作风、加强督办、素质培训"四大措施，总结时就归纳为"统一思想抓落实；转变作风抓落实；督促检查抓落实；提高素质抓落实"四个部分。

五是根据开展工作的时间进行总结。这种方法一般用于对专项工作进行总结。这种方法能完整描述整项工作的全貌，缺点是重点不突出、特点不明显，很容易变成流水账，难以给人留下深刻的印象。

例如，完成某个重点项目后，从"领导重视，精心组织；制定方案，分工负责；加强协调，形成合力；抓好试点，健全方案；狠抓落实，强化执行；总结提高，优化改进"等六方面进行总结。

六是根据"关键词"进行总结。中央精神和上级文件中往往会提出一些新的理念，出现一些热点词汇。合理利用这些热点词汇来总结工作，既可以体现时代气息，又可以提升文稿的高度。

例如，中央提出五大发展理念，写作者在总结工作时，可以用创新、绿色、协调、开放、共享作为关键词，把相应的内容归并到这五个部分下，总结为"坚持创新发展，增强公司发展活力；坚持协调发展，提升发展整体效能；坚持绿色发展，推动公司发展可持续；坚持开放发展，培育国际竞争新优势；坚持共享发展，追求多方合作共赢"，如此内容全面，有新意，也符合中央要求。

七是根据参与主体来总结。当某方面工作或者某个重大项目完成后，相关人员一般都要召开会议，总结工作，表彰先进。这种总结往往围绕参与该工作的各主体来构思。

例如，某重大工程项目总结表彰会议的总结可以这样写，"在整个项目建设中，党和国家高度关注……；项目所在地的各级党委和人民政府，十分重视项目的推进……；建设单位将项目作为最重要的议事日程……；参与项目的全体建设者是真正的英雄……"。

八是根据解决的问题来总结。在总结工作时，针对解决的问题来归纳，往往也会取得很好的效果，如针对性强、直接鲜明，能给人留下较深的印象。

例如，从解决"脸难看、事难办、门难进"等问题出发，将工作总结为"进一步增强服务意识，尽量让老百姓少受一点气；进一步改善服务环境，尽量让老百姓少跑一点路；进一步优化服务手段，尽量让老百姓少花一点钱；进一步提升工作效率，尽量让老百姓少排一点队"四个方面。

第三种是文字表达上的创新。努力使语言更加生动、简洁、清新，接地气，避免呆板、老套、枯燥、模式化、概念化。还要追求闪光点，一篇文稿有时仅有一两个亮点，就能让人印象深刻，甚至流传久远。一篇能让人记住一两句话的文章，就算很成功了。

第四种是观点论断上的创新。清代文学家李渔说，"意新为上，语新次之，字句之新又次之"，这里说的意新，就是指观点创新。如果没有新的思想观点，公文很容易落入俗套，味同嚼蜡，讲一堆正确的废话。

如何在写作中很好地运用上述四种路径，有哪些好的思路和方法？

一是联系实际。有些话题尽管是老的，但在不同时期总会有新的情况、新的变化。例如，宏观环境发生变化、政策规定出现调整、上级提了新的要求、工作落实时遇到新的困难等，写作者要紧紧抓住这些变化的情况，把握新形势、新任务，思考新问题、新挑战。可以说，只要和实际结合得紧，就有用不完的素材、写不完的新话。

二是转换视角。从不同的角度认识同一个问题，从中引出不同的话题，这样不仅可以避免重复，而且有利于思想与时俱进。例如，转变作风抓落实是经常要写的话题，为了不重复，我们可以从抓落实的一般要求上讲，可以从抓落实的条件上讲，可以从抓落实的方法上讲，也可以从抓落实存在的问题上讲。角度一变思路宽，如此旧话题也可以不重复，做到新意迭出。

　　三是学会拓展思路。例如，讲一个问题往往都是按为什么、是什么、怎么办这样的逻辑谋篇布局的，如果改变一下行文思路，在讲某个问题之前，举一个这方面的经典例子，以事明理，再简明扼要地提出观点，这样就有了新意，给人的印象也会更深。

　　四是打破套路。有些套路用多了就变成条条框框，束缚思路，写作者要敢于打破。例如，写工作总结时一般都大量运用材料，而写经验体会时只简单概括，如果改变一下这种套路，在谈经验体会时，用典型事例作为论据，就会增强说服力，也能更有新意。

八、如何开头和结尾

　　总体来说，任何一篇公文都可以简单划分为开头、正文与结尾三部分。开头和结尾占据的篇幅不大，但对于文稿非常重要。

　　俗话说："万事开头难。"写文章也是一样的。开头是文章思路的起点，其意义在于总领整篇文章，起着定调的作用，使读者了解行文意图。好的开头，可以先声夺人，给人以深刻的印象。

　　开头长短不一，它既可以是一个句子，也可以是一个或几个自然段。以讲话稿为例，常见的开头方法有以下五种。

　　一是总体概括法。从介绍情况入手，说明会议召开的背景、目的、议题和任务。这是普遍采用的方法。

　　例如，党的建设工作座谈会讲话，开篇就写："这次会议的主要任务是贯彻落实新时代党的建设新要求，总结交流经验，研究部署工作，探索创新党建工作方式方法，动员全体党员干部，不断开创党建工作新局面"。

二是开篇点题法。开篇点题即一开始便把讲话的意图简明扼要地说出来。例如，"下面，我简单强调几点意见，归纳起来是'一个强化、两个突破、四个抓实'。"

三是提出问题法。即提出问题，吸引听众，引发思考。毛泽东同志在《中国社会各阶级的分析》一文中这样开头："谁是我们的敌人？谁是我们的朋友？这个问题是革命的首要问题。……我们要分辨真正的敌友，不可不将中国社会各阶级的经济地位及其对于革命的态度，作一个大概的分析。中国社会各阶级的情况是怎样的呢？"

四是表明态度法。表明态度即开门见山地表明讲话者对所谈问题的态度。例如，"同志们，刚才，某某同志的工作报告，我完全赞同。下面，我再强调几点。"

五是欢迎感谢法。欢迎感谢即表达必要的欢迎、感谢后导入正题。例如，某单位在向上级巡视组做工作汇报的讲话稿中这样开头："尊敬的巡视组各位领导：首先，我代表领导班子对巡视组前来巡视和指导工作表示诚挚欢迎。按照巡视组要求，现在将有关情况汇报如下。"

不管是哪一种方法，都应做到开门见山，简明扼要。

结尾的任务是托起全篇。它可以是一个句子，也可以是一个或几个自然段。好的结尾具有画龙点睛的功能，可以鼓舞斗志、振奋精神。仍以讲话稿为例，常见的结尾方法有以下六种。

一是总结法，即在结束时简要地对前面讲过的内容进行总结，进一步概括主题，加深受众印象。例如，"刚才我从增强建设幸福城市的使命感、增强对知识和能力的恐慌感，增强只争朝夕的紧迫感三个方面，向广大干部提出了要求，希望大家不辱使命，恪尽职守，把本职工作做得更出色，为全市发展做出新的更大贡献。"

二是号召法，即用一些精悍有力、催人奋进的话语进行号召或呼吁，引申主题，引起受众共鸣，达到情感高潮，使受众为实现既定目标而奋斗。例如，某单位反腐倡廉工作会议讲话结尾："同志们，风清则气正，气正则心齐，心齐则事成。让我们紧密团结在以习近平同志为核心的党中央周围，紧紧围绕四个全面战略部署，服务大局、奋发进取，以坦荡胸襟、浩然正气，认真抓好反腐倡廉工作，为改革发展提供有力保障！"

三是展望法，即通过展望性、预示性的语言，引起受众对美好未来的憧憬与向往。《星星之火，可以燎原》的结尾是这样的："它是站在海岸遥望海中已经看得见桅杆尖头了的一只航船，它是立于高山之巅远看东方已见光芒四射喷薄欲出的一轮朝日，它是躁动于母腹中的快要成熟了的一个婴儿。"

四是希望法，即以对受众提出带希望性、鼓励性的话语作为结尾。例如，在青年干部大会上的讲话结尾："最后，希望大家倍加珍惜组织赋予你们的职责，倍加珍惜改革发展的大好形势，倍加珍惜广大干部员工对你们的殷切期望，开拓创新、积极工作，以自己的实际行动交上一份满意的答卷。"

五是祝愿法，即以祝福性的话语作为结尾。例如，"最后，衷心祝愿贵公司明天更加美好，祝愿同志们工作顺利，身体健康。"

六是自然收尾，意尽而止。例如，"以上几个方面，请大家认真研究，抓好这次会议精神，谢谢大家。"

无论采用哪种方法结尾，都必须做到简洁有力、干净利落，切忌拖泥带水、画蛇添足，或者草草收兵、软弱无力。

九、如何统稿

在公文写作实践中，很多大型的、综合性文稿是由多人分工写作，然后统稿完成的。统稿者既要把分工写作的稿件连缀成篇，还要做到体例完整、风格统一，进而文气贯通。

打个比方，就像踢足球，统稿者既是中场发动机，出思路、出提纲、负责协调和调度；又是前锋，需要有良好的意识和较强的能力，跑位抢点，踢好"临门一脚"，确保文稿的意图实现；还是后卫，要查漏补缺，避免大的错误和疏漏。

统稿者也像武林高手练功，要把输入的杂乱的"真气"疏通理顺，不能让其乱冲乱撞，这必然需要很深的"内功"。所以，对一个资深的统稿者来说，统稿是一个再创作的过程，统好一篇稿件的难度不亚于单独起草一篇稿件。

但在实践操作中，大型稿件的写作往往要由多个部门的人参与，一个人不可能熟悉各个方面的工作；有时由于时间特别紧急，出于效率的考虑，需要多人合作；还有出于培养人才的考虑，统稿者不可能事事亲力亲为，而要把责任分下去。

在这些时候，统稿者要发挥好作用，要使文稿不相互冲突、参差不齐或者支离破碎，这既是对组织策划能力的要求，也是对文稿整体驾驭能力的挑战。

文稿起草一般有四种方式：一是单人起草；二是部门起草；三是多个部门组成起草小组起草；四是领导亲自起草或主持起草。

对于比较简单的一般性讲话稿，可采用单人起草的方式；对于特别重要的讲话稿，采用组建起草小组的方式；对于政策性、全局性、指导性较强的重要文稿，则应当采用集体研究的方法；对于一些由许多单项内容汇总起来的讲话材料，可采用单人分头起草，集体研究修改的方法。

分块负责的好处是分工明确，责任到人，能够有效及时地完成任务。但要使分块负责真正收到好的效果，而不至于流于形式甚至"拖后腿"，就要处理好分块负责与统稿的关系。在这个过程中，撰稿者和统稿者都能发挥作用，得到锻炼和提高。

在这个过程中要注意把握好以下两点。

一是既要分而不散，又要统而不死。具体分工时，可根据撰稿者日常联系工作的侧重点不同、每个人的优势和特点不同分配工作。撰写过程中，可采取的办法有以下几种。

（1）分块负责与逐段讨论。形成提纲后，统稿者将撰稿者集中起来，逐段进行推敲，按部分进行讨论，使大家从整体上把握文稿，了解各部分的内在联系，这样能集中时间和精力，提高效率。

（2）分块负责与相互修改。对撰稿者交上来的稿子，统稿者通览后做到心中有数即可，不要急于统稿，应要求大家互换稿子相互修改，使撰稿者取人之长补己之短，互相学习，相互促进。

（3）分块负责与集体"会诊"。即集体把脉，讨论修改，补充完善文稿内容，增强文稿的针对性和实效性。

在实践中，以上几种办法可以交替使用。在分工写作和互相讨论修改后，统稿者修改和润色，进行适当提炼，完善文章。这样，整个起草过程就是一个分块负责与统稿相互促进、相得益彰的过程，充分发挥了两个方面的积极性，使文稿内容和效果都得到了保证。

二是充分发挥撰稿者的主观能动性。好的统稿者不能居高临下，不能只说不做，不能对参与起草的同志放任自流，要在起草过程中始终起到关注、引导和提示作用。以下办法有助于充分发挥撰稿者的主观能动性。

（1）在文稿起草前明确提纲。有了提纲就有了底子，使大家都有了共同讨论和推进的基础，但也要注意，由于事先对工作内容不完全了解，也不要过分拘泥于提纲，提纲是死的，而工作内容是活的，绝不是一个事先预设的提纲所能包容的，大家要敢于实事求是地修改或突破提纲。

（2）从整体上把握工作。撰稿者在构思动笔之前，除了对自己撰写部分要了解外，对整体工作的特点、重点也要有所了解，对各项工作在整体工作中的位置及进展要心中有数。

（3）要求撰稿者尽量统一文稿风格。撰稿者要根据需要使用恰当的表达形式，是讲话稿就要写成讲话的语气，是汇报稿就用汇报形式，这样能减少统稿的难度。如果大家的写作水平不一样，统稿者可以提供范文。

（4）增强撰稿者的创新意识和责任心。即尽量发挥撰稿者的优势，使其围绕文稿主题大胆创新，提出一些有价值的意见。减少撰稿者盲从统稿者意志的依赖思想，让他们不断闪现思想火花。分块负责并不是随心所欲，无论负责撰写哪一部分，撰稿者都要认真谨慎，大到谋篇布局、观点提炼、数据引用，小到语言推敲、标点符号运用等，都要尽量减少差错。

一个成熟的统稿者，不但在具体文稿的统筹上能发挥突出作用，也是一个单位文字团队的骨干甚至带头人，所以在日常工作中还要注意以下几点。

（1）要学会总结，经常性地思考，找到工作中的技巧和方法，进而找到规律。

（2）要善于发挥群体智慧，如运用共同讨论、头脑风暴等方法。发挥群体智慧其实既是凝聚众智的过程，也是互相学习提高的过程。

（3）要注重打基础，善于把好的经验固化为制度、规范和流程，提高工作的规范化、标准化和精细化程度，这样对提高工作的质量和效率很有好处，也有利于团队经验的积累与传承。

（4）注重氛围营造与经验传授，学会识才与察人，选好继任人，重视人才培养，敢于压担子，善于将放手与及时指导相结合，保持队伍的有效传承。

十、如何提炼观点

观点是理性思考的产物，具有揭示规律、透视本质的作用，好的观点的认识价值和实践价值都很大。文稿要有思想性、理论性和启发性，就要有好的观点。

一个好的观点就是一个亮点，几个好的观点就能够支撑起一篇文章。好的观点可以直接作为主标题，可以作为子标题，也可以在具体内容中体现。

提炼观点要注意以下几点。

一是要紧扣主题。例如，2019年中国发展高层论坛"塑造绿色发展动能"分论坛的主旨演讲，提出了三个观点。

第一，加大清洁天然气供给，是推动环境治理的最现实选择；

第二，推动电力系统低碳转型，是推进我国能源生产和消费革命的关键举措；

第三，推动传统能源企业绿色生产，是实现经济发展与环境保护良性循环的重要路径。

这些观点都是紧紧围绕"塑造绿色发展动能"这一主题来展开的，论述集中，内在一致，主旨突出。

二是论点要新颖。例如，国务委员王毅在美中关系全国委员会、美中贸易全国委员会、美国全国商会、美国对外关系委员会联合举办的晚餐会上发布题为《登高望远，不惑前行》的主旨演讲，提了四个核心观点。

第一，互利合作是唯一选择，中美双方谁也没占谁便宜；

第二，开放融合是正确方向，中美双方谁也离不开谁；

第三，冲突对抗没有出路，中美双方谁也改变不了谁；

第四，共担责任是历史潮流，中美双方谁也不必取代谁。

并就如何真正把共识落到实处提出三点意见。

第一，对于双方可以开展合作的领域，应本着合作共赢的精神坚定不移向前推进和深化。

第二，对于双方存在分歧的问题，应本着不冲突、不对抗的精神妥善加以管控。

第三，对于涉及彼此核心利益的事务，应本着相互尊重的精神坚持互不干涉内政。

这一讲话之所以让人印象深刻，原因是它对当时的两国关系和未来趋势做了深刻的剖析，提出了诚恳的希望和倡议，不卑不亢，很有针对性，而且观点非常新颖，又让人一听就懂。用明白晓畅的语言表达内涵丰富的观点，容易引起共鸣，起到很好的沟通效果。

三是观点要鲜明。要避免以下几个误区。

一是语气含混。不要用"可能""或者"等带有不确定性的词语。"中国人民一定行；中国一定能"；"没有任何力量能够撼动我们伟大祖国的地位，没有任何力量能够阻挡中国人民和中华民族的前进步伐。"要像这样，语气一定要坚定，绝不含糊。

二是缺乏提炼。"班子不团结，就会伤害同志间的感情，就会妨碍民主集中制的执行，就会搞得下面无所适从，就会损害班子形象，就会带来许多不良后果，我们必须引起高度警觉。"这句话啰唆累赘，应该浓缩为"班子不团结，是削弱班子战斗力的祸患，是危及事业发展的毒瘤。"

三是缺乏力度，不痛不痒。"要注意解决干部作风不实的问题"若改为"干部作风不实的问题已经到了非解决不可的时候了"，则更加有力、引人警醒。

公文的观点表达要鲜明、直接，不要温暾、含糊，这是由公文的实用性特征决定的，也是公文与文学作品等体裁形式的不同之处。当然，观点要鲜明、直接并不是说不分场合、不分对象地直愣愣地提出几个观点，观点的表达，既要注重方式，更要注重质量。

好的观点，体现在运用正确的思维方式，揭示事物本质，找出事物发展的规律；体现在坚持问题导向，能很好地发现问题、分析问题并解决问题；体现在对具体的素材提炼整理、去粗取精，实现从事实到结论的提升，使论点和论据有机统一；体现在打造亮点，使文稿有点睛之笔，有突出的亮点和闪光点。观点鲜明，写作的文稿才能有深度、出思想，而不是流水账。

十一、如何驾驭矛盾

写作公文会遇到不同的矛盾关系，写作者要正确认识、把握和驾驭好这些对立统一的事物，从而拓展思辨的空间和内容的容量，提升分析问题和解决问题的能力，也为文稿注入更多的张力。

世界上的事物由对立统一的矛盾体构成，矛盾是普遍存在的，所以要用矛盾论的观点来认识事物，把握规律，看到事物的对立统一性、相互联系和不断发展，同时还要抓住主要矛盾和矛盾的主要方面，注意矛盾双方的变化，推动矛盾朝着有利的方向转化。

写作公文也是对客观事物的反映，自然也会反映矛盾。既然矛盾是普遍存在的，那么就不用害怕矛盾、回避矛盾，而是要从理论和实践的角度，识别其中的矛盾关系，并且运用有效的思维方式和写作手法，把它变成写作内容。

第一，从思想的角度说，正确地认识矛盾和把握矛盾，才能有效增加思维的宽度和深度。

我们说，一个既能听到最高音，也能听到最低音的耳朵，才是真正的好耳朵。一个人的思想也是这样，思想的深度来自观察事物的广度。一个有思想的人，不会过于偏执，总能广泛地听取意见，然后得出自己的观点，并且尊重别人的与自己不同的观点，不会把自己的观点强加于人。

所以在认识事物时，思想深刻的人总是会兼顾事物的不同方面，能全面透彻地了解，特别是能注意看似对立矛盾的方面，从中找到正确的思维路径。只有这样，才能增加思想的深度，获得认识上的平衡。这就是孔子说的"叩其两端而执其中"。

例如，我们过去是高速发展，现在强调高质量发展。但在认识和实践上，有一些人把高质量和大规模、高速度完全对立起来，认为它们是非此即彼的关系。而事实上，对一些行业来说，不论是行业规律还是提升竞争力的需要，规模和发展速度依然很重要，但是这里多了一个前提，即有质量有效益。这样就把二者对立统一了起来。

第二，从认识的角度说，把握好矛盾关系是辩证法的基本要求。

辩证法告诉我们认识事物要一分为二，全面地、辩证地加以看待，强调任何一个方面都是不完整的，都不足以反映事物的复杂性。

例如，强调培养、选拔、任用年轻干部，这无疑是很有必要的，有利于干部梯队建设和事业薪火相传，但在强调使用年轻干部的同时，应该加一句，使用好各个年龄段的干部。因为使用干部既不能论资排辈，也不能拔苗助长，这样才符合人才成长的规律。

干部队伍是由不同年龄段的干部组成的，要有效发挥每个年龄段干部的积极性。此外，评价干部年轻与否，外在生理年龄只是一方面，还要看一个人的精神状态和干事激情，有的人年纪轻轻就老气横秋，有的人虽然年纪大却干劲十足。这就说明，世界上的事物是复杂的，我们不能简单化、概念化，否则会忽略事物的全面性、多样性。

第三，从论理的角度说，只有兼听多方意见，得出的观点才会有理有据，更让人信服。 世界上没有完全好或者完全不好的事物，只不过好与不好的比例有所不同。一个单位总体情况好，但也会有不足，一件事做得不够好，却不能一棍子打死。这样才符合事物的本来面目和客观规律。

所以说：兼听则明，偏听则暗。无论是查情况、问问题，还是做结论、定政策，都要从多个角度、多个方面了解和思考，只听某一方面的意见，对别的方面选择性无视，必然会造成认识上的偏差、实践上的碰壁。

例如，到基层调研，听到的全是好的一面，就得想想哪里还有不到位的地方。搜集某项工作的意见反馈，不但要看多数人的意见，更要看少数人的意见。制定一项政策，要听受益者的意见，更要听受消极影响者的意见。这样我们写出的文稿才会理明据实，让人服气。

第四，从表达的效果说，驾驭好矛盾能让文章充满张力。 写作时兼顾矛盾的各个方面，并不会导致观点不鲜明、模棱两可，反而会增强表达的张力。

考虑矛盾的不同方面，并不是要在文稿中将其全部写出来，而是我们在构思时需要思考和理解。在对矛盾事物认识的基础上，把成熟透彻的思考用准确的文字表达出来，语言就会更具有张力和表现力，给人留出更大的再思考空间。

公文中涉及的矛盾关系有很多，我们选择常见的主要矛盾关系来加以简要分析，包括上和下、刚和柔、情与理这几对矛盾关系。

一是做到上下结合。 上下结合就是既有思想高度，接通"天气"，又紧贴实际，能接"地气"。

公文要有政治高度和理论深度，这是由它的政治性和政策性决定的，一份只讲鸡毛蒜皮、家长里短的公文的价值肯定是不大的。同时公文也要接地气，务实管用，这是它的实用性、针对性、工作指导性的体现，一份公文立意很高、理论很深，但与实际情况毫不相关，高高在上，那就无法落地。

好的文稿一定要把这两个方面很好地结合起来，将理论与实际工作融会贯通，上情与下情充分结合，使思想性和针对性都有体现。既体现上级的政治性要求和工作部署，还能够落到实际，结合具体的情况来找问题、谈原因、提措施，避免"上下一般粗"。

上下结合既是一个上级精神与基层实际相结合的问题，也是一个理论与实际相结合的问题。

理论联系实际是党的思想路线，也是公文写作的指导思想。公文要有理论性，但又不能过于理论化，特别是不能把理论教条化，不能带着教条主义、主观主义和经验主义，先入为主地定调子。

写公文不是搞科学研究，不能建立在纯理论之上，写出理论水平和思想深度固然重要，把理论转化为指导工作的实际措施更重要。做到理论联系实际，才能提出可操作性强、有实际价值的观点和建议。

二是做到刚柔相济。刚柔相济就是既有雷霆棒喝、猛击一掌，也有春风化雨、促膝而谈。

公文要推动工作，施行政令，就要具有强制性、规定性，这是它刚性的一面。但同时公文也具有教育、引导、宣传、发动等作用，能循循善诱，给人启迪，这是它柔性的一面。

公文在表达上也要兼顾刚性和柔性两个方面，做到刚柔结合，既不能因为风格要委婉，就降低了对刚性的要求，也不能因为要达到目的，就一味简单粗暴。

"能攻心则反侧自消，从古知兵非好战；不审势即宽严皆误，后来治蜀要深思。"这里说的宽与严的关系同样适用于写公文。

三是做到情理交融。公文主要是说事、说理，但也不排斥情感因素，灵活运用逻辑思维与感官思维，既晓之以理，也动之以情，把理性和感性很好地统一起来，能得到更好的表达效果。这就是通常说的摆事实、讲道理。

在逻辑思维当中，我们常常会用到量化思维，即对不容易说透的问题用数字说话，这样更精准有效。例如，我们要提倡大家阅读经典著作，可以引用数据，现代人平均每天用在手机上的时间是 2.6 小时，一个月就是 78 小时，超过了三天，用三天可以读完若干本经典著作。这样就让人印象深刻，引人思考，达到了见微知著的效果。

感官思维中我们可以用到故事思维，就是用讲故事的方式来烘托内容，阐述观点。这方面有很多例子，如《为人民服务》《愚公移山》《纪念白求恩》等名篇。

十二、如何把握写作的度

公文写作中，把握好一些必要的度很重要，体现得到位、分寸拿捏得合适、度把握得好，才会有好的表达和沟通效果。

这里以经常要写的民主生活会对照检查材料为例，来说明在公文写作中如何把握度。

一是态度。公文写作中的态度就是对公文写作具体到对照检查材料写作是如何认识的，是当作任务来应付，还是真正能触及灵魂，引起思想上的警醒和反思，切实加以剖析和整改。

就对照检查主体，也就是领导班子的态度来说，其要认真对待、自我解剖、敢于揭短露丑，真正把对照检查当作锤炼党性、自我批评、促进工作的重要手段。

就写作者的态度来说，其要迎难而上，敢于啃硬骨头，把写好对照检查材料当作增强党性、提升业务能力的重要契机，当作推进所在单位工作、立足岗位做贡献的途径，当作在领导面前展示思想理论水平、工作作风和担当精神的重要机会。

体现在写作上，就是少谈甚至不谈成绩，多谈问题。直入主题，紧扣要求，不枝不蔓。少谈工作，多谈思想认识。不能遮遮掩掩、避重就轻、文过饰非，甚至变相自我表扬。我们说，态度最重要，态度好不好，也能被轻易发现。

二是高度。高度体现为站位、视野、格局和境界等，有境界则自成高格。

公文写作者要体现理论高度和思想高度，体现不折不扣贯彻落实中央要求的决心。虽然可能谈的是具体工作，但也要在党和国家全局中审视自己的工作。与中央保持一致不是口号一致，而是在认识行动上一致。

公文写作者要认真及时学习中央精神和要求，领会新的理论成果，用一些经典论述来体现高度。这样不是为了拔高而拔高，而要在使用这些表述的过程中过脑入心，这本身就是再学习、再消化的过程，也是以此为准绳衡量所写内容是否符合要求的过程。但要切记，政治性术语的引用和表述要准确无误，要掌握最新提法和权威表述。

三是尺度。对尺度的把握，既不要过，也不要不及。

写作对照检查材料时，有一个常见的困惑：为什么自己觉得已经很严、够狠了，上级觉得还不够？这是因为尺度标准不一样。自我剖析时可能下不了狠心，觉得太严了心里无法承受，还有思想顾虑；而上级是拿一把统一的尺子在量，不会对谁特殊照顾。

一个基本原则是：剖析问题不夸大、不缩小、实事求是。要打消思想顾虑、不必要的担心，但也不要走极端，为了体现严的要求，把自己描绘得一无是处，那也不符合实事求是的原则。

在总体写作要求上，可以适当偏严一点，体现对工作的更高要求和更深的自我检查剖析，写的时候可以与以往、与同行、与兄弟单位对照，把握严格程度的标准。具体来说，还应该抓住以下几个方面。

在策略上，有详有略，有轻有重，不要均衡用力。

在问题选取上，分清普遍问题与个别问题，合理问题与不合理问题，主观问题与客观问题，能解决的问题与不能解决的问题。

在现象描述上，一般用"问题＋现象"的方式叙说，重要问题多写，一般问题一笔带过；突出问题展开论述，同类问题适当概括。

在问题的趋向程度上，要辨别清楚是变好了，还是变差了；是偶尔出现，还是一直如此；是没有改善，没有根本好转，有所恶化，还是愈演愈烈等。

在时点描述上，是曾经有，现在有，还是潜在有；准确使用曾经、一度、将出现等不同的表述。

在措辞力道上，分清个别、少数、有些、部分、很多的不同含义和指向，少用绝对性表述，而用不够、不到位、有差距、存在不足、有待改进、面临风险等表述，留有余地。

在把握尺度方面还有两个方法技巧。

一是问题查摆时多用长标题，长标题比短标题的容量更大，表述更准确、更公允，更有余地。

二是正面成绩的写法。对照检查材料并不是一概不写成绩，而是要把握好尺度，做到高度概括、凝练简洁、突出亮点。正面成绩一般放在三个地方比较合适：篇首，问题段首，结合问题夹叙夹议。

四是深度。突出表现在见人、见事、见思想，避免给人读完泛泛、缺乏深度、像白开水或者浮于表面、人云亦云、不接地气的感觉。

写作者要在深度上做文章，能够对问题思考深入独到，对事实分析到位，揭示事物本质和规律，揭示深刻的思想意义和认识意义，使观点具有哲理性、理论性。

写作者要做到三个"深"：一是深刻剖析问题表现，深入思考而不是泛泛而谈；二是深挖思想根源，找到痛点；三是深切结合实际，有的放矢，有理有据。

写作者应围绕这几点，抓住典型案例深入阐发，以点带面。运用逻辑思维能力，由表及里，由此及彼，举一反三，去伪存真，去粗取精。写作者应通过这些工作为思考和写作增加深度。

五是角度。公文写作中面临的最大挑战是找不出问题，其原因在于：范围过于狭窄、眼光过于局限、视角过于单一、心态过于紧张。总之就是思维的角度受到了限制。要解决问题就要增加思维角度，多方位、多角度观察事物、分析问题，取得"横看成岭侧成峰"的效果。

如何准确地、多角度地找问题？可以从以下几个方面入手。

从问题主体来说，有些问题是体现在自身上的直接问题，有些问题虽然没有表现在主体身上，但属于有关联的间接问题，如一级领导机关的下属单位存在问题，也可以认为该一级领导机关工作要求不到位、督促检查不够。

从问题来源说，问题可以是为了准备对照检查材料时专门征求意见找出的问题，但要注意对征求意见和问题进行辨析，可以是综合运用以往工作和研究成果所发现的问题，还可以是借鉴别人查找出问题加以对照，检视出的问题，这样就大大拓宽了问题的来源。

从问题的调门说，写作者应尽量避免非黑即白的极端思维，要么认为一切都是好的，要么一棍子打死的做法本身就不符合客观实际和事物的本来面目。故而要具有灰度思维，变二维为多维，寻找中间地带，客观准确、不偏不倚地描述问题和现象。

从观察视角来说，对同一个问题可以从不同角度来认识和分析，而同一个事物也内含了成绩、不足、挑战与希望等方面，所以写作者要以发展变化和普遍联系的眼光来认识问题，期望、差距、挑战、困难、新形势、新要求等都可以转化为问题。

六是力度。整改措施怎么写到位、让人信服、有足够的力度？这要求写作者把握以终为始的原则，这既是一种实事求是的态度，也是一种倒逼机制。

努力方向和改进措施具有多方面，包含思想认识、责任落实、组织结构、体制机制、具体措施和工作成效等。如果光有抽象的原则和大而化之、宽泛的要求，整改难见效，诚意也可疑，只有能做到的、能落实的、能解决的，甚至能量化的，才能成为真正意义上的整改措施。

所以，提出的整改措施要有力度、与问题呼应、有的放矢、有针对性、实在管用、能够检查、能量化，这样便于执行和操作。要做到三个不：不乱打白条，开空头支票；不过于笼统，落不了地；不操之过急，急于求成。

除了前面说的态度、高度、深度、尺度、角度和力度外，公文写作中还会涉及其他的"度"，简要概括如下。

宽度，就是内容的涵盖面，根据公文主题表达的需要，公文在思维的发散上、素材的选取上、内容的指向上，都要有一定的宽度，而不是单打一、范围狭窄的。

温度，就是内容有亲和力和贴近性，表述不疾不徐，收放自如，让人有如沐春风之感，不过于生硬突兀，让人难以接受。

黏度，就是能精准触达受众心智，具有很强的针对性，能充分调动受众的情绪和感知，让受众紧跟着讲述人的节奏和思维走，始终引导着主题表达和观点呈现的方向。

信度与效度，就是内容真实可信，实事求是，符合客观实际，不偏离事物本来面目和本质规律，具有良好的实际效果，预期与意图能够较好地贴合，体现格物致知的原则。

限度，体现公文"戴着脚镣跳舞"的特点，公文受到客观和主观的诸多局限，写作者在充分考虑边界条件和适用情形的基础上，要发挥主观能动性，使公文突破局限，发挥最大的效用和价值。

十三、如何增强可读性

前面提到，公文同样应该追求可读性，要增强公文的可读性，可以从以下几个方面入手。

第一，说人话。

说人话，是一种通俗的说法，实际意思是，公文体现的思想情感要符合人的惯常心理和情绪，内容要契合受众的接受程度，表达方式要符合受众的接受习惯，对于特定受众，还要考虑他们的兴趣、偏好以及特定的信息需求，这样才能形成有效的、有诚意的沟通。

有的公文干巴枯燥，满篇陈词滥调，让人昏昏欲睡；有的不接地气，卖弄辞藻，华而不实；有的故意追求深奥晦涩，表达方式别扭。类似这样的公文，被人称为"不说人话"。

公文语言要求除了前面讲的准确、简洁、生动之外，还有深入浅出、入情入理。

真正懂得了深奥道理的人，往往会用浅显易懂的方式来讲解。好的交流不是让人迷惑，更不是为了显示自己水平多么高，因为讲话的目的是让对方明白或者受益，因此要做到没有官腔、不端架子、明白晓畅、深入浅出，让听者入耳入心。

要做到深入浅出很不容易，不仅要有深厚的思想内涵，还要用平易浅显的语言表达出来。说好家常，不只是一种技术要求，也是一种素质要求。

有一点要特别注意，要把浅显易懂与空话、套话、程式化的表达方式区别开来。浅显易懂的方式，应该同时是清新、灵动的，或者说，因为清新、灵动，所以是浅显易懂的。在公文领域，空话、套话频繁出现，并不是因为它们浅显易懂，反倒是因为它们含含糊糊。

那些真正好的流传下来的公文，都是通俗易懂、深入人心的。《毛泽东选集》中那一篇篇公文写得非常生动，现在读起来还有一种鲜活的感觉，就是因为毛泽东同志在革命中长期深入基层、深入群众，与群众打成一片，学会了群众语言。

毛泽东同志在讲到反对党八股的时候，指出了一个治病的药方，就是每一个人都应当切实领会一条起码的规则，把它当作定律，即当你写东西或讲话的时候，要想到你究竟是为什么人写东西、向什么人讲话。

如一份工作报告，若是报送隶属上级机关，公文内容要多反映过去一段时间的工作情况、工作实效以及从工作中获得的规律与经验总结；如果是下发给所属下级机关，公文的内容在包含回顾过去工作情况与工作实效的同时，还应包括获得的规律、经验和教训及其对未来工作的指导意义和重要作用。

所以公文写作要关注人，即关注接受者是谁，他们的情感、心理、需求是什么，把握好了这些，讲一些入情入理的话，才能打动人，让人愿意听。

例如，领导要给青年做一个讲话，就要考虑到青年的实际情况和心理特点。当代青年一方面积极向上，另一方面也面临着学习成长、婚恋交友、生活等方面的困难和困惑。如果领导能从这些问题切入，有更多平等的、诚意的沟通，分析这些问题，帮助青年正确认识这些问题，甚至根据一些事实和自身经历为大家提出一些好的建议，释疑解惑，指引方向，给一些思想和方法的启迪，那大家肯定听得很认真，很受益。

相反，如果对这些问题熟视无睹，讲的都是一些宏大的理念和硬性的要求，就很难引起共鸣，再大声也没用，大家不会理解，也不会听。

有一句话说得好，没有什么可以把人轻易打动，除了真实。真正能打动人心的，最终还是人。公文的沟通对象，是活生生的人，他们有真实的思想和情绪，也有真切的困惑和感受，这是需要把握、理解和回应的。例如《我有一个梦想》，该篇文章在谈论种族平等这样的宏大议题时，主要写黑人小孩的命运，这样才能让听众感同身受。

"世界是你们的，也是我们的，但是归根结底是你们的。你们青年人朝气蓬勃，好像早晨八九点钟的太阳。希望寄托在你们身上。"这样的几句话，比讲半天理想、立志之类的话更有冲击力。

俗话说，"世事洞明皆学问，人情练达即文章"，人的常情常理、普遍的情感和思想，是公文写作中应该注意把握的。前面也多次提到，公文往往有特定的接受者，特定对象的需求和心理模式，是需要加以把握的。

例如，会议讲话的受众是全体与会者，汇报的受众是上级单位领导，情况介绍的受众是兄弟单位的同志。在起草这些不同的文稿时，心里一定要装着受众，善于站到受众的角度想问题，增强受众意识，根据他们的接受能力和心理需求来写。要到什么山上唱什么歌，否则就成了"对牛弹琴"。

第二，合理用典，增强可读性。

公文语言追求平实、庄重、晓畅，在修辞上更多使用消极修辞。从一个角度说，因为公文最大的目的是实用，以论事说理为主，不需要多么复杂的写作技巧和多么华丽的文笔。因为可读性的要求，公文有时也会用到引用、比喻等积极修辞，辅以情感力量，这样更走心。

从另一个角度说，公文是以说理为主的，但说理要让人信服，所以公文中既要有观点，也要有论据，而论据中很重要的一部分内容就是引用名言、警句、典故等，我们通常把这些叫作用典。恰到好处地用典可以更好地表明观点、表达意图、增强说服力和感召力，更能吸引人和打动人，也增加了公文的文化力量。

毛泽东同志写的公文，可以称得上用典的典范。例如，他在《为人民服务》中引司马迁的话："人固有一死，或重于泰山，或轻于鸿毛。为人民利益而死，就比泰山还重；替法西斯卖力，替剥削人民和压迫人民的人去死，就比鸿毛还轻。"

以前人之言证明自己之理，翻新经典，为己所用，就是常说的引经据典中的"引经"，这既弘扬了民族文化，又普及了经典知识。

"据典"，就是借历史或者文学故事等经典事例来比喻、阐述一种道理。例如，毛泽东同志借李密《陈情表》中的话："总之是没有人去理他，使得他'茕茕孑立，形影相吊'，没有什么事做了，只好挟起皮包走路。"

引用这些经典名句，需要受众有一定的文化水平，而面向老百姓，也能用通俗文学的典故。

同时对于作者而言，要写好公文，首先要做一个读书人、一个读了很多书的人、一个熟悉自己民族典籍的人。一个不会母语的公民是不合格的公民，一个不熟悉祖国典籍的写作者是不合格的写作者。

现在提倡讲好中国故事。习近平同志也倡导，推动中华文明创造性转化和创新性发展，激活生命力，让收藏在博物馆里的文物、陈列在广阔大地上的遗产、书写在古籍里的文字都活起来。如果我们都学有所成，对经典名句信手拈来、运用自如，写出好的文稿来，不断增强公文的可读性和传播性，也是在打造民族文化名片，展现文化自信，讲述精彩的中国故事。

用典要恰到好处，不能变成卖弄学问，否则就适得其反了。读书作文、引用典故，最主要的还是寻找经典对我们的启发，找到从古至今不变的道理，把目光投向干事创业的实践。用典最终还是为了干事，而不是为了掉书袋。

第三，为公文注入打动人心的力量。

要想让公文有激情、有气势，让人愿意听、愿意读，就得为它注入打动人心的力量。文以气胜，事以理成。只有传递正确的价值观，使文章充满气势，具有积极的思想和正确的逻辑，才能使文章打动人。

为文有三个层次，首先是情怀，其次是见识，最后是文字。情怀指的就是价值观，是思想底牌；见识指的是视野，是经验，是逻辑，是思维方式；文字指的是笔法，是语感，是格调。如果一开始就本末倒置，就很难有真正的建树。

公文的价值观是从哪儿来的呢？它不是公文自然具有的，也不是写作者之外的人附上去的，只能来自写作者，是写作者所秉承的价值观、思想品格和精神信念的体现。

鲁迅先生说过一句话：我以为根本问题是在作者可是一个"革命人"，倘是的，则无论写的是什么事件，用的是什么材料，即都是"革命文学"。从喷泉里出来的都是水，从血管里出来的都是血。

这就是说，写作者的理想、情操和审美眼光，对文章的品格和价值是起决定作用的。李大钊先生也曾经说：铁肩担道义，妙手著文章。这是对新闻记者的要求，也可以视作对公文写作者的要求。

如何树立正确的价值观？可以从以下三个方面加以修炼。

一是坚持"以道驭术"的正确价值导向。 价值观是道，各种各样的方法和技巧都是术，始终做到"以道驭术"，才是写好公文的第一法宝。写作者要让自己有独立人格和良好品质、高尚的精神力量，要把自己塑造成有思想、有灵魂的人，这样起草的公文也具有气质、品格和感人之处。

二是保持"文章寸心事，得失千古知"的责任感。 这里把杜甫的诗句做了一点修改，意思是为文要对得起自己的良心，得与失就交给时间检验。要坚持真心为文，因为只有充满真情实意的文字，才能引起受众共鸣，只有先打动自己的文字，才有可能打动别人，而虚情假意、矫揉造作的文字，会让人心生厌恶。只有坚持实事求是、说实话、谈实情、写实事，才能写出真正有分量、有价值，经得起时间和历史检验的优秀公文。

三是树立"书生报国无长物，唯有手中笔如刀"的抱负追求。 公文写作是辛苦的，但既然选择了这个岗位，就应该发挥应有的作用，体现自己的人格和素养，体现自己的价值与追求。写作者应运笔如刀，激浊扬清，永远不忘初心，在岗位上发挥最大价值。

价值观确实很抽象，如果要具体化，一个有追求、有抱负的公文写作者，至少应该做到"三有"和"三无"：要有一片公心，要有一股正气，要有一腔热情；无邪，不为歪风邪气所染，无私，不为一己私利所蔽，无偏，不因个人好恶有偏。

有了正确的价值观，并不是说就一定能写出好的公文。要打动人心，从文本上说，还要有外在的气势和力量，即前面讲到的六个要素之一的文气。不同的文章，有的让人神清气爽、痛快淋漓；有的磨磨叽叽，让人头昏脑胀。不同文章带给读者的不同的感受，其实就是文气好坏的体现。

文章有气，才能有生命力，才能以气势感染人。一篇公文中的文气，是作者内在精神气质在文中的映现，作者的思想、个性、气质等可通过意象和文字符号等表达出来，和前面说的价值观是紧密相关的。

如何才能做到文气畅通呢？

第一，作文前应精心构思。如果写之前已经做了足够的知识储备和思想准备，那么下笔将自然流畅，这样在文气上自然是可遇而不可求的。如果储备不足、想得不够，就应该多花一些时间构思整体框架，谋篇布局。顶层设计做好后再成文，这样的文气也不会差到哪儿去。

第二，行文时应一气呵成。有了完整构思和观点素材等方面的准备，动笔的时候，要有自信心，保持胸有成竹。要一直按照框架设计往下写，一时写不出来的东西，宁肯初稿写好后再补上，也不要停顿。保持充足的创作欲望，这是保证文气通畅的前提。勉强写出来的东西，从文气角度考察，也会不太理想。

十四、公文写作有哪些常见的认识误区

公文写作中存在一些大家不察的认识误区，其误导着写作者的思想和行为，写作者需要加以辨析和规避。这里着重讲述三个常见的认识误区。

误区之一，天下文章一大抄。

前面说到，模仿是公文写作的一种学习途径，初学者可以将其作为完成任务的权宜之法，熟练者也可以用其应急。但模仿绝不等于很多人说的"天下文章一大抄"，"天下文章一大抄"是一个很大的认识误区。

要正确看待和运用模仿这种方法，因为模仿也是分层次的，具体如下。

第一种是直接照搬内容。这是最低层次的一种模仿。例如，一个单位虽然每年的工作相同，但"年年岁岁花相似，岁岁年年人不同"，如果今年的工作总结照着去年写，一成不变，那就是生搬硬套、简单重复。网上曾曝出"某县两个单位负责人在巡察动员会上的表态发言一模一样"，这样的新闻稿连模仿都算不上，就是抄袭。

第二种是借鉴观点。这对于"新人"是有用的。这个新，既指刚学习公文写作，也可以指新接触一个领域，这种时候写作者可以采取"看两篇写一篇"的方法。要看的两篇：一篇是上级部门关于同项工作的精神和要求，这是需要了解和贯彻的；另一篇是同一个使用者以前关于相关工作的讲话稿等。写作者应通过消化和借鉴，把一些好的观点化为己用，充实自己要写的稿件。

第三种是模仿和借鉴别人的构思方法、谋篇布局和结构特征。这是层次比较高的模仿。对于别人的一些好文章，我们不光要看到表面，还要看到深层和背面，看公文是怎样运思和组织的，背后的思维方式是什么，行文逻辑有什么可取之处。

第四种是模仿语言风格。这是更难的。古人有论述："浅者抄字，中者抄意，高者抄气。"所谓抄气，通俗说就是"写啥像啥"。不同文种有不同的语体特征和表述风格，如汇报材料、理论文章、演讲致辞、总结讲话等，它们的风格都不一样，同样一个话题，可能在不同的场合需使用不同文体，这里很重要的就是语言风格要准确。

例如，写会议讲话稿，就要注意讲话稿有什么特点，如何把道理讲清楚，把工作部署好，如何做到既有高度又能接地气，讲得让大家听得进去，这些都要在讲话稿的风格框架内来把握，不能写成总结汇报或者经验材料。这就要求写作者多看多练，从中增强再运用到写作中，这其实也是一个潜移默化、熟能生巧的学习模仿过程。

有句话说，模仿一个人的文章是抄袭，模仿十个人的文章是参考，模仿上百个人的文章是研究，模仿上千个人的文章就是创造了。简单地说"天下文章一大抄"这一说法让许多人深陷误区而不自知。

误区之二，依赖模板写公文。

很多人特别是初学者，感觉写公文有困难，总想寻找捷径，如现成的模板，希望依葫芦画瓢就能把公文写好。而实际上，过于依靠模板是不对的，甚至有很大的风险。

不管是公文格式书，还是网上的模板，它们往往列举一些简单的格式规范，附上一些老掉牙的例文。先不说这些例文模板的质量怎么样，它们往往没有体现最新要求，所列的基本标准和常识也有问题。

新《党政机关公文处理工作条例》是 2012 年 7 月 1 日起施行的，可很多地方还在用 2012 年 7 月 1 日之前的例文。有的张冠李戴，讲党政机关的公告时，用人大机关的公告做范文；讲党政机关的命令（令）时，用军队机关的命令（令）做范文。还有的范文与理论不符，或者模板与要求脱节。

模板可以说是一把双刃剑，有一定用处，但写作者要是过于依赖，就没法扔掉拐杖自由行走。如果写所有东西都要靠模板才能完成，则没有它，就写不出东西，完不成任务了。这一定不是我们追求的目标。所以不是不能用模板，而是要正确地用，要学习借鉴而不是依赖。

依赖模板和学习借鉴的区别和界限在哪儿呢？如果只是"复制＋粘贴"或"完形填空"，把模板简单改头换面，写完后没有任何提高，下次还是离不开模板，这就是依赖。

如果一开始参照模板，但能够从中抓住要领、获得启发，并且把这些启发运用到以后的写作当中，写完之后就能熟悉一种文体、掌握一种写法，这就是学习借鉴，摆脱了依赖。

那怎么样才能摆脱对模板的依赖呢？

首先，在认识上，要摒弃有了模板就能写好公文这种不成熟的想法。公文写作需要文内功夫和文外功夫、表层功夫和深层功夫、快功夫和慢功夫。模板属于文内功夫、表层功夫和快功夫，不是公文写作的全部。

其次，要避免偷懒心理。不要认为自己写的没有模板好，就没有必要下功夫，要知道，模板也是人写的，所以一定要发挥主观能动性，在掌握基本格式要求的基础上，力争有所创造，做到没有模板也能完成写作任务，有了模板能够写得更好。摆脱对模板的依赖需要信心、毅力和坚持，容不得有偷懒心理。

最后，要始终明白的一点是，格式是固定的，模板是有限的，而公文需要阐述的事情是多样的、变化的，一味依赖模板等于缘木求鱼。

公文是"及物"的，也是有思想、有观点、有感情的。对待模板的正确态度应该是不唯上、不唯书、只唯实。

误区之三，初稿不用下功夫。

这也是在工作实践中很多人易陷入的误区，认为公文反正要经历不断修改才能定稿，那么写初稿时就不用太下功夫，差不多就行，到后面再来打磨。

"推稿子"这种"恶习"不值得提倡。《人民日报》发表过文章批判，"稿"来"稿"去害死人，不到用的那天不定稿，花费大量时间精力，修改关一道又一道，把灵气和锐气都磨掉了，留下的是匠气和大话空话，甚至改了多稿、回到一稿。这种现象完全应该避免。

公文是要多修改才能出精品，有句话也说"文章不厌百回改"，但要分清楚几种改稿的情形：最严重的是改调门，就是重新确定基调，这是颠覆性的；其次是改架子，就是调整框架结构，往往也伤筋动骨；然后是改内容，相对容易一些；最容易的就是改词句。

不是说公文不要改，而是要尽量少大改，要追求成稿效率，一次成稿最理想。不能做到一次成稿是由很多方面的问题造成的：有水平的问题，也有写作方法的问题；有领导的问题，也有写作者的问题，还有领导对写作者的信任程度的问题。前面在讲"七步成文法"时也提过，要把每一个环节做扎实，这样初稿的质量才会高，后面才不会有颠覆性的变动，只需做持续优化与提升。

怎样才能避免大改呢？**首先，要清楚意图。**写作者应把握好公文的目的和方向，如果是领导使用的稿子，就要了解和把握领导的想法。这一方面要靠写作者平时多注意和积累，另一个方面也要靠领导本人适当地传授。如果每次讲话都要写作者提供思路，领导自己不给意见，那写出的稿子如何表达领导的意图？领导讲话就变成了领导替写作者讲话。

其次，要想清楚再写。 写作者若接到任务就仓促动手，要么写到中间会卡壳，要么写出来的稿子要大费周章地修改。在正式写作之前，花一些时间来思考，把主题领会透，把上级精神和相关情况把握好，把框架结构和主要观点想清楚，把要写的内容理一理，写起来就会顺利，写完后也不至于推倒重来。七分想三分写，在规定时限内，除给写留出必要的时间外，还要用尽量多的时间来思考。这就是古人讲的"袖手于前，始能疾书于后"。

最后，自己满意了再提交。 我们说文章要多修改，主要是指成稿后，在大方向不变的情况下，对细节多锤炼，包括遣词造句、个别内容和观点等，使稿子更完善，表达更到位。如果写作者给自己设定比较高的标准，每次都到不能改的时候再提交，一般就不会反复修改甚至被否定了。公文要避免大改，可以在细节上多改。

第十章
公文写作的逻辑运用

"汝果欲学诗，功夫在诗外"，公文写作也是这样。要写好公文，写作者需要懂一些哲学和逻辑学的知识，需要具备问题意识，需要善于调查研究，这些都是"诗外功夫"。这些方面的工作，是思想力的来源，是一种有意识的思维训练。

人的思维和表达能力是与生俱来的，但是，这样的能力并不是经过严格思维训练后形成的逻辑能力，具有习惯性和随意性。写文章时有可能出现的"跑题""文理不通"等错误，其实都是违背逻辑规律造成的。

只有通过学习和运用逻辑，才能将自发的直觉思维上升为自觉的逻辑思维，从而掌握正确思维的规律，提高表达的精准度和效率，避免犯逻辑错误。思维能力就像肌肉，需要经常锻炼。

本章先总体上概述一下逻辑思维的作用，再从几个方面讲解公文写作中逻辑的表现形式。

一、逻辑思维的作用

逻辑是人们正确思维、论证和表述的重要工具，而公文写作就是运用概念进行论理。概念、判断、推理、归纳与演绎，既是公文写作的基本方法，也是逻辑学的基本要素。懂得和用好逻辑学，可以提升文稿写作时使用概念、提出命题和进行推理的能力。

运用逻辑规律，对于公文起草的作用可以概括为以下几点。

第一，逻辑是认识问题、分析问题的必要工具。起草文稿时，思维认识也在活动，在这个过程中，写作者可以根据逻辑知识，将已知的一般原理、规律性的知识应用到个别事物上，从而得出新的结论，也可以由已知的个别的知识概括出一般性知识，从而扩大知识原理的适用范围。

例如，要写国际化发展的文稿，就可以联想到国家"一带一路"倡议提出的"政策沟通、设施联通、贸易畅通、资金融通、民心相通"在自己的业务发展中有哪些体现，这样一结合就能得出不错的观点。

第二，逻辑是提升语言表达能力的工具。有时候一些文章表达思想不明确、不深入，既有语法、修辞问题，也有逻辑问题。要提升思想表达效果，就应该做到观点明确、用词恰当、文理通顺、条理清晰、富有说服力，这些都与逻辑密切相关。

例如，研究培育国际化新业务时，用什么标准来衡量它是否具有优势？可以从几个特征出发来考虑：能否构成长期竞争优势（时间约束）；能否成长为支柱业务（规模约束）；盈利前景是否有保障（效益约束）。所以运用逻辑思维，能做到思考清楚、观点明确、表达准确。

第三，逻辑还是我们掌握和学习新知识的工具。任何一门学科都是由一些基本概念和命题组成的，都有独立的范畴体系。而概念之间的关系、命题之间的推演、某个结论的证明，都是建立在逻辑规律基础之上的。

写作者如果具有一定的逻辑知识，就可以按照素材之间的固有联系，分析各素材的内在结构和各部分之间的逻辑关系，从而快速学习，结构性地把握一个新领域的知识，高效完成一篇文稿的逻辑再造与重构。

还以写国际化发展的文稿为例，可能对一些刚接触这个领域的写作者来说，一些内容是相对陌生和专业的。写作者可以从基本概念和术语入手，如国际并购、产业转移、国际分工、跨境贸易、市场换技术等，理清其中的逻辑关系和概念之间的相互联系，把握内在规律，了解相关领域的大致知识，为起草打下基础，这也加深了对专业知识的理解。

第四，逻辑还是识别和揭露思维错误的重要工具。掌握了正确的思维形式及其规律规则，就可以自觉发现和避免逻辑错误，改变糊涂观念。

我们经常会发现一些文稿中有概念混淆、因果倒置、同题反复、循环论证、文题不符、以偏概全等逻辑错误，如果懂得逻辑知识，就能很轻易地发现这些错误，加以纠正和补救，使文稿更具说服力和逻辑感。

毛泽东同志的一段话深刻揭示了逻辑的重要性。"文章和文件都应当具有这样三种性质：准确性、鲜明性、生动性。准确性属于概念、判断和推理问题，这些都是逻辑问题。鲜明性和生动性，除了逻辑问题以外，还有词章问题。现在许多文件的缺点是：第一，概念不明确；第二，判断不恰当；第三，使用概念和判断进行推理的时候又缺乏逻辑性；第四，不讲究词章。看这种文件是一场大灾难，耗费精力又少有所得。"

世界上的事物是有机联系、相互影响的，它们之间存在着内在的逻辑关系。公文是对客观事物的反映，它的层次与层次之间、段与段之间、句与句之间，同样有着一定的逻辑关系。把事物之间的关系理清了，文章也就好写了。逻辑关系不清，必然导致思维混乱，导致文章结构和表达混乱。

二、要素组合的逻辑

公文中涉及的大部分问题或现象，概括起来都可以归于"类""因""果""法"四个方面，或者说具有这四种属性中的某一种。

"类"即"性质、类别"，回答"是什么"的问题，体现为情况、现状、问题。

"因"即"原因"，回答"为什么"的问题，体现为原因、做法、经验。

"果"即"结果""效能"，回答"怎么样"的问题，体现为成效、收获。

"法"即"方法""路径"，回答"怎么办"的问题，体现为措施、办法、要求、建议。

这种"类""因""果""法"的逻辑思路，将公文逻辑结构划分为四个逻辑单元，每一逻辑单元解决一个问题，它们分别为"是什么""为什么""怎么样""怎么办"。在公文的内容中，一般要正面回答这四个逻辑问题。但不同的公文，有不同的内容要求，其具体逻辑结构也会有所侧重。

在公文写作中，一般有三种主要的组合方式。

第一种，"果－因"（或"因－果"）关系组合。这种组合方式是一种"果因"（或"因果"）的逻辑形式，即前一部分叙述结果，后一部分叙述原因（或前一部分叙述原因，后一部分叙述结果）。这样的结构形式多用于总结、工作报告中。

第二种，"因－法"或"类－法"关系组合。这种组合一般有两个部分：第一部分说"因"或"类"——事情的原因或状况；第二部分说"法"——解决或处理问题的办法。这种形式多见于通知、通告、公告、决定、意见等文体写作中。

第三种，"类－因－法"关系组合方式，多见于调查报告的写作中。这种"三段式"结构形式，第一段说"类"——"是什么"的现状、情况；第二段说"因"——什么导致这种情况的出现；第三段说"法"——解决问题的方法、路径是什么。

以上说的是三种主要的组合方式，但由于公文文种多种多样，逻辑结构不局限于以上三种。不同的文种及其内容结构，无非是按照一定的思维逻辑，对上述四方面内容的有机组合。

例如，给上级单位提交的动态信息，就是"类－果"组合；与兄弟单位交流的经验材料，是"类－果－因"或"类－果－因－法"组合；向上级提交某方面工作的综合报告，是"类－因－法"或"类－因－果"组合；就某个问题进行调查研究形成的调研报告，是"类－因－法"组合；就某个具体的迫切问题呈报上级的请示，是"类－法"或"因－法"组合；贯彻落实上级精神的情况报告，是"法－果"或"果－法"组合。

也就是说，我们在考虑公文的逻辑时，可以从它所涉及的问题与现象归属于哪一种属性着手，将其划分为类、因、果、法四种逻辑单元中的一种，然后根据文种和写作的需要，对其进行安排和组合，从而体现合理的逻辑结构。

三、内容排列的逻辑

前面说过，公文内容是由一个个意群构成的。因此，写实内容先要从写实意群开始。理解"意群"这个概念，有助于我们理解和处理文章中的逻辑关系。这些逻辑关系，在意群内部以及意群之间，无时无刻不在发挥作用。要写实意群，必须运用好这些逻辑关系。

公文涉及的逻辑关系多种多样，但常见的逻辑关系主要有总分关系、主次关系、并列关系、递进关系、点面关系、因果关系、定性与定量的关系、虚实关系八种，写作者需要在写作时把握好。

这里以一篇媒体上公开发表的例文来加以说明。

为什么中国海油能跻身世界 50 强?

（节选）

一、对外合作使中国海油从弱到强

年轻的海洋石油工业，从它诞生的那天起就实施了全方位的对外开放。1978 年 3 月，党和国家作出了坚持自力更生，在平等互利原则下，积极稳妥利用外国资金和技术，加快发展我国海洋石油工业的重大决策。……同年，中国海洋石油总公司成立，享有对外合作开采石油的专营权。作为改革开放的排头兵，中国海油以对外合作为重要手段，积极引进资金、技术和管理经验，培育形成了竞争优势与核心竞争力，推动海洋石油工业从无到有、从弱到强。

一是海洋油气资源得到高效开发利用。……

二是引进和积累了大量发展资金。……通过对外合作累计引进外资 337 亿元人民币，占中国近海总勘探投资的 43%。

三是海洋油气勘探开发技术和装备能力大幅提升。……

四是形成具有自身特色的管理模式，培养锻炼了人才队伍。……

进入 21 世纪以来，中国海油坚定奉行"走出去"战略，在加强海外资源获取、建立海外油气生产基地、实施资产并购等方面都取得了重大进展。……

二、坚持对外合作发展的基本经验

始终坚持"互利共赢"的对外合作理念。……

始终坚持以合作促发展的正确方向。……

始终坚持灵活多样的对外合作模式。中国海油在对外合作进程中，根据不同时期、不同阶段、不同海域的特点，有选择、有针对性地开展合作，对外合作模式不断创新。在发展思路上，逐步实现了从机遇型收购向战略型收购的转变；在地域布局上，降低了投资的区位集中度，实现合理布局；在资源类型上，实现了从传统油气资源向液化天然气（LNG）、页岩气、煤层气、油砂等非常规油气业务的拓展；在合作方式上，采取了风险勘探、资产并购、参股合资等多种类型，提高了海外业务发展水平。

始终坚持防范对外合作的各类风险。……

三、以对外合作的新突破实现中国海洋石油工业的壮大

回望 30 多年的发展历程，中国海油的对外合作一路风风雨雨，既饱尝过向外方公司"拜师学艺"的艰辛，也遭遇了文化观念冲突、管理滞后带来的挑战，特别是海外业务时时刻刻面临着地缘政治等不确定因素带来的风险。但这些困难和挑战不仅没有阻挡中国海油对外合作的步伐，反而激发了我们攻坚克难的斗志，深化了对对外合作运行规律的认识，使我们在国际化道路上走得更加稳健。

……

打造中国企业国际化经营的典范。……

进一步提高国际化经营能力。……

努力实现对外合作的新突破。……

……

一是总分关系。总分关系也就是纲目关系，所谓纲举目张。总分关系好比树的主干与枝丫的关系，主干是统领枝丫的，两者不能平列更不能颠倒。

例如，上述例文为了说明"对外合作发展中的基本经验"这一问题，从"始终坚持'互利共赢'的对外合作理念、始终坚持以合作促发展的正确方向、始终坚持灵活多样的对外合作模式、始终坚持防范对外合作的各类风险"四个方面来阐述，而这四个方面中的每一个方面，与基本经验这一问题之间，都是总分关系。

二是主次关系。主次关系也就是重点与一般的关系。它们之间并没有隶属关系，但相互之间联系密切。分析主次关系即要求写作者找

出主要矛盾和矛盾的主要方面。

继续用上面的例文举例，四个方面之间虽然没有隶属关系，但按照"重要内容在先，次要内容在后"的习惯，显然"坚持'互利共赢'的对外合作理念"是矛盾的主要方面，起着主要作用。只有先坚持互利共赢的理念，才可能顺利实施后面三个方面的措施。

三是并列关系。并列关系是相互之间不相隶属又相对独立的一种关系。这种关系出现的概率更大。例如，天时、地利、人和；人、财、物；物质文明、精神文明、政治文明、生态文明；经济建设、政治建设、文化建设、社会建设、党的建设等。

例如，在始终坚持灵活多样的对外合作模式方面，例文从发展思路、地域布局、资源类型、合作方式四个方面进行论述，这四个方面的关系就是并列关系。

四是递进关系。这是同一种事物不同发展阶段的关系。时间上的递进：古代、近代、现代、当代；空间上的递进：国际、国内、本地；学习上的递进：武装头脑、指导实践、促进工作。

递进关系，有时也是一种特殊的并列关系，如季节中的春、夏、秋、冬，人生中的幼年、少年、青年、中年、老年，这其中每一个阶段可以说是并列的，但它们又是有秩序的，不可以随便打乱编排。

例如，谈到对外合作取得的成果，例文列举了四个方面：一是海洋油气资源得到高效开发利用；二是引进和积累了大量发展资金；三是海洋油气勘探开发技术和装备能力大幅提升；四是形成具有自身特色的管理模式，培养锻炼了人才队伍。开发资源、引进资金、提升能力、锻炼队伍，是一个依次实现的过程，所以这四点间的关系是逻辑上的递进关系。

五是点面关系。 面是由众多的点组成的，为了说明面的情况，我们可以用点来作为例子。这一方法经常用，关键是"点"的选择必须与"面"是存在内在联系的，是可以做到以点带面的。

例如，例文为了说明"石油工业从无到有、从弱到强"这一个面的情况，选择了"高效开发油气资源、引进和积累发展资金、勘探开发技术和装备提升、形成特色管理模式"四个点。

六是因果关系。 事物之间存在必然的因与果的关系。揭示因果关系，可以增强文章的说服力和感染力。但这种关系不是人为制造出来的，而必须是客观存在的。它是文章内在逻辑关系的基础和核心，它有时直接表现，更多的时候隐藏在文章的整体构架和文字表述背后，而不必明白指出来。

例如，例文的第一部分"对外合作使中国海油从弱到强"就构成了一对因果关系，对外合作是因，由弱到强是果；第二部分"坚持对外合作发展的基本经验"又与第一部分构成了因果关系，基本经验是因，取得的成就是果；第三部分"以对外合作的新突破实现中国海洋石油工业的壮大"同样构成一个因果关系，新突破是因，中国海洋石油工业壮大是果。

《为什么中国海油能跻身世界 50 强？》这一标题提示了一个大的因果关系，全文都围绕这一中心问题行文，通篇在回答这个问题，形成了整篇文章隐形的因果逻辑。

七是定性与定量的关系。 事物的发展有一个从量变到质变的过程。对一件事情的判断，定性的说服力总不如定量的大。定性是一种大体判断，而定量则是一种精确判断。能定量说明的最好定量说明，但也不能绝对，数字要用得恰到好处。

例如，定性说"引进了大量外资"，就不如定量说"累计引进外资337亿元人民币，占中国近海总勘探投资的43%"，这样更加真实准确，更有说服力。

八是虚实关系。以虚带实，虚实结合。所谓虚，就是文章要有灵魂、有高度、有理论支撑；所谓实，就是文章要有数据、有案例、有事实支撑。虚实的比例取决于文章表达的需要，没有一定成规，但两者必须紧密配合，融为一体。

例如，例文在"坚持对外合作发展的基本经验"中提到一条"始终坚持灵活多样的对外合作模式"，具体内容是"在对外合作进程中，根据不同时期、不同阶段、不同海域的特点，有选择、有针对性地开展合作，对外合作模式不断创新。在发展思路上，逐步实现了从机遇型收购向战略型收购的转变；在地域布局上，降低了投资的区位集中度，实现合理布局；在资源类型上，实现了从传统油气资源向液化天然气（LNG）、页岩气、煤层气、油砂等非常规油气业务的拓展；在合作方式上，采取了风险勘探、资产并购、参股合资等多种类型，提高了海外业务发展水平"。这段内容既有概括提炼，又有事实阐述，做到了虚实相间，有机结合。

四、运思行文的逻辑

在公文写作当中，其实有两个层次的逻辑。一是文面逻辑，或者叫文本逻辑，就是公文文本所体现的外在逻辑；二是运思逻辑，或者叫思考逻辑，就是在写作思考当中所遵循的逻辑。从运思的角度来说，主要有以下几个方面。

一是在确立主旨中体现逻辑。 主旨即主题，是中心思想或基本观点，是公文的灵魂和统帅。公文要形成正确的、新颖的、有价值的观点，不能靠主观杜撰，而要在材料的基础上，靠文章的逻辑来展现。

毛泽东同志告诫说，写文章要处理好材料和观点的关系，强调"材料应与观点统一"，要把材料经过大脑的加工，贯通起来，形成系统的看法。这种从材料中获得主旨的抽象概括过程，是一种严密的逻辑思维过程。只有运用逻辑思维，才能从杂乱的材料中理出头绪，梳理清楚，找到鲜明的主旨。

公文主旨的确立一般靠两种方法。

一是归纳法。归纳法是"从特殊到一般"的推理方式，是根据事物相同点抽象出事物本质特征的方式。例如，许多工作通知、意见等公文，就是根据现实中的共性问题，及时予以归纳形成的指导性意见。

二是演绎法。演绎法是"从一般到特殊"的推理方式，依靠抽象思维的方式，舍弃具体表象，抽取出事物本质特征。演绎法的运作方式是"三段式"，即"大前提—小前提—结论"的推导方式。这种逻辑推理方式，即运用抽象思维的方式，分析事物的本质特征，写出切中要害、见解精辟、态度鲜明的话语，多用于通报的分析评议和简报的评论性按语写作中。

运用归纳法、演绎法揭示事物本质特征的逻辑思维能力，有利于公文写作形成精辟鲜明的观点，是公文写作成功的关键。

二是在思维方式上体现逻辑。 不同人的思维方式是不一样的，不同的思维方式在处理信息和思考问题时，所具有的逻辑性是不一样的，产生的结果也是不一样的。

从不同的角度划分，常见的思维方式包括发散思维和收敛思维、散点思维和系统思维、常规思维和逆向思维、线性思维和非线性思维、静态思维和动态思维、精准思维和模糊思维、感官思维和结构化思维等。在公文写作中，需要克服的是散点思维和线性思维，更需要的是发散思维和结构化思维。

散点思维，也称点状思维，是指信息片段孤立地散落在大脑中，处于跳跃状态，彼此之间没有关联的思维方式，在处理信息时表现为固定化、程式化。这也是人较早掌握的一种思维方式，但它无法用于处理复杂的问题，所以无法满足公文写作所需。

线性思维，是把认识停留在对事物的直线的、单向的、单维的认识上，并以此为认识出发点的，片面、直观、直接的思维方式。线性思维只能沿着一条线索往前推进，是相对机械的思维方式，容易导致简单归因等逻辑错误。

发散思维，是指沿着不同的思维路径和角度，从不同的层面和关系出发来思考问题，并在此基础上选出最佳的解决问题的方案。一般来说，很多事物具有复杂的结构和多种属性，因而解决问题的方法也应是多元的，所以发散思维在通常情况下是比较合理的思维方式，有助于找到解决问题的理想方案。

结构化思维，也称框架思维，是指思考分析问题时，首先进行准确界定，然后以假设为先导，罗列问题构成要素，并对要素进行分类，对重点要素加以分析，寻找对策，制订行动计划。可见，结构化思维是一种思维方式，也是一种管理方式。

结构化思维的实质是以构建与客观世界结构相对称的体系框架，并置分析之事于其中以获得分析结论的过程。公文是对客观事物的反映，是为了解决实际问题，公文思考逻辑与结构化思维是同构的，所以在公文写作时正确使用结构化思维，有助于深化思考。

三是在做出判断时体现逻辑。在公文写作中经常要做出判断，在每一次做出判断时，写作者需要清楚知道这一判断的依据是什么，界定范围是什么，背后逻辑是什么。

对事物的判断可以分为两种：事实判断与价值判断。事实判断是对事物本身事实的描述，如"这朵花是红的"；价值判断是对事物性质和价值的指陈，如"这朵花很美"。当公文中出现带有主观色彩的价值判断时，应该以事实判断为基础，或者至少是符合事实判断的，而不是脱离事实的主观臆断。

与事实判断和价值判断相对应的一组概念就是实然判断和应然判断。

实然性，也称已然性，是指事物的客观现实状态，就是事物目前是什么样子，已经具有的情状，使用的是描述性规则。例如，今年的工作取得了什么实际成果等。实然判断是对客观事实的判断，只涉及真与假之分，在工作总结、报告、经验材料等文种中经常用到。

应然性，是指事物应该有的样子，理想中需要具有的状态，带有主观目的和意图，使用的是规范性规则。例如，明年的工作目标是什么，下一步工作应该有什么要求等。应然判断是主观投射，涉及应不应该、行不行、正确与否等判断，在请示、工作报告、调研报告、领导讲话稿等文种中经常用到。

此外，公文写作中还会出现或然判断与必然判断。或然判断，是指带有一定偶然性的结果，具有不确定性，一般会通过"可能""想必"等加以界定；必然判断，是指确定会出现的结果，一般搭配"一定"等修饰语。

在不同情形和语境下，准确把握和使用以上不同的判断，能使公文描述的事实和观点更符合逻辑。

四是在把握结合时体现逻辑。在公文写作当中，有许多相对方的结合，写作者需要做好结合。例如，理论与实践的结合、历史与现实的结合、上情与下情的结合等。

在把握这些结合关系时，一方面，要理顺二者之间的关系，让事物的两个方面符合一定的逻辑，使之相辅相成，不能混为一谈，也不能有所偏废；另一方面，要抓住主要矛盾和矛盾的主要方面，注重二者当中起主要作用的一方，而不能主次颠倒。

五、层次顺序的逻辑

整篇公文逻辑清晰，不仅体现为运思和行文具有逻辑性，还体现为内容布局具有逻辑性，具体就是内容的分段以及段落之间的排序具有逻辑性。

公文段落的排列顺序，一般有三种。

一是时间顺序的逻辑，就是按照时间的先后次序，体现工作进展。如果将其行文顺序加以变动，就不符合逻辑了，这也体现了时间上的逻辑性和严谨性。

例如，一个总结某个大型项目建设过程的总结报告，一般按照"项目设计、项目实施、竣工验收"这样的时间顺序，如果颠倒次序，既不符合实际情况，也不合乎逻辑要求。

二是空间顺序的逻辑，就是按照空间地域的顺次排列，这种顺序一般也是固定的，不能随意打乱。空间顺序分两种，一种是通用的、共性的。例如，先讲本地，再讲国内，再讲国际，反过来讲也可以；先讲中央，再讲省级，再讲市级，再讲县级，由大到小，或者由小到大也可以。

另一种是个性化、因地制宜的，每个单位的情形不一样，根据各个地域的重要性和权重，每个单位的排序有所区别。例如，同样是华北、华东、华中、华南几个区域，在甲单位可能是一种排序方式，而在乙单位可能是另一种排序方式。不管是哪一种，都应该是符合一定的逻辑且自洽的。

三是意义顺序的逻辑。这就是说在内容的排列顺序上，应关注轻重缓急，把最重要的内容放在第一段，把次重要的内容放在第二段，依此排列。

例如，《信息化工作座谈会纪要》的内容分为三部分，排列顺序是："一、把握信息化工作的本质规律""二、明确信息化工作管理的理念""三、推进信息化工作的具体措施"。文章的三部分内容的关键词是"规律""理念""措施"，三项内容相比较，"理念"无疑是最重要的一项，也是文章的主旨，它应当在第一段统领全文，"规律"其次，"措施"在后。

六、概念、判断、推理的逻辑

概念、判断、推理是基本的逻辑概念，也是公文写作中需要注意的逻辑命题。要写一篇好的公文，应当注重概念明确、判断恰当、推理合乎逻辑，熟练运用同一律、矛盾律、排中律等逻辑规律。

概括起来，常见的几种逻辑性错误主要包括：种属概念之间混淆使用、违反同一律、违反矛盾律、违反充足理由等。下面针对这些逻辑性问题，说一说要注意哪些方面的情况。

第一种情况，要正确判断概念之间的关系。常有对一些概念的意思和含义不了解，导致在写作时犯概念错误的情况。公文是很严谨、逻辑性很强的文体，在写作过程中，如果对某个概念不清楚或者不理解，需要认真细致地查询，弄清楚概念及其相互之间的关系，之后才能下笔。例如，两个概念之间本该是种属关系的，不能混淆为并列关系，否则就会犯错误。

举个例子，某单位一名同志给领导写材料时，将一组数字"1 × 1000"误写为"1000 × 1"，这个同志在逻辑上犯了"概念混淆"的错误。

第二种情况，要正确运用同一律。在公文写作中，同一律是指在同一个时间、同一个条件下要始终保持一种观点或一种概念。它的主要形式是"A 就是 A""如果 A，那么 A"。同一律在一定程度上保证了公文思维逻辑的确定性，确保了文章逻辑严谨。

违反同一律的主要形式是偷换概念，也就是说在公文写作中，把大概念和小概念彼此调换了；或者以偏概全、以小代大、以次充好。其共同特点是：一开始说"A 就是 A"，说着说着就变成了"A 就是 B"，至于 A 和 B 是不是同一个事物，就顾不得了。

例如，写一篇关于海外市场开拓的情况报告，那么在这个既定的主题下，内容就是关于海外市场开拓的，如果写着写着把这个概念扩展到对外合作上，把引进外资的内容也写进去了，那就是混淆了概念。

正确运用同一律，要求写作者在同一条件下、同一时间内能够确保思维不紊乱和一致性，如果要从一个概念跳跃到另一个概念，一定要说清楚二者之间的关系，保持逻辑的完整与周延。

第三种情况，要正确运用矛盾律。正确运用矛盾律是指在写作公文的过程中，会用到很多的观点，但是在一篇文章中不能出现观点相互矛盾的情况。一篇文章在同一个思路下，观点应统一，不能前后矛盾，出现"自打脸"的情况。

例如，写一篇关于要求加强资金集中管理的公文，那么围绕这个主题，就要说清楚这样做的必要性，如加强集中管理有利于提高管理效能、有利于防控风险等，如果说着说着又说到集中管理不利于调动下级单位积极性等观点，那观点就互相"打架"了，这篇公文的权威性和说服力就荡然无存了。

自我否定是公文写作中的一大忌，它不仅会影响公文的严谨性，也会使公文的逻辑紊乱，冲淡文章的主题，打乱文章的结构。

第四种情况，要注重充足理由的可靠性。充足理由在公文写作中起到很重要的作用，它的形式是由 B 可以推出 A，如果 B 是真的，那么可以进一步推出 A 也是真的。

这就是说，在一个理由充分的条件下，在判断和推测中有一个逻辑的联系，要推测一个结论，先要保证用来推断的理由是正确的，不然会出现理由不正确的情况，那么判断和推测之间的逻辑关系会断裂，结论就不能推出来或者不成立。也就是说，只有理由充分和依据正确，才能推断出观点。

所以，在写作的时候，一定要用充足的理由去验证观点，这样才能把这个观点写在公文中。例如，有人说："我不是法官，我还学什么法律！"具备逻辑知识的人会很容易发现其错误所在。

稍加分析便不难发现，这句话实际上是一个省略的三段论推理，中间省略的是小前提：我不需要懂法。此推理尽管前提真实，结论却是虚假的。因为它违反了三段论推理规则"前提中不周延的项，在结论中也不得周延"，从而犯了"大项扩大"的逻辑错误。

七、语言表达与文法的逻辑

公文写作属于理性化的写作，公文是逻辑思维的产物。公文的逻辑性，不同于议论文在论理层面的严谨缜密，而表现在文章的语言严谨、文法准确、逻辑周密上。

毛泽东同志是遣词造句的大师，他的文章既有思想的力量，也有艺术的感染力，还有强大的逻辑力量。中华人民共和国成立初期，一些报纸、杂志、书籍上的文字以及党政机关的文件在语言运用方面存在着混乱状况，毛泽东注意到这一点，要求规范语言的使用，强调写文章要讲文法、修辞、逻辑。

写公文时要注意语言表达精准和文法得当，避免一些常见的逻辑错误和语病。这些错误出现的主要原因既包括遣词造句上的不当，也包括逻辑错漏。

例如，非上市公司发文变更上市公司股权，需经上级部门决策或授权同意，但某公司发文中未表明征得上级部门同意或授权。这属于行权不规范的问题。

某企业安全生产管理办法中写道，"需要对事故责任进行组织处理的，按照有关规定执行；构成犯罪的，依法追究刑事责任。"企业没有权力追究刑事责任，这属于主体不适当。

某合资公司只有两个股东，章程中有这么一句，"对第十七条中除第7项、第8项、第12项之外的其他项做出决议的，必须经代表二分之一以上表决权的股东通过"，这就与实际不符。因为"二分之一以上"未对是否包含基数进行限定，存在不论哪一方提议都能通过的很大可能，不利于维护任何一方股东的权益。这就属于表意不清晰。

还有文法上的搭配不合理。例如，"目前，对明年及未来世界经济走势，则是众说纷纭，仁者见仁。"一般来说，"仁者见仁"是针对个体而言的，而非针对群体，这里的准确搭配应该是"众说纷纭，莫衷一是"。

再如，"一个职工能否成功，一是要态度端正，二是要有工作热情，三是要善于学习总结，四是要甘于奉献。"这里前面用"能否"，后面用的都是肯定句，搭配不当。

语序不合理，也会带来表达的混乱。例如，"××部门已于8月30日召开了表彰先进个人会议，××主任和其他部门的领导同志出席了这次会议。"准确说法应该是"××主任和部门的其他领导同志"，这样才前后一致，表达准确。

第十一章
常见问题与修改要旨

　　王鼎钧先生写过一套教人写文章的书，自序中有一段话让人感受很深，"我是赤着脚走路的那种人，路上没有红毯，只有荆棘。中年以后整理自己的生活经验，产生了一个疑问，当年走在路上，前面明明有荆棘，为什么走在前面的人不告诉我呢？前面有陷阱，为什么没有人做个标记呢？前面有甘泉，为什么去喝水的人不邀我同行呢？经过一番研究，我知道一般人在这方面是很吝啬的。于是我衍生出一个想法：我一边赤脚行走，一边把什么地方有荆棘、什么地方有甘泉写下来，放在路旁让后面走过来的人拾去看看。"

　　王鼎钧先生说得恳切，我也深有体会。经常统稿、讨论稿件或帮助修改的文稿起草者，有必要归纳一下实际工作中经常看到的问题以及修改心得，从"不要这样写"这个角度，把"荆棘"圈出来，把"甘泉"引出来，和大家分享一些经验和体会。

一、常见问题

　　公文中的常见问题多种多样，归纳起来也有一些共性特点。例如，我曾经将其归纳为"十大症状"。提炼不够：软骨病；材料琐碎：流水账；结构不妥：模式化；逻辑欠缺：一锅粥；层次不高：小矮人；没有特色：大众脸；生搬硬凑：拉郎配；视野狭窄：井底蛙；语言干巴：木乃伊；表述西化：乱麻纱。

除了这种形象化的描述，还可以从以下几个方面来归纳概括。

一是主题方面，经常表现为主题不鲜明、标题不醒目，以及文题不符。有的文稿主题不集中，有多条主线，四面出击，没有紧扣中心任务来布局。这是一个很普遍的现象。公文应该做到一文一主题，否则文章就会散乱无章。有的文稿标题归纳不准、提炼不够、概括不好，缺乏画龙点睛之笔。还有的文稿题目与内容不吻合，甚至相去甚远，观点与内容不相匹配，外延与内涵不相适应。

二是结构层次方面，经常表现为结构不严谨、层次不清晰、四梁八柱的支撑不够有力。结构不好，主要在于思路不清，逻辑混乱，内容主次、轻重不当。有的文稿大结构没有问题，但内部层次不清晰，段落划分不恰当，相互之间缺乏内在联系。

三是内容观点方面，经常表现为观点不明确、模棱两可、措施不够具体、内容不实。有的文稿缺乏明确的立场、观点，看不出态度和意图。有的文稿通篇套话、空话，很多内容都是从其他地方抄来的。有的文稿内容不充实，空洞无物，如工作部署和要求，没有一个实实在在的措施。有的文稿说明文章观点的事例不恰当、数据不准确、引用不典型、叙述不完整。还有的文稿表述不恰当，主要是语法、修辞、逻辑方面的问题，这些都会影响内容表达的效果。

还有一些文稿体例不规范，行文不规则。一些公文混淆、错用文种，格式不正确，行文不按程序，如越级行文、多头主送、涉及多个部门事项未协商一致就行文、报告与请示不分、非请示公文夹带请示事项，甚至直接向上级机关负责人报送公文等。

这些问题都是缺乏基本公文素质的表现。我觉得，这些问题之所以存在，除了写作者的理论水平、专业素质、文字功底不过关外，还有三方面原因：一是态度不严谨。重视不够、研究不深，存在随意应付、侥幸过关的想法。二是责任不到位。写作者不重视，把关者责任心不强，工作不细心，检查不细致。三是标准不够高。公文起草是一件严肃认真的事情，如果缺乏严、准、快、细、实的标准和要求，那么就容易出现这样或那样的问题。

很多人都有这样的体会，直接看公文范文、看干干净净的定稿，不如看经领导或他人反复修改的草稿收益更大，提升得更快。用心体会精心删改之处，就可以体会到"不应该那么写"，就明白了"应该这么写"的道理，这便是"修炼"公文写作的悟性。对公文写作来讲，这是很有益处的学习领悟方法。

本节重点从八个方面，归纳总结公文写作中常见的问题，列出公文写作的主要"负面清单"，逐一加以解析，分析如何修改，让大家对"不要这样写"有所认识和警醒。

一是无神。无神就是文稿写得太平淡，毫无吸引力。表面上该讲的事都讲到了、面面俱到，但给人的感觉就是提不起"神"来，像白开水，读起来没劲。

出现这种情况，主要是因为文章立意不高，不能先声夺人，又缺少新的理论概括、新的理念、新的观点和思路，缺乏理论高度、思想深度，且对实际情况了解得不够透彻，缺乏鲜明的观点和精准的分析。

由于缺乏高度、深度，只能平铺直叙、就事论事，无法提供比读者更高明的观点或者更多的信息增量，公文自然难以吸引人。

对于这一类问题，要从理论上、思想上升华，给予更高的理论概括，补充有说服力的分析材料，把气势体现出来，把高度和深度讲出来。

二是无序。一些稿子虽然立意较好，也有高度，但逻辑不清晰、层次不分明、内容比较空洞、思路不够严谨。乍一看写得很有气势、有观点，甚至还有不少新名词，但仔细一看，具体内容比较空泛，观点与观点之间、层次与层次之间缺乏必然的逻辑联系，有的观点没有佐证的材料，或者观点与观点之间是矛盾的，观点和内容没有达到有机统一、没有融为一体。

无序是具有一定理论素养、初学公文写作的人容易犯的错误。

修改时要理清思路，理顺结构，保持逻辑严密、文脉贯通，补充与观点一致的内容，使文稿更有条理。

三是无骨。有些文稿的内容较好，但观点不凝练。主题不突出，不能引领全文。大小标题过于随意，体现不出内容的精华，显得松散。观点不突出、不鲜明，泛泛而论，比较平淡。

无骨往往是因为写作者想写的内容太多，缺乏前期的认真清晰的构思，写作时想到什么写什么，导致内容芜杂，观点平淡而分散，不能很好地支撑全文。

要解决无骨问题关键是要注重观点的概括提炼，达到观点与素材的融合、内容与立意的统一，提升标题的准确性和新意。

四是无物。有些文稿思路结构及观点都很好，但缺乏好的内容，找不到太多的实际可写的素材，只能拼拼凑凑、抄抄拣拣，导致写完的稿子言之无物、空洞干瘪。有的稿子看起来文采很好，文字流畅、生动，气势也有，但联系实际不够，不少都是空话、大话，没有解决实际问题。

无物往往是因为写作者对实际工作缺乏深入的了解，缺乏自己的观察、思考和认识，没有内容的支撑，只能在形式上做文章，或者出于懒惰心理，不愿做调查研究、资料收集、内容构思等工作，奉行"拿来主义"，直接拿上级的、抄别人的，或者用自己以前的东西，生搬硬套或简单抄袭，如此文章自然难免空洞。

修改这样的文稿最费劲，可能要推倒重来，结合实际重新搭框架、调结构、加内容。写作者可以借鉴别人好的东西，但关键要联系实际，融会贯通，把"普通话"变成"地方话"。

五是无色。无色即把公文写成"官样文章"，僵硬死板，照抄照搬文件，四平八稳、面面俱到，或者像写论文一样佶屈聱牙、深奥难懂，总之让人感觉味同嚼蜡。

无色往往是因为写作者缺乏对公文语言特点的认识和把握，或者片面理解公文语言。无色的表现为语言不够准确、简洁、生动，不能给人鲜活的感受，不能给人心灵的冲击，而是充满陈词滥调、不说人话。

写作者要对这样的公文语言进行改造，使之通俗易懂、明白晓畅、深入浅出，做到准确、鲜明、简洁、生动，让人觉得是"说人话"。

六是无范。有些报告、讲话稿由分工作业完成，导致风格不统一、逻辑不一致、内容不协调、脉络不贯通，即便有的部分很精彩，甚至可以独立成篇，但放在整体中就缺乏协调与均衡，组装的时候还是得大动干戈。

无范表现为：内容缺乏概括提炼，每部分都想多说一点、全面一点，讲得过多、过细、过于周全，冲淡了主题；文章布局不协调，有的占用了别的方面的观点和内容，互相抢内容；不同部分"各自为政"，忽略了与主题相协同、与别的部分相呼应，以致出现内容上的遗漏和空白；不同部分采用不同的逻辑思路，造成互相冲突，内容缺乏关联性和一致性，给人明显的拼凑感、脉络不连贯。

这些情况，可能是在讨论提纲时考虑不够细或者内容没有协调好，以及统稿不力造成的。

要解决无范就要在统稿时，把各个部分放在整篇文稿中去定位、去概括、去提炼，以体现前后呼应、一气呵成的效果。

七是无方。有些写作者站的层次比较低，跳不出部门思维的局限，写文稿的立意、观点、内容、工作举措都达不到领导的要求，行文的内容过于具体、琐碎、微观。有些写作者写文稿时不看对象，都是对下布置工作的写法，千篇一律，或者在向上汇报时讲大道理，写一些琐碎的工作，把工作讲话的内容生搬硬套过来，或者对基层讲一些深奥的道理、生僻名词等。

这主要是因为写作者没有把握好角色定位，不能站在使用者的角度和层面进行构思和写作。

要提升观点的高度和深度，就要求写作者善于在全局中定位、思考和谋划，善于调整角度，增强对象意识和角色意识，把握使用者和受众需求，有的放矢。

八是无气。有的稿子杂乱无章，没有整体感和一致性，逻辑不连贯、节奏不顺畅，读来艰涩滞阻，左冲右突；或者气息涣散，不能展示足够的逻辑力量和精神力量，整篇平淡无奇，没有气势和气度，不能打动人、感染人。

要解决这一类问题，要重新构思整体框架，做好顶层设计，写的时候要一气呵成，写好之后再认真修改打磨，完善文气。

二、修改要旨

修改公文四种境界：第一种境界可称为辨境，就是能够正确判断对错。第二种境界是正境，就是能把错误的改成正确的。第三种境界可以叫作佳境，就是把正确的上升为经典，这一境界较难达到。最高的境界是悟境，就是从实践中找到为文的规律、修改的方法。写作者要不断往更高的境界攀升，只有自己的能力水平提高了，才能更有效地指导和帮助别人。

起草文稿一意贯穿、一气呵成是值得追求的目标，但这种情况其实极其少见。俗话说："玉不琢不成器。"好文章都是改出来的，修改文章的过程也是锦上添花的过程。事实上，从事文字工作的人都有这样的体会，修改文稿是家常便饭，特别是起草重要文稿时，修改总是没完没了的。

在修改文稿中，修改对象可以分不同层面。首先是文稿基调和主题修改，这种极其少见。其次是结构的颠覆和重构，难度也很大，所以在审议稿子时只要结构没有问题，就放心了一大半。再次是内容增删或调换，相对来说容易一些。最后是字词修改，力求更加准确、表达更加到位。

大家常听到"过稿子"，就是对文稿进行讨论提炼、修改完善、润色加工的过程。一般来说，修改文稿时，首先要整体上宏观地"过"一遍，重新审视全稿的思想内容、逻辑思路和框架结构，对大的问题进行补救和处置。

然后在微观上再"过"一遍，化整为零、分段处理、精雕细琢、打磨润色、字斟句酌、反复推敲，不放过每一个段落、字句和标点。"过"就是一个从整体上深加工、精加工的再创造过程，写作者经过认真地"过"稿子，能守住文稿质量的防线。

《文心雕龙》中说：改章难于造篇，易字艰于代句。修改出一篇好的文稿，难度不亚于新写一篇。那么修改应该从哪些方面入手呢？前文对修改做过讲解，这里再从几个"下功夫"的角度做简要阐述。

第一，在结合上下功夫。这就是正确处理主观与客观、理论与实践、个别与一般的关系，一切从实际出发，实事求是，从事实的总和和本质把握事实，防止主观性、片面性。这是由公文注重实际、服务实践的性质和特点决定的，也是公文以文辅政的内在要求。

一是要注重调查研究。没有调查研究就没有发言权，就没有决策权。毛泽东同志把通过调查实现主观与客观相统一的"结合"方法，概括为最基本的工作方法："按照实际情况决定工作方针，这是一切共产党员所必须牢牢记住的最基本的工作方法。"

二是运用具体分析法。具体分析法是研究矛盾特殊性的方法，是从个别与一般的关系上坚持结合的方法。要求善于抓主要矛盾，善于分析、比较，把握事物的本质和规律。毛泽东同志在《矛盾论》中说："离开具体的分析，就不能认识任何矛盾的特性。"

三是运用归源检验法。以客观实践对主观世界、对理论、对政策不断地进行检验，使主体认识符合客观规律。实践是"源"，是检验信息内容是否准确的唯一标准。

第二，在剪裁上下功夫。剪裁是指对素材的取舍，确定详略。详其所当详，略其所当略，详略适度，就可以使信息首尾圆和，内容与形式达到和谐一致。如剪裁失当、贪多务得，就容易繁杂琐碎，完整性和连贯性也会受到破坏。

剪裁要注意几个方面。一是要显示主题的取向。主题作为全篇的中心，居于灵魂和统帅的地位，自然决定着材料的取舍、详略。剪裁内容就是要善于识别事物的本质，选取最能突出主题的材料，其余则简略用之。

二是要体现行文的意图。公文写作是基于客观事物的主观行为，行文必然体现一定的目的和意图，内容的剪裁应该要确保行文意图的实现。

三是要挖掘素材的价值。既要详尽占有材料，也要挖掘好材料的价值。材料的价值具有二重性，自身价值与使用价值。自身价值即材料本身的思想意义、典型性、说服力等。使用价值是在特定的语境中，材料对表达主题的适用程度，与自身价值并不完全等同。

四是提高对读者的针对性。明确对象、了解对象需求，是信息内容设计、详略安排的重要依据。

第三，在梳理上下功夫。

一是看主题是否集中。确保主题集中、明确、单一，不要芜杂，大小观点要与主题保持一致，围绕主题展开论述。

二是看结构是否有序。如结构形式是否满足主题表达的需要，层次是否清晰，条理是否有序，脉络是否畅达。

三是看观点是否醒目。观点既要正确，还要突出和鲜明，给人留下深刻印象，同时大小观点之间要形成有机的逻辑关系，对于不甚明朗或者平庸的观点，要进一步加以提炼和优化。

第四，在提升上下功夫。

一是立意上的提升。提升政治站位和思想站位，使文稿在立意上取胜。

二是思想上的提升。为文稿注入思想，展现哲理性，把握规律性，体现时代性，表现在观点上为有见地和创新性。

三是理论上的提升。在理论高度和深度上加以提升，展现不一样的视角和认识维度，并将其富有逻辑地展示出来。

第五，在锤炼上下功夫。

一是从内容上修改。锤炼主题思想、主体内容，加强政策性和实用性，强化逻辑性。

二是从语言上修改。做到用词造句的准确、鲜明、简洁。

三是从篇章上修改。删除意义重复的词，删除不必要的解释，删除表意不清楚的表述，删除与主题无关的内容。

公文修改的步骤可归结为读、审、查、拔四个字。读，就是朗读，也叫唱稿。把全篇稿子有声地念出来，自然容易发现疏忽的地方、语意不同的地方、衔接不顺的地方。

审，就是审视文稿的内容和形式，包括文稿的政治性、政策性，主题是否突出，观点是否准确，论据材料是否充分，事实和道理是否有说服力，结构是否合理，各层次段落之间的关系是否符合逻辑，过渡、照应是否顺畅自然等。

查，就是检查文句表达有无问题，改正不准确、不规范、不通顺的地方。没有表达清楚的，要改得清晰易懂，空话套话要改成新颖生动、形象感人的新话，一些可有可无的文字、句子、段落要大胆删掉。

拔，就是提升思想高度，深化主题。这是对修改文稿更进一步的要求。再一次循着谋篇布局的思路，把文稿梳理一遍，做一些提炼和升华，运用一些点睛之笔，增强文稿的气势，提升站位高度和思想深度。

初稿形成后，一般重点把握好以下四个方面。一要把好内容关。重点看主题是否鲜明，结构是否严谨，观点是否正确，内容是否简洁，文题是否相符等。政策性、规范性很强的公文，要看是否符合国家法律法规和党的路线方针政策，是否完整准确体现发文意图。这些要认真、细致地检查修改。

二要把好文字关。主要看表述是否准确，语言是否流畅，文字是否精练。要特别留意括号、引号里的内容，引用内容要准确。运用数据、事例、标点符号时也不能出差错。

在文稿送审、呈报或下发前，写作者要仔细检查装订、清点页码、印数用章等，细心检查，以防出错。提高文稿质量，既要重视谋篇布局、主题立意、层次逻辑等大问题，又不能忽视遣词造句、语法修辞、标点符号等小问题，始终做到高度负责、精益求精。

针对很多句子冗长啰唆、逻辑不清的问题，要让文字更简洁精练，就要多用名词、动词，少用形容词，多用句式紧凑、表意明确的短句，少用复杂的长句，要避免文字的重复，少一些空话、套话，语言要深入浅出、清新质朴、简明易懂。

要区分的、地、得的正确用法，不要混用。很多"的"字、"了"

字事实上是可以不要的，应避免"的的不休、了了不断"的情况。要正确使用主、谓、宾、定、状、补等句子成分，使句子符合文法，避免病句和逻辑错误。

三要把好格式关。一方面文无定法，形式要服从内容；另一方面公文有规矩，格式必须强调。《党政机关公文处理工作条例》的第三章专门讲公文格式，做了明确规定。本书前面也对格式做了讲解。公文形成后，写作者要认真检查修改，确保不出纰漏。

四要把好审核关。文稿审核和修改的人要认真把关，审核重点包括：行文理由是否充分，是否遵循行文规则；文稿从主题、观点、内容到文种、格式是否正确；人名、地名、时间、数字、段落顺序、引文内容等是否准确；文字、数量、计量单位和标点符号是否规范，这些都要仔细审查，严格把关，确保不出差错。

不了解工作的实际情况，写出的公文就会出现缺乏观点、平淡不吸引人、逻辑不清晰、针对性和指导性不够等问题，这也是公文写作者的通病，因为他们整天坐在办公室，对具体业务了解不足，下基层不够，对实际情况了解不透。

所以公文写作者一定要加强业务学习和调查研究，弄懂弄通公文所涉的相关工作，力争成为这方面工作的专家。

写好公文不仅需要通过广泛阅读和调研形成认识，还需要通过多种渠道集思广益，形成贯通的行文思路，提炼出真知灼见。在调查研究、掌握实际情况的基础上，对内容进行合理取舍和剪裁，并在语言、观点上认真锤炼，这样才能写出好的公文，才能在修改中化腐朽为神奇。

第十二章
写作通则在公文写作中的运用

写作有很多的通则，即通用的方法规则，不管在哪一种文体中都很适用。因为，公文写作也是写作行为当中的一种，其必然带有写作的通用特点，把通则与公文这一特定文种在特定语境下所具有的写作要求相结合，体现了共性与个性的统一。

广义地说，前面讲到的内容，有些也属于写作通则，包括六个要素、七个步骤以及一些其他内容，一些方法和思路也适用于别的写作类型。本章从狭义的角度，讲一讲其他写作通则在公文写作中如何运用。

一、写作基本功的运用

公文的写法看似千变万化，但可以归纳为六种基本功，分别是扩写、缩写、改写、续写、补写和串写。我们可以从熟悉这些基本写法入手，把马步扎好了，再进一步掌握窍门。

第一是扩写。扩写就是把原来内容简单、篇幅短小的文稿或片段，经过再创作，丰富语言、结构和内容，使它比原作更充实、更具体、更完善。

扩写在工作中用得比较多。例如，在平时工作中，可将一些会议纪要、工作简报、新闻稿等篇幅相对较短的材料，扩写成篇幅较长的文章。也可以依据几个观点，扩写出一篇讲话稿或者理论性文章。

扩写时要把握的是：补充和扩展的内容必须符合情理，不能随意改变本意，真正做到吃透原文；善于找到可扩点，把原作空洞的地方写得更丰满，对模糊的地方要加以梳理，使条理更清晰、逻辑更严谨，对论述不够深入的地方要进一步论证，使观点更有深度等。

第二是缩写。缩写就是把一篇较长的文稿，在不改变原文主旨、重点的情况下，通过概括归纳，压缩成一篇较短的文稿。

缩写也很常见，如起草领导讲话稿、情况报告、会议纪要、典型材料、工作请示等，往往需要用到缩写，要求从一堆素材中找出精华，所以缩写很能训练写作者的材料取舍和剪裁能力。

缩写的时候，要把握三个基本：基本要求是做到量体裁衣，在限定字数内，使缩写的文稿符合要求；基本方法是做到分清层次、详略得当，对于哪些应该删减、哪些应该保留，做到心中要有数；基本原则是存主干、去枝叶，用化繁为简写法，勾勒原文的重点。

第三是改写。改写就是根据工作所需，把一种体例的文稿，变成另一种体例的文稿，或者把一种风格改造成另一种风格，把不符合要求的修改成符合要求的。

改写在公文写作中是常见的一种写作形式，也是较为灵活的一种形式，不仅包括改动原作的内容，还包括根据需要改变原作的形式、题目、表达方法、语言风格，是以原作为题材进行的再创作，是一种难度较大的写作训练。改写的过程，实际上就是重新构思、重新剪裁、重新布局的过程，重点在于"改"字。

练好改写功，需要在三个方面下功夫：一是要会驾驭多种文体，多学多练，做到十八般武艺样样精通；二是要正确把握修改方向，明确修改意图和改写要求，使修改后的稿子合情、合理、合法；三是要充分体现修改的创造性。改写不是简单的重新组合，而是要注入自己的思考和创新的元素。

举个例子，说明改写的特点。民间流传一首《四喜诗》："久旱逢甘雨，他乡遇故知。洞房花烛夜，金榜题名时。"后来历史上几次有人对它进行改写。例如，明朝有人在四句前分别加上两个字，"十年""万里""和尚""教官"，增强了表达效果，让人会心一笑。还有人在每句中各加两字改成《四悲诗》："久旱逢甘雨，一滴；他乡遇故知，债主；洞房花烛夜，隔壁；金榜题名时，重名。"

第四是续写。续写就是顺着原作的思路、线索、脉络或主旨的发展，对原文进行合理的延伸。

续写在文学作品中比较常见，如《红楼梦》后四十回是高鹗根据曹雪芹前八十回提供的线索和伏笔续写的。公文写作，特别是修改过程中也经常存在续写。续写要保持前后文语言风格一致，根据前文合乎逻辑地续写内容，做到前后呼应、相得益彰。

续写和扩写有相似和不同的地方，二者都是对原文的增加和补充，但扩写是整体放大，而续写是往后延伸补充。相对而言，续写对行文内容的限制较小，留下的可供自由发挥的余地比较大，但写作者不能信马由缰，在动笔前最好列出一个写作提纲，明确写作的重点。

第五是补写。补写就是将不完整的文稿进行改造加工，补充完整，如对于分工写作的稿子在统稿时，发现有些部分完全不能用，使整体缺了一部分，这时就要用到补写。写作者应根据需要，哪里缺失就补充哪里，但不管补写哪一部分内容，都要先认真研究已有部分，进行逻辑推导，找出内容衔接的线索，对空缺部分加以创造性发挥，将文稿补充完整。

第六是串写。串写就是将看似无关联的几个词语、词组、句子有机组成一段话或一篇文章。在实际工作中，领导交代任务时，有时可能就只说几个关键词，其他的都靠写作者自己琢磨。拆解一篇公文，到最后会发现其是由若干词语组成的。

例如，领导要求，"高质量发展""改革""人才"都要体现，或者给了"党建""抓落实""制度建设"几个关键词，要把它们串写成一篇文稿。这在工作中是经常遇到的。

串写要注意以下几点。

一是准确掌握词句含义。动笔之前，认真理解给定的词语、句子的意思。只有完全理解它们，才能准确把握领导意图和词语内涵。

二是宏观构思。串写时要通篇考虑，从大处着眼，形成整体思路，而不是一开始就拘泥在词句上。

三是做到逻辑自洽。在运用给定的词语和句子时，要表述自然、逻辑合理、自圆其说，不让人有生涩之感和产生歧义。

此处用前一章毛泽东同志指导胡乔木起草"除四害"通知的例子进行分析，在毛泽东同志指出的意见当中，其实也包括了六种基本写法。

"可用一个星期的时间将全国各省、市、县见于报纸的经验一齐找来仔细看一遍，边看边想，形成成套思想，然后下笔成文。"这体现了缩写。

"至少改三遍、五遍，找彭真、刘仁及北京有经验的除害干部二三人及科学家二三人开一二次会，发表意见，修正文件，字斟句酌，逻辑清楚，文字兴致勃勃。"这体现了改写。

"文件可以长一点，达一千字至二千字左右也可以。总之使人看了感觉解决问题，百倍信心，千钧干劲，行动起来。"这体现了扩写。

"内容要把人人振奋，改造国家，带动消灭人病、牲口病、作物病的道理讲清楚，这是理论。"这体现了串写。

"然后讲办法，也要讲得入情入理，使人觉得切实可行，没有外行话。要写这一部分，也要认真研究，下苦功钻一下。"这体现了续写。

"然后讲到书记动手，报纸、刊物、广播、定期扫除、定期检查等事，作为结束。"这体现了补写。

可见，即便是写一个常见的、普通的通知，也会运用写作的基本功，而只要把这些基本功练扎实了，写作者就能自如地完成各种写作任务，以不变应万变。

二、表达方式的运用

文章的表达方式大体分为记叙、描写、抒情、议论、说明五类。记叙、描写、抒情运用形象思维，属于感性层面，是文学作品的内核所在；议论、说明运用逻辑思维，属于理性层面，它是科学作品的内核所在。

公文也离不开以上几种表达方式，其中最主要的是记叙、议论、说明，很少用到抒情，除非是领导在动员时、庆典时的讲话，或者贺信、贺词，基本上没有用到描写。

公文的记叙不像记叙文可以灵活运用倒叙、插叙、转叙，它用得多的是顺叙、平叙。公文写作中的记叙讲究平铺直叙，一目了然，明白晓畅，忌讳曲折起伏、变幻莫测。一篇公文，如果阅读者一看标题或者一看开头，就知道文中所要表达的内容并猜出它的结尾，那就是一篇叙述十分成功的公文。

公文的议论也不像议论文追求逻辑的严密，不像政论文追求气势的恢宏，它追求的是说理的实在、事实的无误。公文写作很少单独使用议论的方式，多数是在一篇公文中含有一些议论的成分，并且很少会做多方面、多层次、多角度的完整性论证。

公文的说明也不需要像产品说明那样巨细无遗，它仅仅是根据需要做必要的补充说明，如规章的名词解释部分就用说明的方法。完全采用说明方式的只有法规性的文件（如章程、条例、规定、办法等），其他大部分公文说明与叙述、议论等结合起来运用。

三、传统文论的运用

我国是文章大国，积淀了丰富多样的文学理论，这些文学理论不但对文学的发展起到十分重要的作用，对于公文的写作，也颇具借鉴和运用的价值。

义理、考据、辞章。清代桐城派代表人物之一姚鼐首次系统地提出和阐述了义理、考据、辞章三者相统一的观点，包含三层意思。

一是三者作为构成"学问""文章"的一部分，各有存在的需要和价值，不可偏废；二是三者应该互相吸收和补充，以使各自更加丰富和完善；三是三者的关系是有层次的，"义理为干，而后文有所附，考据有所归"。

义理和考据,是文章内容方面的问题。讲究义理就是要求观点正确,论据充分;讲究考据就是要求材料准确。辞章是文章形式方面的问题。讲究辞章,就是要求适合于内容的完美的形式。在三者当中,义理是灵魂和统帅,因为形式要为内容服务,材料要由观点来统领。

义理、考据、辞章的要求,对写作公文有几点启发。一是要做到观点与材料的统一,不要搬弄一些观念,却没有材料予以支撑,也不要列举了大量材料,却不能从中形成正确的观点。好的观点,不是简单的教条,不是空洞的论述,而是和具体材料结合的正确的结论。

二是要保证材料的准确性。所选取和使用的材料对所说明的论点是足够的和必要的,并且是做了具体分析的。堆积一大堆不能说明论点的材料,是没有意义的。同时要求所使用的材料是完全准确可靠的,不论是引用事实材料还是文献材料,或者在批驳错误观点时引用错误论点的材料,都应该做到准确可靠。

三是要有好的形式。如果一篇文章所讲的道理错误,引用的材料虚假,但其形式非常完美,也绝对算不上好文章。好的内容也需要好的形式,认为形式无足轻重也不对,拙劣的形式也会使内容的表达受到损害。形式涉及结构、语言、章法、风格等多方面,掌握这些知识和能力,目的是运用自如,能够把内容传达得更加准确生动。

结构。我国古人写文章很重视结构,称其为"谋篇""布势""布局",刘勰在《文心雕龙》中还称其为"附会":"何谓附会?谓总文理,统首尾,定与夺,合涯际,弥纶一篇,使杂而不越者也。若筑室之须基构,裁衣之待缝缉矣。"

　　这句话表达了"附会"就是统率文章的义理主题，联系文章的首尾段落，决定材料的取舍，组合衔接文章章节，包举全篇，使内容丰富而不散漫。这就好比建筑房屋必须打好基础，裁制衣服要细针密缝。

　　《文心雕龙》还称，"首尾周密，表里一体，此附会之术也。"意思是：做到文章的首尾结构周密，内外一致，这就是附辞会义的方法。

　　清代诗人袁枚在《随园诗话》中也有"着意画资妙选材，也须结构匠心裁"之说。曾国藩认为，谋篇布势是写文章的"最大功夫"。古人的这些类比和妙喻，都印证了文章结构安排的重要性。

　　文气。气，在我国古代是一个极其重要的概念，被认为是万事万物的本源。将"气"从哲学范畴引入文学领域，最早见于曹丕的《典论·论文》："文以气为主，气之清浊有体，不可力强而致。"其提出了"文以气为主"的著名论题。著名哲学家李泽厚先生认为，"文以气为主"昭示了文的自觉时代的到来，具有跨时代的意义。

　　在我国，"文气"一直受到文人推崇，从曹丕的"主气"，韩愈的"气盛宜言"，苏辙的"气充乎其中而见乎其文"，一直到桐城派刘大櫆的"积字成句，积句成章，积章成篇，合而读之，音节见矣，歌而咏之，神气出矣。"

　　在后世的文学评论中，"文气"的衍生含义多种多样，有本体论的文气说（文学的本源），主体论的文气说（文本于人之元气），风格论的文气说（文气取决于作者才性气质），鉴赏论的文气说（知人论文）。

　　在公文写作中，"文气"更多的是从创作论的角度来说的，即文中之"气"是作者所禀之气在文中的映现。作者所禀之气既含先天禀受的生命力，又包括后天形成的思想观念、气质、个性。文气依靠人的生理之气运行，通过建构意象、排列文字符号映现。

历史上很多人都论述过文气，内涵包括意气、气势和气脉等，一些观点现在仍然有意义。

例如，关于文章的意气，两宋之交时期的李纲认为："文章以气为主，如山川之有烟云，草木之有英华，非渊源根柢所蓄深厚，岂易致邪？士之养气，刚大塞乎天壤，忘利害而外死生，胸中超然，则发为文章，自其胸襟流出，虽与日月争光可也。"

关于气势，宋代朱熹说："气势之说，如所云'笔所未到气已吞'，高屋建瓴悬河泄海。""行文要紧健，有气势，锋刃快利，忌软弱宽缓。"

古人论文，讲气贯长虹、力透纸背，其实就是要求气脉贯通。唐代的李德裕说："然气不可以不贯，不贯则虽有英辞丽藻，如编珠缀玉，不得为全璞之宝矣。"清代的曾国藩说："至行气为文章第一义。卿云之跌宕，昌黎之倔强，尤为行气不易之法。"

神思与虚静。古人作文非常讲究构思。刘勰在《文心雕龙》中称之为"神思"，具体如下。"古人云：'形在江海之上，心存魏阙之下。'神思之谓也。文之思也，其神远矣。故寂然凝虑，思接千载，悄焉动容，视通万里。吟咏之间，吐纳珠玉之声，眉睫之前，卷舒风云之色。其思理之致乎？故思理为妙，神与物游，神居胸臆，而志气统其关键，物沿耳目，而辞令管其枢机。枢机方通，则物无隐貌；关键将塞，则神有遁心。是以陶钧文思，贵在虚静，疏瀹五藏，澡雪精神；积学以储宝，酌理以富才，研阅以穷照，驯致以绎辞，然后使玄解之宰，寻声律而定墨，独照之匠，窥意象而运斤。此盖驭文之首术，谋篇之大端。"

这段文字把文章构思的重要性、特点、方法和途径进行了全面的阐述，用它来指导文章的构思，非常有帮助。

刘勰提到一个重要的概念——"神与物游"，即构思文章时，要让想象与外物相接触，深入思考对象的肌理，让思想自由翱翔。首先是理解，用自我精神去认识外物的本质；其次是精神与外物合二为一，结伴驰骋；最后精神与外物已经浑然一体，精神用外物的眼睛观察万物。

在文章构思中追求"神思"，就是把自我代入思考对象，以物为主体观察世界、思考外物，进入物我两忘、物我合一的境地，俗称进入了"状态"。在这种状态下，人的头脑当中都是思考对象，思维处于自由状态，各种想法在脑中激荡，由于思维集中到了某个地方，"思想的压强"增大，往往会有出其不意的想法。

清代黄叔琳在《文心雕龙札记》中注解指出："此言思心之用，不限于身观，或感物而造端，或凭心而构象，无有幽深远近，皆思理之所行也。寻心智之象，约有二端：一则缘此知彼，有校量之能；一则即异求同，有综合之用。由此二方，以驭万理，学术之源，悉从此出，文章之富，亦职兹之由矣。"

这就是说，"神思"是一种超越时空、物体的神远之思，专心致志地思考，思绪就可能连结到古往今来之事。简单地说，"神思"有些类似于现代所说的形象思维或者发散思维，这正是包括文学在内的一切艺术形式所推崇的思维方式。因此，在公文写作中运用这种"神思"，往往能够产生使人眼前一亮的想法，带来意想不到的惊喜。古人说，"立身须谨慎，为文且放荡"，也是这个道理。

西晋的陆机还提出构思时的创作心理——"虚静"，指的是人的精神进入一种平静的状态，这样事物的丰富性和本质性就会展现在眼前。

道家学派创始人老子提出的修养主旨为"致虚极，守静笃"，认为世间一切原本都是空虚而宁静的，虚静就是要人摒弃世俗杂念，抛弃功利欲望，进入一种纯粹明净，与天地万物化合为一的思想境界，精神上进入一种"无知、无欲、无为、无事、无我"的平静状态。

所谓"心虚则无物不容，心静则察知万物"，公文写作者在构思时进入虚静状态，心思专一，精神集中，全神贯注于文稿的构思，往往有助于增加思考的广度和深度。

周振甫说："虚是不主观，静是不躁动。"有了主观成见就不可能看到外界的真实情况，心情浮躁、感情用事，则不可能深入细致地考察和思虑。

要想做到神与物游，酝酿好的文思，着重在于虚心和宁静，心境平和，精神爽朗，清除心中的成见，使精神与客观之物相交融，才可以让最精华的思想"沿耳目"到达心灵，从而触发无意识，产生精华的思想。

与虚静相关的还有一个概念，"玄览"，就是把内心当作一面镜子，清扫拂拭，自鉴自察，不染外物，这样万物就会自然呈现在面前，为你所认识。"涤除玄览，能无疵乎？"从复杂多样的耳闻目见的感觉经验中挣脱出来，站在更高处认识，做到胸无成见、虚以待物、头脑清醒、静以观物。

我们都有这样的经验，如果心浮气躁，就很难有好的文章思路，如果外界干扰太多，也很难集中精神进入状态。所以写作者主观上要培养自己的"虚静"功夫，思想上经常"归零"，让内心保持一种自由活泼的状态，客观上也要努力为自己营造一个适宜的环境，减少外界的干扰。

炼字、炼句、炼篇与炼意。古人写文章讲究炼字，如"两句三年得，一吟双泪流""吟安一个字，拈断数茎须"。公文也很注重锤炼字词，要求"写稳一个字，九牛拉不出"，公文写作者应该认真遣词造句，更好地表达内容需要。

所以写作者要追求文字精练、文风朴实，力求用语真实准确无假话、严谨庄重无虚话、简明扼要无废话、平实易懂无大话、鲜明生动无套话。当然，锤炼字词并非只是为了写好一个字、一句话，还是为了全篇立意的彰显和观点的表达。如果过分追求新奇，拘泥于一字一句的得失，那就可能成为败笔。

清代刘熙载说："炼篇、炼章、炼句、炼字，总之所贵乎炼者，是往活处炼，非往死处炼也。"清代沈德潜也说，"古人不废炼字法，然以意胜而不以字胜"。不管何种要素、哪种方式的修改，最终都应该服务于公文立意或主题的表达。

由此可知，炼字固然重要，但切不可走入雕词琢句、寻章摘句的歧途。炼字、炼句、炼章、炼篇的目的都是炼意，只有服从于炼意，力求语意两工，才是正道，是真正的"往活处炼"。

古人说的炼意，是指提炼文章、诗、词的主题，也就是讲求如何围绕主旨进行艺术构思的过程。

古人对"意"格外重视，曹丕说："文以意为主，以气为辅，以词为卫。"苏东坡说："善画者画意不画形，善诗者道意不道名。"王夫之说："意犹帅也。无帅之兵，谓之乌合。"李渔说，"意新为上，语新次之，字句之新又次之"。

可见，我国古代十分重视立意，把炼意放在创作首位。而对一篇公文来说，对人有无启发，对工作有无指导作用，也是看立意是否高远。

立意通过主题和观点呈现，通过结构和层次阐释，通过文字和论据表述，所以，确定立意、提炼主题是写作公文时应该考虑好的，这就是炼意的重要性。

四、消极修辞的运用

陈望道先生在《修辞学发凡》中提到消极修辞和积极修辞："消极的修辞只在使人'理会'，使人理会只需将意思的轮廓，平实装成语言的定形，便可了事。积极的修辞，却要使人'感受'。使人感受，却不是这样便可了事，必须使读者经过了语言文字而有种种感触。"

如果说文学作品需要用积极修辞增强表达效果，公文则需使用消极修辞。公文是实用文体，是服务实际工作的，最重要的就是用明白晓畅、清晰准确、通俗易懂的语言把要说的内容说清楚，最大限度地让受众获得更多信息，不引起歧义和理解偏差。

这是由公文的性质和特点决定的，它的目的就是追求高效直接的信息传播，而不是让人一头雾水，或者需要发挥想象才能理解。

陈望道先生进而指出了消极修辞的四条原则：意义明确；伦次通顺，就是依顺序、相衔接、有照应，做到文气贯通；词句平匀，就是选词造句需要有平正的标准，没有怪词僻句，没有夹杂或者驳杂的弊病；安排稳密，语句的安排要内容相贴切。这些原则涉及主旨、结构、文气等多个方面，对于公文写作基本是适用的。

第十三章
公文写作中的实用方法

　　本章结合前面所述的理论与认识，讲述在公文写作之中将会运用的若干种具体方法。

　　大家在讨论和学习公文写作时，会了解很多原则性的要求，如主题要鲜明，条理要清晰，观点要突出，内容要充实等。这些要求说起来很简单，但如何才能做到呢？有什么有效的方法和工具呢？弄清楚这些问题才是最关键的。

　　对于公文写作，写作者既要了解其理论、规律和机理，也要掌握一些有效管用的实用方法。要"过河"，还要解决过河的"桥"与"船"的问题。本章介绍的实用方法，就是"桥"与"船"。

一、段头撮要的运用

　　公文不同于文学作品，它的主题、主旨必须明白显露、十分鲜明。它需要与全文结构紧密相连，需要与材料相辅相成，需要与语言和谐一致，这就需要一定的主题呈现方法。

　　前面讲主题时，我们提到，主题的呈现方式就是各级标题。标题就是公文的观点，除了标题之外，每个层次段落的首句也具有类标题性质，是标题的拓宽和延展，是文稿观点的体现，也是主题表述体系的一部分。

因此，对文稿每段内容第一句话的提炼很重要，它既是承上启下的过渡，也是全段内容的提要，能起到总体概括作用。有了这样的"段旨句"，一段文字要说什么事情、有什么结论就一目了然，文稿更精练。在起草文稿时，应有意识地琢磨每段的首句。这是一种非常重要的写作方法，我们把它叫作"段头撮要法"。

段头撮要就是在公文的每一个部分、每一个层次、每一个意义段的前面，用简明的语言，概括该部分、层次的主旨，以显示一篇公文在总的观点、基本论点及中心思想统率下的具体观点和主张。通常做法是将一个小标题置于一个部分文字的顶部，或者把一段话放在段落的开头。多数情况下还在前面标上序号。

"撮要"，也被称为倒悬，它最大的好处是能让受众快速抓住要领，把握行文的缘由、目的、意义，唤起注意，有利于增强公文主旨的表达效果。

下面这篇工作报告的提纲，很好地运用了"段头撮要"的方法。

改革求生存　创新谋发展
用五大发展理念开启"十三五"新征程
——在 2016 年工作会议上的报告提纲

一、"十二五"发展情况回顾

"十二五"期间，公司牢牢把握我国经济社会发展的重要战略机遇期，紧紧围绕"十二五"规划确定的目标，有效应对严峻复杂的外部形势，锐意进取，奋发有为，在能源保障能力、产业价值链、国际化经营、产业转型升级、现代企业制度和软实力建设等方面取得了优异成绩。

（一）油气供应能力显著增强，推动公司整体实力和社会影响力迈上新台阶。一是油气资源保障能力显著增强。二是对经济社会发展贡献持续增大。三是公司社会影响力不断提升。

（二）构建上中下游一体化的产业体系，公司产业布局取得新进展。一是油气上游主业地位更加凸显。二是中下游产业布局基本完成。三是专业服务发展能力不断提升。四是产贸融协同效应初步显现。

（三）利用好两种资源、两个市场，对外合作和海外业务发展开拓新局面。一是对外合作持续深化。二是海外业务规模不断扩大。三是海外业务管理水平稳步提升。

（四）深化体制机制改革创新，现代企业制度建设实现新突破。一是总公司董事会规范运行。二是矿区管理体制改革取得积极进展。三是各专项领域改革逐步深入。

（五）加快产业结构调整和转型升级，调转方式结构取得新成效。一是产业结构优化取得重要成果。二是科技创新能力继续增强。三是管理现代化水平稳步提升。

（六）坚持全面从严治党，干部员工队伍呈现新面貌。一是作风建设取得明显成效。二是反腐倡廉工作深入推进。三是党建工作创新积极推进。四是干部队伍建设成绩显著。

总结公司过去五年取得的发展成就，我们有以下几个方面的经验和体会。

一是牢记责任使命，是公司不断做强做优做大的根本动力。

二是坚持战略引领，是公司保持正确发展方向的基本前提。

三是追求稳健合规，是公司总体平稳健康运行的内在原因。

四是加强党的建设，是公司形成独特发展优势的重要保障。

五是注重以人为本，是公司葆有发展活力的重要源泉。

二、面临的形势分析

全面审视和准确把握内外部环境条件的深刻变化，是我们谋划好当前及今后一个时期工作的前提。在当前形势下，适应经济新常态、认清行业新趋势、抢抓改革新机遇是实现公司健康可持续发展的大逻辑。

（一）适应经济新常态，认真转变发展观念。

（二）认清行业新趋势，进一步强化危机意识。

（三）抢抓改革新机遇，切实增强紧迫感。

（四）把握有利因素，坚定发展信心。

三、"十三五"总体思路和发展目标

"十三五"时期是全面建成小康社会的决胜阶段，也是公司建设有中国特色的国际一流能源公司的重要时期。我们要深刻认识和准确把握形势变化和公司发展的阶段性特征，推动公司从追求快速增长转变到追求健康、稳健、科学发展上来，不断提升发展新境界。

公司"十三五"工作的总体思路。

公司"十三五"发展目标，主要包括引导性指标、约束性指标和在一定条件下实现的指标。

四、以五大发展理念为引领，推动公司"十三五"健康可持续发展

创新、协调、绿色、开放、共享五大发展理念是国家"十三五"规划的精髓和主线，是我国如期实现全面建成小康社会奋斗目标的行动指南，也为公司实现"十三五"规划目标提供了重要指示。发展理念起到管全局、管根本、管方向、管长远的作用，谋划"十三五"时期公司改革发展，必须坚持以五大发展理念为引领，做到观念上适应、认识上到位、方法上对路、工作上得力。

（一）坚持创新发展，增强公司发展活力。

"十三五"期间，必须把创新摆在公司发展全局的核心位置，实现传统生产要素驱动发展转变为创新驱动发展，为公司持续发展提供内生动力。一是深化体制机制改革，培育发展新动力。二是积极参与市场竞争，拓展发展新空间。三是强化企业管理创新，释放发展新红利。四是提升科技创新能力，增创发展新优势。

（二）坚持协调发展，提升发展整体效能。

坚持统筹协调是促进公司健康发展的基本方法，要围绕产业发展这一核心，提升协调发展的境界，特别是在低油价情况下，坚持协调发展有着更加重要的意义。一是坚持油气并举，打造综合竞争优势。二是坚持产业协同，提升价值链整体效益。三是坚持科学稳健，加快产业转型升级。四是坚持高端引领，拓展产业发展空间。

（三）坚持绿色发展，推动企业发展可持续。

作为以油气生产为主的公司，坚持绿色发展是公司转型的迫切需要，也是实现可持续发展的内在要求。一是加强安全环保管理，

切实保护生态环境。二是提升天然气产业链整体竞争力，努力打造支柱产业。三是积极参与能源革命，推动低碳循环发展。

（四）坚持开放发展，培育国际竞争新优势。

要积极适应世情、国情、企情的变化，实施更加积极主动的开放战略，坚持对外开放与创新对内开放相结合，提高开放发展的层次和水平。一是积极融入"一带一路"倡议，拓展国际合作新空间。二是提升输出装备服务和专业技术能力，提升技术服务竞争力。三是对标国际一流绩效和管理标准，提升国际业务盈利水平。四是推进对外合作模式创新，实现对外合作新突破。

（五）坚持共享发展，追求多方合作共赢。

共享发展是建设有中国特色国际一流能源公司的本质要求，坚持发展成果与员工、社会共享，公司才会拥有源源不断的发展活力。一是坚持以人为本理念，实现员工与公司共同发展。二是积极履行社会责任，提升企业品牌形象。三是加强各方利益协调，为公司发展创造有利环境。

这篇文稿通过回顾"十二五"发展情况，分析当前形势，部署"十三五"总体思路与发展目标，把中央提倡的发展理念（创新、协调、绿色、开放、共享）与公司自身的发展实际（改革创新）紧密结合，突出了十分鲜明的时代主题。

全篇字数虽多，但始终紧紧围绕着一个主题展开，即"改革求生存，创新谋发展"，并且直接在主标题中直陈主题，态度十分鲜明。其他各段落、各层次的标题，高度凝练、层次清晰、对称工整、形式多样、各有特色，很好地围绕和烘托了主题，令人印象深刻。

这篇文稿很好地运用了段头撮要的方法，每个标题就是一个层次和意义段的中心论点，放在最前面，让人一目了然，使整篇报告条理清晰、观点鲜明、浑然一体。

二、提纲的运用

前面说过，围绕主题设计结构是起草文稿的重要方略，而结构的设计要通过列提纲进行细化并固定，以便写作时有所遵循。

提纲的重要性体现在以下几个方面：它初步确定文稿的内容，为整篇文稿的面貌和走向划定了"轨道"，能起到提纲挈领、纲举目张的作用；它是思考逻辑与文本逻辑的结合，因而是起草者运思过程的呈现；它是文稿的"初级产品"或者"胚胎"，可以作为交流汇报的载体。

文稿的结构布局方式一般有两种。一是列出书面提纲。提纲的详略应根据文稿内容需要和起草者行文习惯而定。重要讲话的提纲应尽可能列得细一些，甚至可以细到每段几个层次，每个层次包含的要点以及精彩的阐述语言等，然后稍加扩充、润色、归整。

二是在心里列提纲，也就是打腹稿。虽没布局成文，但写作者在脑子里勾画了轮廓。短一些、急一些的文稿多采取这种办法。

无论是列出书面提纲还是打腹稿，都要始终围绕主题进行，一级提纲扣紧主题，二级提纲扣紧一级提纲，做到环环相扣、首尾相顾、不板不乱、浑然一体。

对于文稿起草者来说，提纲是破题的一个重要手段，构思和拟定提纲也是进入写作状态的一个过渡阶段。对于要写的题目，写作者经过认真调查研究、深入思考，广泛收集素材、了解情况，对要写的题材有初步的认识，对主题、结构、内容有一些大致的想法。把这些想法转化为一篇文稿的内容框架，就形成了一份提纲。提纲一旦形成，起草者头脑中就有一篇文稿的整体概念，能够做到心中有数、胸有成竹。

具体到工作当中，如果要向领导汇报，或者需要与人合作，或者需要把任务安排下去，一般要列比较细致的提纲，至少列到二级标题，可以列到三级标题，还要标上内容要点，如果有成型的意思和成熟的段落，也要直接放入提纲，有时还要把一些进一步梳理的思路、资料的线索、写作的角度以及需要特别注意和标注的内容在提纲中体现。

这样做，便于与沟通对象进行有效的对话，能一目了然，甚至达到与当面交流相同的效果。这样的提纲一般比较完善，某种程度上已经是"半成品"了，如果不做大的改动，在此基础上加以修改就能成文。

而如果是个人独立承担一个稿件，为了提高效率，一般也可以不列非常细致具体的提纲，而是在腹稿的基础上，直接在文档上，把腹稿内容转化为简易的提纲，可能只有一级标题、只是一些大致的思路，文字表述甚至都不完整，但也把一些重要的内容要点以关键词或者备忘的形式，列示在提纲的相应位置，起到思维提示的作用。这其实是一种"半提纲"的形式，文稿一旦完成，提纲也就被完全覆盖了。

例如，要写一篇关于安全生产应急管理的思考与体会文章，就可以先拟订一份提纲。

一、深刻认识提升应急管理能力的重要意义

（一）充分认识加强应急管理的必要性和紧迫性

加强应急管理是确保国家安全和社会稳定的必然要求。

加强应急管理是确保中央企业可持续发展的重要基础。

加强应急管理是确保海洋石油工业健康发展的迫切需求。

（二）现代应急管理呈现新特征

1. 坚持以人为本、生命至上的理念。

2. 实现政企联动的管理模式。

3. 强化法治化、制度化管理。

4. 现代先进技术手段成为重要支撑。

（三）当前我国应急管理的新形势和新情况

二、坚持和发扬应急管理的经验做法

（一）坚持落实企业的主体责任

（二）坚持以预防为主，加强安全底线意识

1. 牢固树立安全底线意识。

2. 持续加强隐患排查治理。

（三）坚持体系化建设，构建"四位一体"全面应急管理体系

1. 持续完善移动应急指挥系统。

2. 建立全球应急资源管理平台。

3. 大力提升应急救援队伍能力建设。

4. 应急响应基地及应急能力建设有序推进。

（四）坚持在实战中检验，切实提升应急能力

1. 定期组织安全演习。

2. 有效应对事故灾害。

3. 主动参与外部救援。

三、以改革创新精神推进安全生产应急管理建设

（一）切实落实企业主体责任，增强应急管理的责任意识

（二）以《安全生产法》为依据，提高应急管理的制度化、规范化水平

1. 认真贯彻落实新修订的《安全生产法》。

2. 持续加强隐患排查治理。

（三）把应急管理纳入企业管理体系构建重要位置，不断提高预案的针对性、实效性

1. 增强应急预案的实战性。

2. 推动应急管理工作"三同时"建设。

（四）以提升应急处置和救援能力为目标，全面促进应急管理水平的提高

1. 持续提升应急实战能力。

2. 促进应急管理的基础建设。

3. 持续加强应急文化建设。

有了这样一份提纲，就不难写出好的稿件。

但要注意的是，提纲是过程性的，同时是开放性的，不能画地为牢。有了提纲之后，还要听取各方面的意见，形成有效的互动，要进一步思考和深化认识，对提纲中模糊、存疑的地方加以验证，增加确定性，对一些有所偏差的地方进行校正，在此基础上调整和完善提纲，组织材料进行写作。这是一个持续的思考和研究的过程。写作者既要重视提纲，又不能完全依赖提纲，需要辩证地看待。

三、思维导图的运用

在公文起草时，一些综合性文稿经常采用集体合作的方式完成，要集中智慧进行构思，需要开展头脑风暴等形式的讨论，在讨论中明确思路、形成共识，并把讨论成果及时有效地记录和整理，还可以用一些思维辅助工具。

有效的思维辅助工具，有思维导图、金字塔原理、系统循环图等，有助于提高思考问题的效率。这里主要介绍一下思维导图工具。

思维导图是东尼·博赞发明的一种利用图像辅助思考的工具，使用的基本方法就是列一个中央关键词或想法，以辐射发散形式，引起其他相关的形象和想法，并将之进行系统整理，形成完整的思维体系。

思维导图虽然很简单却极其有效，它充分运用左右脑的机能，利用思维的规律，协助人们在科学与艺术、逻辑与想象之间平衡发展，从而开发人的思维潜力，提升思维能力。

思维导图被广泛应用于记忆、学习、思考等多个领域。在起草文稿时，学会使用思维导图工具，对于具体的领悟、构思、布局等步骤都会产生非常实用、有效的帮助。

东尼·博赞是使用思维导图进行写作的提倡者，他说："思维导图使我能够分清主次，更快而且更清楚地看出一些主要思想如何彼此关联。它给了我一个中间平台，使我在思维过程与实际写作之间平稳过渡。它使我有了把思想组织起来并加以深化提炼的能力，而不再重复耗时费力的起草过程。由于把思维和写作分开来了，我可以更清楚地想问题，思路也广泛多了。开始写作时，我已有了一个清楚的结构布局，这使写作更容易、更快，也更愉快。"

在文稿起草中，运用思维导图进行提取、延展、归类、整理，进而设计、摆布，既是一个发散思维的过程，也是一个布局谋篇的过程。完成一个思维导图的制作，也就差不多安排好了文章的结构。

从写作的角度说，思维导图把起草者构思的过程直观地呈现出来，使思维逻辑与文本逻辑相结合，构思与布局融为一体；从思维学的角度来说，它不仅运用了传统的垂直思维，符合常见的思维方法，也充分运用了水平思维，打乱一般的思维顺序，通过非常规的、跳跃式的思维寻求解决问题的办法，从而拓展了思维的广度、深度和增加了思维角度。

四、意群的运用

前面说到，内容是由观点和素材组成的。观点是从素材中提炼出来的精华，是文稿的筋骨，一般通过标题和分析、结论、建议等体现。

观点应从大处着眼，站在全局的高度，应既符合实际，又有一定的深度，应既准确抓住事物的本质、站得住脚，又要鲜明，直言赞成什么、反对什么。观点立起来了，文稿也就立起来了。

素材是文章的血肉，素材应紧扣主题和观点，应能够说明问题，贴合实际。素材一般较多，写作者要合理分配、权衡取舍，但切忌先入为主，拿着观点找素材。

观点与素材的关系，是论点与论据的关系，观点源于素材而高于素材，是对素材的高度概括。素材是为了说明和论证观点，是观点的事实依据。没有素材的观点，是空架子，没有说服力，无法立起来，而没有观点的素材，则是一堆散乱的砖头，发挥不了作用。

观点和素材的组合，我称为"意群"，这是为了便于理解而借用英语中的说法，但不同于英语中的 sense group（是指句子中按意思和结构划分出的各个成分）。此处的意群，就是文稿中切分的具有相对完整性的概念，由观点和素材组成。

文稿中的观点是散落的、分层次的，也是有机统一的，但不管大或小，每一个观点都要有相应的说明素材。具体来说，支持论点的论据包括事实论据和理论论据，事实论据是实例、数据、案例等，理论论据则是法律条文、政策规定、名言警句等，它们都是用来说明和支持观点的。

公文是由观点和素材组成的，但观点和素材不是随意堆砌和组合的,而是组成了一个个或大或小的概念,这些概念可能是一个大的部分、一个层次、一个意义段、一个内容要点等。每一个单独的概念是自足的，但相互组合在一起，它们又构成有机的关系。

不管是写作还是阅读，我们都可以把文稿理解成是由意群构成的，阅读时可以从大到小分解，写作时可以从小到大进行构建。整段话、整个部分、整篇文章都可以运用这种方法来组织，从而呈现一个个完整的意群。这时候活跃在头脑里的，就是意群的组合，而不是简单的观点和支离破碎的素材的无序叠加。

意群不是一个个独立的概念，也不是这些概念的无序组合，而是它们根据一定关系的组合，所以意群和单个概念相比，包含了明示或暗示的逻辑关系。

这些逻辑关系，在意群内部，以及意群之间，无时无刻不在发挥作用。所以，在运用意群来组织内容时，要抓住主线，做到线索清晰；

要建立框架，做到架构完整；要有机衔接，注意关联和呼应；要层次分明，做到宏观、中观、微观内容匹配得当。

既然内容是由一个个意群构成的，那么写实内容先要从写实意群开始。例如某公司在工作报告中部署年度工作任务时，提出了几个"下功夫"。

一是在协同发展上下功夫。①在低油价"严冬"条件下，要更加突出协同发展，努力追求集团利益最大化。②石油公司和专业公司要牢固树立"命运共同体"意识，进一步建立风险共担、利益共享的机制，抱团取暖，共克时艰。③要统筹上下游协调发展，理顺产销衔接机制，统一协调天然气销售，进一步稳固天然气下游市场。④要树立"大海外""一盘棋"理念，加强海外业务统筹协调，促进各业务板块良性互动。⑤要充分发挥区域统筹协调职能，努力凝聚各地区单位发展共识，建立常态化沟通协调机制，提升区域资源配置能力。⑥要充分利用市场机制和规模效应，提升集团议价能力，以市场规模降低服务及材料采购成本。

二是在降本增效上下功夫。在低油价"严冬"条件下，我们要牢固树立"过紧日子"意识，量入为出，审慎投资，优化设计方案，从源头控制投资成本，同时大力压缩非生产性支出。要深入开展全产业价值链、全生命周期的成本费用管理，有效提高资源共享水平，努力提高综合成本利用率。要完善成本管控的科学评价体系、激励约束机制和责任控制制度，充分调动广大干部员工降本增效的积极性。要坚决落实"十字"产业发展方针，提高资源配置效率，严格控制非油气主业的投资，集中优势资源做强做优主业。要推动油气主业从单纯的产量驱动型增长向产量和效益双轮驱动转变，增强经济产量意识，在产量与效益冲突时坚持效益优先，把握好发展速度、节奏和力度的均衡，克服周期性大起大落。要进一步推进技术创新、管理创新和商业模式创新，发挥好创新驱动作用，提高创新对公司的价值贡献。要做好税务筹划、市值管理和品牌运营，推进"产贸融"深度融合，增强经营公司的意识和能力。

三是在苦练内功上下功夫。……

四是在深化改革上下功夫。……

五是在依法治企上下功夫。……

上述例文中，每个段落是一个意群，集中讲述一个意思，围绕一个议题展开。在段落内部，又有多个意群，以一条主线贯穿，从不同侧面论述。

例如第一点"在协同发展上下功夫"，这一个大的意群就是由六个小的意群组成的。①集团利益最大化的总要求。②关于石油公司和专业公司的协同。③关于统筹上下游。④强调海外业务统筹协调。⑤关于区域统筹协调。⑥关于利用市场机制和规模效应。

这六句话每一句都表达完整的意思，其实也是一个小的意群。把握了段落的内部结构，我们就可以对内容进行更好的安排，使其逻辑更清晰，层次更分明。

《庄子·养生主》中有一个庖丁解牛的故事，讲到庖丁在宰牛时有一招叫"批大郤，导大窾"，就是劈开筋骨间大的空隙，沿着骨节间的空穴使刀。后来人们用"批郤导窾"比喻善于从关键处入手，找到解决问题的办法。

如果把文稿的内容比作一只牛，那么，这只牛的"郤"和"窾"就是意群，要写好内容就要从意群下手。

《列子》中有一个故事叫"视虱如轮"，说的是一个叫纪昌的射手学射箭时，在师傅的指点下，学会把要射的目标在视野中放大，如把一只虱子看得如车轮那么大，能够清楚地看到其内部结构，自然射得更准了。

运用意群这个概念，有助于我们达到"视虱如轮"的效果，更准确、更细致、更具体、更明白地把握文章的内容组成，更好地驾驭文章内容。

五、起承转合的运用

要使文稿文气畅通，从技术方法上来说，可以先从起承转合做起，尽量做到脉络分明，一气贯通。起承转合这一行文方法的难度不是很大，只要多学习、多揣摩、多写作，是不难掌握的。

起与合，指的是文章的开头与结尾；承与转，指的是文章内部的连接与过渡。若文章是一部机器，起承转合就是装配的技巧，也就是写作文章的基本技巧。开头要开门见山、直奔主题；连接要顺水推舟、自然平顺；转要见风使舵；合要水到渠成、干净利落。

起承转合不仅体现在文章的整体构架中，体现在段落之间，还体现在层次、句子之间，在宏观、中观和微观层面都很适用。文稿上下句之间没有必然联系，不讲承转关系，生拼硬凑，是写作之大忌。

除了内容的逻辑承转要到位之外，写作者还要善于运用一些逻辑连词进行段落之间、句子之间的过渡，以弥合相互之间文意上的"缝隙"，疏通整篇文章的文气。例如，并且、同时、另外、此外、因此、但是等这些逻辑连词，就能起到这样的作用。这与前面所说的结构中的衔接是一致的。

例如，在一份"三严三实"党课材料中，在谈到"充分认识'三严三实'的重大意义"时，第一点是"落实全面从严治党要求的重要举措"，具体内容如下。

①全面从严治党是党中央在科学把握党的执政与建设规律的基础上做出的重大战略部署，是推进党的建设新的伟大工程的必然要求，是实现"四个全面"战略布局的坚强保证。②全面从严治党的核心在"严"，"严"是贯穿全面从严治党的一条主线。习近平总书记强调："欲知平直，则必准绳；欲知方圆，则必规矩。"这就要求必须坚持标准、严格要求，把严守政治规矩和政治纪律作为底线约束，进一步明规矩、严纪律、强约束，形成从严从实的氛围，营造风清气正的政治生态。③"三严三实"是在清醒把握现状基础上对党员干部改进作风提出的最新要求，真正切中了作风之弊的要害，切实把准了作风建设的命脉，是反对"四风"基础上作风建设的又一次升华，是对作风建设发出的最新动员令。④"三严三实"为新形势下党员干部修身做人、为官用权、干事创业立下了规矩，要求党员干部在平日里、在细节上、在实际中贯彻"严"和"实"的要求，致力于养成习惯、形成常态。⑤应该看到，党的群众路线

教育实践活动开展以来，公司党员干部队伍的作风得到明显改善，呈现新的气象。但也要看到，"四风"还没有完全根除，无论党员干部队伍管理还是党员干部自身，都还存在不少"不严不实"的问题。⑥我们必须牢牢把握"三严三实"要求，把"三严三实"这个规矩贯彻始终，以"三严三实"祛除歪风邪气，树立清风正气，切实推进全面从严治党。

上述例文就很好地运用了起承转合的方法。①是起句，切入议题，提出观点，提领全段；②③④是依次承接，从全面从严治党到"严"，再到"三严三实"，层层推进，逻辑严谨，条理清晰；⑤是转折，从面上的情况到具体的描述，从正面立论到指出问题，虽只有短短两句，但极具张力；⑥是收口，找到落脚点，合起全段。全段意思至此表达得非常充分而完整，内容清晰而贯通。

某公司2016年反腐倡廉工作会讲话分为三个部分，第一部分"深入学习贯彻中央纪委六次会议精神，把思想统一到中央决策部署特别是习近平总书记讲话精神上来"；第二部分"坚定不移推进党风建设和反腐败工作"；第三部分"坚定不移把全面从严治党要求落到实处"，结束之前还以一个段落（意思相对独立，但不用序号单独标出而是融入其他段落）对纪检监察机构强化监督执纪问责提要求。

从结构上说，这也是一个起承转合的例子。第一部分"起"，认识形势，强调工作的重要性和紧迫性；第二部分"承"，对落实中央要求进行安排部署；第三部分"转"，结合公司实际，提出问题、分析问题、解决问题；最后段落"合"，对在反腐败工作中肩负重要责任的纪检监察机构提出要求。全文内容完整，要求到位，逻辑清晰，浑然一体，起承转合的运用使文气贯穿全文。

六、思维的运用

领导干部应该具备"辩证思维、战略思维、全局思维、创新思维"。这四种思维也是写作者必须掌握的重要思想方法。

一是辩证思维。公文在某种程度上可以被看成政论文，在思维方式上以辩证思维为主，在内容形式上以说理为主。说理是什么？是概念，是逻辑，是辩证思维的结晶。但是干巴巴地说理是不行的，要善于"理从事出，片言为典"，要从具体的事出发总结道理，并且浓缩提炼。

辩证思维最基本的特点是将对象作为一个整体，从其内在矛盾的运动、变化及各个方面的相互联系中进行考察，以便从本质上系统地、完整地认识对象。一旦使理论从实践中破壳而出，公文就有了独立的指导意义。

例如，在一个中青年干部培训班上的开班讲话中，讲话人在阐述"如何把公司的好干部用起来"这个问题时，从四个方面进行了论述：坚持既注重群众拥护又不以票取人，坚持既注重干部的成长经历又不论资排辈，坚持既注重干部的"显绩"又不忽视其"潜绩"，坚持既注重干部的集中考评又不放松平时的监管。

这四个方面，既符合中央的精神，又切合实际情况，考虑到事物的两个方面而不执于一个方面，政策导向非常鲜明又顾及了实践操作的可行性，体现了一分为二的辩证思维。

二是战略思维。战略是军事用语，原意是筹划和指导战争全局的方略。战略思维是指思维主体对事物的全局性思维，是系统、创造性地思考、规划全局性问题时的思维活动过程。文稿起草中的"略"，是谋篇布局，是系统的思维过程，是文稿的组织形态。

战略思维，取决于几种能力：观察能力，即有意识地对现象进行感知的一种思维能力；判断能力，即对事物性质有所肯定或者否定的一种辨别能力；预见能力，即根据客观规律判断事物未来发展变化的一种能力；创新能力，即在观察、想象、判断和预见的基础上，发现新问题，提出新见解，正确应对事物新发展、新变化的一种能力。

其中，预见是战略思维的灵魂，没有预见，就没有战略思维。要培养预见能力，就要善于从观察了解事物运动的延续性、广延性、因果关系、相似关系等方面加强战略思维训练。

三是全局思维。所谓全局，是指事物各个要素相互联系、相互作用的发展过程。从空间上说全局具有广延性，是指关于整体的问题，从时间上说全局具有延续性，是指关于未来的问题。

全局思维就是审时度势，时势并举。"时"，就是要看清形势，着眼形势，牢牢把握住时代的脉搏。"势"，是一种"因势而谋、应势而动、顺势而为"的思维方式。时与势，互为依托，互相交融。

具体来说，全局思维就是从实际出发，正确处理整体与局部、内部与外部、未来与现在的关系，为实现全局性、长远性、战略性目标而进行思考。

陈澹然有一句名言："不谋万世者，不足谋一时；不谋全局者，不足谋一域。"其中"谋万世""谋全局"强调的正是全局思维。在起草文稿时，写作者也应主动从全局和长远的高度来进行构思。

例如，某公司 2015 年领导干部会议的构思就体现了全局思维：通过认真学习中央精神，牢固树立"在经济领域为党工作"的理念，强化政治意识、责任意识、大局意识，认清全面从严治党的新形势，提出要积极承担党和国家赋予公司的新使命。具体如下。

勇于承担在经济领域为党工作的新使命，坚决落实"四个全面"的战略部署，成为讲政治守规矩、按市场规律办事的中央企业"排头兵"；勇于承担中央企业"保增长"的新使命，以努力完成生产经营任务、主动适应经济发展新常态，成为抵御经济下行压力、促进国民经济"稳增长"的主力军；勇于承担加强对外经济合作的新使命，将提升公司国际化经营能力融入国家"一带一路"倡议，成为构建全方位对外开放新格局的先锋队；勇于承担建设海洋强国的新使命，推动国家海洋战略实施，成为保障国家能源安全、维护国家海洋权益的"领头羊"。

把自身的工作自觉放在党和国家工作中加以审视和考量，并积极担当责任和使命，既是一种胸怀大局的意识，也是全局思维的体现。

四是创新思维。创新思维是逻辑思维、形象思维、直觉思维和灵感思维等多种思维的有机结合，本质在于将创新的感性意识提升到理性探索上，实现创新活动由感性认识到理性思考的飞跃。要培养创新思维，要有问题意识，有善于归纳总结的能力，还要有大胆创新的动力。

某公司的工作报告提出要培育公司发展新的经济增长点，这虽然是公司发展的现实需求，却是一个全新的命题，也是一个开放性的创新话题。写作者应充分调动创新思维，从理论认识、现实情况、未来趋势、案例对标、受众心理等各个方面发挥创新意识，努力把握和驾驭这个问题。具体方法如下。

在论述当中，报告开宗明义提出：

公司发展要立足当前，着眼长远，在推动当前发展的同时努力增强发展后劲。要持续推进产业结构的优化调整，创造条件培育新的经济增长点，提升内部价值链整体效益，以新的经济增长点为打造"百年老店"提供支撑。

然后从"突出发展优势产业，推动产业结构调整和转型升级""积极寻找新的利润来源，进一步优化产业布局""优化资源配置，提升内部价值链整体效益"三个方面进行阐述，以体现现实性与创新性的结合。

第十四章
公文写作者的自我修养

公文写作是一场修行。它是写作能力的修炼，每个人一旦拥有这项能力，就会在职场竞争中占据优势。它是综合素质的修炼，能增强人的分析判断能力、洞察能力和运筹能力，让人具有不一样的眼界与思维。它还是心性境界的修炼，让人变得自信，宠辱不惊，获得更丰富的心灵体验。走过这条路，你会发现，眼前的风景与原来大不相同。

一、公文写作者的能力与素养

公文写作是职场人士特别是机关干部的基本功，是实现自我的重要途径，也是一种参与公共事务的途径。公文写作者在以专业知识和能力服务于社会，通过自己的工作创造社会价值的同时积累阅历和见识，提升素质和能力，涵养心性与情操，砥砺意志和品格。

"读书心细丝抽茧，炼句功深石补天。"文字的推敲和打磨是永无止境的，有时候需要倚马可待，有时候需要精心打磨。在锤炼打磨当中，修炼的是心性，考验的是人格修为，积累的是人生阅历。正是在这个意义上，可以把文字工作看作一种修行。

学无止境，文无止境。所以大家要时刻保持永无止境的心态，不断让自己归零，还一定要结合实践，公文写作的目的也是运用于实践。

"格物致知"的意思是，探究事物是获得知识的前提，也是重要的方法。这对公文写作者最重要的启示是，除了阅读学习，还需要在实践中脚踏实地，不断观察思考，丰富和深化对实践的认知。要不断望闻问切，多在事上磨，从实践中积累才干和经验智慧。

公文写作的过程，是格物与致知的统一。写作者既要深研事理，探究事物背后的原理和规律，也要注重实践，用这些规律性的东西来指导实践，推动工作。

大部分公文是以领导的身份口吻发布的，写作者是领导的代言人，所以公文写作也是一个模拟决策与管理演练的过程。要提高模拟决策的效果，就必须增强对实践工作的领悟力。

在遇到问题后，写作者应对这些问题进行解剖，多问几个为什么，在干中思，在思中写，在写中学，逐步学会在实践中把握大局、理清思路、解剖问题、提高认识，发现问题、找出对策，深化对现实问题的理性思考，将实践成果转化为文字内容，把工作与文章融合，实现工作能力与写作能力的同步提升。

公文写作很多时候是一项"不在其位却谋其政"的工作，写作者如果有意识地提升眼界和思维，多从领导的角度思考问题，则会有很大的收获，能够比其他岗位的人更具有大局观，更熟悉领导思维，更了解实际工作。

古代的很多名臣如诸葛亮、苏轼、王阳明、曾国藩等人，现代的革命家和政治家如毛泽东、邓小平都善于写公文。他们主要的身份是政治家和实干家，公文是他们施政履职的工具。

写作者要通过学习和实践，在公文写作上做到几个一样：像政治家一样高瞻远瞩，像哲学家一样理性思考，像史学家一样深刻厚重，像教育家一样富于启发，像文学家一样引人入胜。具有了这样的能力素质，还有什么事情干不好呢？

著名作家唐浩明先生说过："一个人如果能把公文写好，写出水平，那他就具有了很好的逻辑思维能力和分析判断能力，也就具有了一定的管理能力和办事能力。"这是唐浩明先生研究了众多历史人物后得出的结论，也被众多实例证明。

写作能力是一项重要的综合能力，更是一种无法估价的本事，没有人可以拿走。古代，没有写作能力的人是不可能进入仕途的。

"文山会海"之所以出现，除了官僚主义作风外，还在于真正会写文章的人太少，肯动脑筋的人太少，肯负责任的人太少，而这恰恰凸显了文字工作者的价值。提高写作水平，是现实工作的需要，也是文字工作者的一个努力方向。

确实，写作能力是一个人才华和见识的体现，是一个人发展的基础能力，但一个人要想有大的作为，有才华只是基础，光有较强的写作能力也是不够的，更重要的是综合能力要强，具备更全方位的能力。

这些能力包括价值观、动机、个性、知识技能、通用能力、业务水平，包括问题意识、学养框架、创新能力、总结复盘能力、综合分析能力、判断能力、运思能力、筹谋能力，还有洞察力、思维能力、适应能力、自我规划与执行能力、工作习惯、工作效率，甚至还有谈吐形象、精力体力等。

如果认为自己的写作水平高就够了，或者只注重钻研文字，而不注重对自己综合能力素质的培养，那就容易沦为"文字匠"，对工作和对自身发展，都是不利的。

公文是为工作服务的，工作是为了解决问题、推动发展。如果只在文字上琢磨，而不思考文字背后的工作和问题，那也失去了从事这项工作的意义和价值。

历史上有些公文，已经远远超越了公文的范畴。例如，李斯的《谏逐客书》、贾谊的《治安策》、魏徵的《谏太宗十思疏》、欧阳修的《朋党论》等，它们因为对现实问题的深刻思考，对社会发展趋势的敏锐洞见，成为推动当时社会发展和历史进步的重要载体，因此成为千古名篇流传于世。

这样的公文，不是只坐在办公室里就能写出来的。一个时代的声音，无数人的情感，被写作者凝聚在笔底。这也是值得追求的以文立言的最高境界。

文字既不重要又重要。不重要在于，相对于它表达的事物来说，文字是易朽的。而重要在于，不朽的事物，也要通过文字来表达和传递。易朽的文字一旦承载了不朽的事物，也就有了重要意义和历史价值。

虽说公文写作很苦很累，但当碰撞出一个精彩观点时，写作者会欢欣鼓舞；当出现一个非常好的思路时，会心花怒放；当思考和建议转化为一项项具体政策和措施时，会暗自高兴。这些点滴，都会汇成写作过程中的快乐，让写作者体会到成就感、价值感和满足感。

现实中由于各种原因，很多人认识不到公文写作者的价值，公文写作者有时在职业发展中也会遇到困难和瓶颈，因此很多公文写作者的心态总是摇摆，无法平和。所以，公文写作者还需要不断加强心理建设。

公文写作者本质上是读书人，是知识分子，应该有自己追求的专业精神与价值取向，应保持自己的独立人格和独立思考。有人格、有主见、有灵魂的人，才能写出好的公文，贡献好的思想。

虽然我们说公文是服务决策的工具，但写作者不要把自己工具化，既不要成为量产文字的"写作机器"，也不要以所谓的"笔杆子"自居。"笔杆子"这个称谓体现的是工具性，是对公文写作者的贬低。

从职业认知来说，写作者要摆脱"师爷""秀才""吹鼓手"等庸俗的自我身份定位，始终保持读书人的本色。虽然从事这项工作与领导接触多一些，但也只是为了工作便利，不要总想着"抱大腿"，而是要靠真才实学、靠自身品质赢得赏识。

二、三业与四力

公文写作需要好的作风作为保障。一要实事求是，求真务实；二要力戒形式主义、官僚主义；三要形成好的工作习惯，养成扎实、严谨、细致的作风，真正做到"文经我手无差错，事交我办请放心"。

写作者在工作中要养成"多此一举"的习惯，就是在工作上"多想一点、多看一次、多问一句、多试一下、多过一遍"，以严的要求、实的作风确保每一项工作做得过硬。没有好的作风，容易出差错，影响工作进展。

例如，几年前网上出现的一件事：山东一个县的住建局给县委书记写了一份督查报告，一页半纸的内容，错误百出，连县委书记的名字都写错了，将王峰写成了汪峰。书记气得写了很长一段批示，严厉批评这种作风问题。批示在网上流传，很多人都在转发评论，不但影响了工作，还酿成了舆情。

作风的背后是态度问题，而态度决定一切。公文写作者需要秉承的态度，可以归纳为敬业、职业、专业。

敬业就是要出活，出高质量的成果。敬业首先要有好的精神状态，勤勉努力，但不是只有加班加点才叫敬业，能高效率地完成工作，而且效果好的敬业更值得提倡。无效的付出和低质量的勤奋并不值得提倡和推崇。

职业就是靠谱，做事严谨有序、细致认真，懂得沟通与协作，执行力强，注重结果，有职业精神，关键时候不掉链子，让人可以放心地交付重要工作任务。

专业就是懂行，要钻研业务，增强本领，善于学习，做本领域的专家和行家，在工作上能独当一面，进而有自己独到深入的见解，还能形成有效的方法和经验。

公文写作是有一定特殊性的岗位，写作者要高调做事，低调做人：做事要肯付出，追求高标准，积极进取，而做人要有平常心、甘坐冷板凳、低调务实。

做事要像山，要坚定、有担当、胸怀博大、稳重笃定、泰山崩于前而不乱、不骄傲、不轻浮，给人踏实可靠的感觉。做人要像水一样，包容万物，以柔克刚，懂得变通，像水滴石穿一样持之以恒，静水流深，留下自己独特的印记。

习近平同志给新闻工作者提出了增强"四力"要求，从某种意义上讲，这"四力"对公文写作者也是适用的，只不过内涵不一样。

脚力，就是调查研究，结合能力；眼力，就是视野，辨别能力；脑力，就是思想站位，思维能力；笔力，就是写作技巧，文字能力。公文写作者应该把"四力"作为修炼和提升的方向。

三、四个比例关系与克服几种心态

文字工作有其他工作不能比拟的优势，概括如下。

第一，从事文字工作是一个很好的发展自己的机会。作为一般干部，不是每个人都有很多机会在各种会议上发言，但通过文字这种方式有机会进入领导视野，写得好的东西能给人留下深刻印象，无形中给自己创造了发展机会。

第二，从事好文字工作是一个很好的锻炼成长的机会。如果在工作中有意识锻炼自己，保持刻意学习的状态，注重综合素质的培养，会进步得非常快。而一个人若能非常自如地驾驭各种材料，说明有非常高的综合素质，一旦有机会从事别的工作，也能胜任。

第三，文字工作者还拥有其他岗位所不具备的学习机会。由于写材料经常要在领导身边，参会跟会、参加调研、阅读文件，以及接受耳提面命，因此写作者有很多学习机会。在与领导的接触中，如果善于虚心学习，学习领导的语言特点、说话艺术和处事方式，了解领导的工作思路和决策过程，能无形中学到很多东西。

但不可否认，从事文字工作久了，也确实容易产生职业倦怠。因为这类岗位工作繁多，几乎每天都有新任务，让人疲于应付，在同质化甚至机械化的工作中，在持续的压力中，在雷同的工作场景中，在过于单一的评价模式中，写作者很容易没有激情，滋生一些不良情绪，从而造成职业倦怠。

克服这种情况，要注重以下四个"比例关系"。

一是树立远大目标，目标的大小与感觉的苦和累成反向变动关系。工作、事业和人生，都应该有目标和方向。公文写作者应根据自己的优势特点和实际情况，确定一个值得奋斗的目标，并把大的目标分解成一个个小的目标，分阶段实现，把自己从外在驱动调到目标驱动和成就驱动的轨道上。

工作是实现人生目标的阶梯，当为自己的目标而努力工作时，由于自己的能力和素质在不断提升，会获得更好、更多的发展机会。

而如果只把眼光放在一个具体岗位上，人生的格局就会变得很小，就会一直用这个目标来丈量自己的付出，总认为自己辛苦而没有回报，觉得亏了，进而影响心态，影响人际关系，最终影响发展。

二是敢于迎接挑战，迎接挑战的勇气与成长的机会成正向变动关系。工作中有挑战、有困难，都是再正常不过的，但很多挑战都是可以战胜的。有句话说得好："要有勇气改变能改变的，要有宽容忍受不能改变的，更要有智慧分辨这二者。"

当发现工作中有一些挑战，而自己通过努力能解决时，就应该勇敢地尝试在迎接挑战的过程中磨炼和提高自己。四平八稳、被动地工作远不如主动迎接挑战更能令自己成长。

三是不断学习，持续改进，工作的用心程度与成就感成正向变动关系。在文字岗位上有良好的学习机会，但前提是要善于学习，不断吸收知识，做一个"有心人"，并且做到学以致用，不断提高工作的质量和效率，找到工作的规律，不断创新工作的方式、方法，形成工作和学习相互促进的良性循环。

工作有三个层次，用手工作、用脑工作和用心工作，用心工作是最高的层次。只要用心，创新无处不在，潜力无处不在，再平凡的工作都可以越干越好，没有止境。以用心的态度做工作，能力会无形地提升，看待事物的眼光、思维的层次和角度都会发生较好的变化。

从几天才能写完一份稿件，到一天就可以写完，甚至倚马可待；从绞尽脑汁想不出观点，到文思泉涌，新见迭出；从面对一个题材不知如何下手，到心中有数，随手拈来；从掌握了基本套路，到不断打破常规，追求创新。这一切都取决于用心程度，如果不用心，工作只是简单的重复，而用心会让人的收获和经验不断增加。

四是培养兴趣爱好，合理排解压力，身心的愉悦程度与压力大小成反向变动关系。文字工作任务很繁重，没有空闲，时间久了，写作者不但心情烦躁，还容易得职业病。所以越是工作繁忙的人，越要有一些爱好。

培养一两样于健康有益的兴趣爱好，对于繁忙的工作者来说，是一种休息的方式，会休息的人才会更好地工作。当沉浸于自己的兴趣爱好时，不仅陶冶了情操、愉悦了身心，也排遣了压力。

公文写作者还要避免以下几个误区。

一是一直在模仿，从来不超越的路径依赖。这就是只停留在模仿、套用的层面，过于依赖模板、范文，离开了这些就写不了东西，这样会导致能力无法提升。模仿的目的是创造，学习套路的目的是超越和突破，这是一定要谨记的。

二是"一口吃成个胖子"的速成心态。学习一定要循序渐进。真正的能力进阶，都不是速成的。在学习领域，一夜成功的奇迹是不存在的，有的只是点滴积累与持续精进，有的只是积跬步以至千里。

古语有云"种瓜得瓜，种豆得豆"，这告诉我们，做出什么样的努力，就会收获什么样的结果。写作能力的提升，不是一蹴而就的，而是一个由量变到质变的过程。懂得这一点，才能树立正确的心态。

三是浅尝辄止的漂浮作风。在当下，无数的信息分散着我们的注意力，当生活日趋碎片化，思路也会变得混乱，做事效率就会变得低下。所以提升写作能力不能浅尝辄止，要专心致志、专注认真、苦练基本功，在钻研和实践中得以提高。

四是光学不练的偷懒思想。只学不练，等于白学。不管学到了多少写作技巧与方法，记住了多少写作要领，最终要起作用，都要在实际工作中应用，如果做不到这一步，积累的知识再多，也没有真正内化为自己的东西。

五是这山望着那山高的成长焦虑。在快节奏的时代，人人都会焦虑，不论做些什么，总是一山望着一山高，生怕稍不留神，就错过了通往成功的顺风车。其实真正的成功，往往靠的不是一时的运气，而是长久的专注、累积的专业能力。公文写作虽然平凡普通，但只要足够专注、找对方法、潜心钻研、持续提升，每个公文写作者都能通往成功的彼岸，实现自己的人生价值。

结语：公文写作的未来趋势

公文写作是一项有着悠久历史的事业，已经历诸多的变化。当下，面对诸多的不确定性，公文写作者也常常会想，未来公文写作会有哪些新的变化，会出现什么样的趋势，自己的职业发展该如何规划。

本书最后，对公文写作未来趋势做一些简要分析，与广大公文写作者共同探讨：如何认识公文写作，如何把握自身与这项工作的关系，如何面对未来可能出现的变化，从而更好地加以定位、规划和适应。主要从以下几个角度来探讨。

一是价值角度。公文写作除了传统的辅政、行使政令等作用外，在信息化社会，公文写作成为每一个单位组织传播的重要形式，包括对内传播和对外传播。而公文因其天然的公共性，成为公共表达的重要基础。

二是社会角度。公文写作能力指向的是说事和说理的清晰性、准确性、逻辑性等，不论是否从事公文写作岗位，具备这样的写作能力和表达能力，都将有益于社会整体说理能力提升，有助于社会理性化程度增长，而这也是现代化治理能力的重要组成部分。

三是文本角度。当我们从写作通则的角度，而不是局限于公文写作的角度去审视时，我们将发现公文写作与其他各类写作的相通性，进而能将这一能力迁移到其他写作领域，从而促进整体写作能力的提升，提升驾驭多文体的能力，不至于出现"除了材料，别的都不会写"的状况。

四是功能角度。大致来说，公文写作是职场写作的一部分。公文写作是从关涉的事是"公"或"非公"的角度来定义的，职场写作则是从写作的场景，即"职场"的空间角度来定义的。二者的范围不完全一样，但在涉及的文种、方法等方面有很多相同之处。具备良好的公文写作能力，对于适应职场写作的诸多场景和文种均有裨益，良好的公文写作能力将成为重要的职场竞争力。

五是技术角度。随着人工智能的快速发展，技术将越来越多地参与和介入人类的写作行为，而公文写作作为格式化、程式化程度比较高的领域，是智能写作落地的有效场景。未来一部分简单重复的写作劳动将被人工智能取代，但机器永远也不可能替代人类的全部写作行为，最高端、最具有创造性、最有智慧含量的那一部分，只会被人掌握，而具有高超写作能力的人，将成为社会和职场的"宠儿"。

六是职业角度。既然写作能力是人的综合素质的体现，而且最高端的写作能力永远也不会被取代，那么从职业发展的角度来说，任何时候提升写作能力都是有必要的。在写作当中积累的经验、能力、知识、素养，是一个人长远职场发展的重要基础，无论是从事参谋型的工作，还是管理型的工作，抑或决策型的工作，具有良好写作能力的人，都能更好、更快地适应和胜任。

这些趋势值得每一位公文写作者关注。更值得公文写作者考虑的是，如何结合自身实际发挥自我优势，找准在社会和职场中的定位，建立职业发展和人生成长的"道路自信"。正是在这个意义上，我们说，公文写过程作是一场不亚于其他任何一项工作的修行之旅。

后　记

　　本套书的出版得到了人民邮电出版社的大力支持，中国工信出版传媒集团党委副书记、总经理兼总编辑顾翀和人民邮电出版社张立科总编辑给与了热情关注和悉心指导，财经教育出版分社武恩玉分社长等编辑老师付出了辛勤劳动，特此表示衷心感谢。这套书的出版，也使我和人民邮电出版社在写作系列书籍的合作增加了新的内容。

　　本套书共三本，其中《公文写作点石成金之要点精析》由我独自撰写，《公文写作点石成金之范例精粹》（上、下册）由我拟定全书思路、结构提纲，确定体例风格，并统稿修改，由张力丹和危厚勇两位编著。由于个人时间有限，我邀请二位同仁共同参与书籍的编写，得到了他们的积极响应和全力支持，他们投入大量精力到书稿当中，并最终拿出了高质量的书稿。每一位作者为此的付出，相信读者是可以感受到的。

　　在公文格式要求等方面，作者在征得同意的前提下，少量借鉴了同仁的一些思想观点，《公文写作点石成金之范例精粹》（上、下册）也征引了大量现成的例文，每一篇例文都力求具有时新性、指导性和准确性，例文都是从公开渠道可以获得的，但根据情况做了一些必要的技术处理。书中尽可能对征引的出处加以说明，在这里对作者也一并表示感谢。

　　本套书定名为"公文写作点石成金"，其实包含了作者对广大读者的殷切期望与美好祝愿，我们希望读者通过阅读本套书，不但写作的每一篇公文能够取得点石成金之奇效，而且在自己的写作生涯和职业发展上，也能"千淘万漉虽辛苦，吹尽狂沙始到金"。

胡森林

辛丑年初秋于北京